CÉLINE MARTIN

MEINE ELTERN
LOUIS UND ZÉLIE

CÉLINE MARTIN

MEINE ELTERN LOUIS UND ZÉLIE

Die starken Wurzeln der heiligen Theresia von Lisieux

Aus dem Französischen übersetzt
von Klaus-Peter Vosen

media
maria

Bibliografische Information: Deutsche Nationalbibliothek.
Die Deutsche Nationalbibliothek verzeichnet diese Publikation in der
Deutschen Nationalbibliografie; detaillierte bibliografische Daten sind im
Internet über http://dnb. ddb. de abrufbar.

Originaltitel: Louis et Zélie Martin
Copyright: Carmel de Lisieux

Titel der deutschen Ausgabe:
MEINE ELTERN LOUIS UND ZÉLIE
Die starken Wurzeln der heiligen Theresia von Lisieux
Céline Martin

© Media Maria Verlag, Illertissen 2015
Alle Rechte vorbehalten
ISBN 978-3-9454011-6-3

www. media-maria. de

Inhalt

Abkürzungsverzeichnis

Br.:   Zélie Martin, Briefe der Mutter der heiligen The-
rese von Lisieux, hrsg. vom Theresienwerk e. V.,
Augsburg (übersetzt von Maria Petra Desaing)
(Leutesdorf ²1985).

LT: [Lettres de Thérèse, numerotées =]
Briefe der heiligen Theresia vom Kinde Jesus:
Sainte Thérèse de l'Enfant Jésus et de la Sainte
Face,
Œuvres Complètes (32.Tausend, 2006), S. 288–624.

Ms A: [Manuscript autobiographique, dédié a Mère Ag-
nès de Jésus (1895)=]
Manuskript A der autobiografischen Schriften der
heiligen Theresia:
Œuvres Complètes (wie oben), S. 55–285.

PN: [Les 54 Poésies de Thérèse, numérotation de
l'Édition du Centenaire (1979)=]
Gedichte der heiligen Theresia:
Œuvres Complètes (wie oben), S. 625–766.

Prozesse der Seligsprechung und Heiligsprechung der heiligen Theresia vom Kinde Jesus und
vom Heiligen Antlitz, vorbereitet und herausge-
geben vom Theresienwerk e. V. (= Karmelitische
Bibliothek, Reihe I, Texte 2 und 3) (Karlsruhe
1993):

I: Bischöflicher Informativprozess

II: Apostolischer Prozess

Zur Übersetzung der Zitate: Für Zitate aus der Heiligen Schrift war die aktuelle Einheitsübersetzung maßgebend. Die Zitate aus den Briefen der heiligen Zélie Martin bringen wir – soweit möglich – nach der im Abkürzungsverzeichnis genannten deutschen Ausgabe. Zitate aus dem Selig- und Heiligsprechungsprozess Theresias sind aus der ebenfalls im Abkürzungsverzeichnis aufgeführten deutschen Ausgabe der Prozessakten entnommen. Die Briefe des heiligen Louis Martin sowie die Zitate aus LT, Ms A und PN und alle weiteren übersetzte Klaus-Peter Vosen.

NB: Die Fußnoten stammen ebenfalls vom Übersetzer des vorliegenden Buches.

Einführung

Marie-Céline Martin, die Autorin der beiden biografischen Skizzen, die in diesem Band vorgelegt werden, wurde am 28. April 1869 in Alençon geboren. Sie war das siebte von neun Kindern ihrer Eltern, das vierte von fünf, die dem Kindesalter entwuchsen. 1894, nach dem Tode Louis Martins, dessen Pflege sie übernommen hatte, trat Céline in den Karmel von Lisieux ein, in dem damals bereits ihre Schwestern Pauline (Mutter Agnes von Jesus), Marie (Schwester Maria vom Heiligsten Herzen) und Theresia (Schwester Theresia vom Kinde Jesus und vom Heiligsten Antlitz), die spätere Heilige, lebten. Letztere war die besondere Gefährtin ihrer Jugend gewesen. Im Karmel von Lisieux starb Céline Martin, im Orden zuerst Schwester Genoveva von der heiligen Theresia, später: von der heiligen Theresia und vom Heiligsten Antlitz genannt, fast neunzigjährig am 25. Februar 1959.

In den Jahren 1953 und 1954 unternahm sie es im hohen Alter, je ein kurzes Lebensbild ihres Vaters Louis und ihrer Mutter Zélie zu verfassen. Dies geschah, wie sie selbst angibt, auf Veranlassung der Oberen und aus einem zweifachen Grund: Zum einen hatte das Interesse für Theresia, die »größte Heilige der Moderne« (Papst Pius X.), dazu geführt, dass man sich auch mit den Persönlichkeiten ihrer Eltern beschäftigte. Von Übersee, den Vereinigten Staaten her, hatte eine Bewegung eingesetzt, die die Seligsprechung von Zélie und Louis Martin forderte. Für einen zu eröffnenden Seligsprechungsprozess aber mussten die Erinnerungen des letzten überlebenden Kindes an seine Eltern, die beiden Diener Gottes, von unschätzbarem Wert sein. Und zweitens gab es in Bezug auf Louis Martin eine Auffassung, die diesen als psychisch kranke, jedenfalls in keiner Weise hervorragende Persönlichkeit beschrieb. Dieser Einschätzung, die nach Célines Auffassung grundfalsch war, sollte durch die Niederschrift ihrer Erinnerungen in schriftlicher Form grundlegend entgegengetreten werden.

Diese beiden Anliegen prägen Célines kleine Elternbiografie. Niemand hat das Recht, daran zu zweifeln, dass die Karmelitin sich bei den beiden Lebensskizzen nicht um absolute historische Genauigkeit bemühte. Dieses Bestreben ist der vielfältigen Verwendung von Briefmaterial – gerade für die Lebensbeschreibung von Frau Martin! – zu entnehmen. Céline bemüht sich um eine quellengesättigte Darstellung. Bezüglich ihrer Mutter war sie in besonderer Weise auf Quellenmaterial angewiesen, weil Zélie Martin bereits 1877 starb, als Céline acht Jahre alt war. Was ihr an eigenen Erinnerungen oder als schriftliche Quelle zur Verfügung stand, hat die Ordensschwester aber sicher in einer Weise arrangiert und akzentuiert, wie sie einem Bild der Heiligkeit entsprach, das in der Mitte der 50er-Jahre des zwanzigsten Jahrhunderts – gerade noch – gängig war. Zélie und Louis *waren* nach dem Urteil ihrer Töchter Heilige. Céline trachtete danach, durch die Darstellung dafür zu sorgen, dass die Kirche ihrer Zeit dieses Urteil sich zu eigen machen konnte. So erklärt sich Befremdliches: dass vor allem in der Biografie von Frau Martin Heiligkeit hier und da als streng und herb erscheint, dass der Aspekt der Weltentsagung sehr wichtig ist, dass manchmal scheinbar der Gebotsgehorsam die erste Rolle spielt. Man mag zuweilen den Eindruck des Schablonenhaften haben: Heiligkeit nach einem gängigen Stereotyp geschildert. Im Falle von Louis Martin tritt dieses Charakteristikum weniger hervor. Hier hatte Céline in ungleich größerem Maß als bezüglich der Mutter eigene, persönliche Erlebnisse – der Vater starb in ihrem 26. Lebensjahr! So entsteht ein »charakteristischeres« Porträt, das freundlicher, menschlicher daherkommen mag als das Zélies. Eine mehr heitere Gemütsanlage des Vaters tut wohl ein Übriges. Dennoch muss Céline schon wegen der umlaufenden Gerüchte Louis auch als Heiligen »comme il faut« beschreiben und stets darauf achten, seine »Normalität« zu unterstreichen; dort, wo die Zeit des Vaters im Institut »Bon Sauveur« in Caen geschildert wird, einem »Irrenhaus« nach der ungerechten Sprechweise der damaligen Zeit, scheint die heldenhafte Tugendübung seiner wachen Zeiten die Verwirrtheit der schlechten Perioden des arteriosklerotischen Patienten zu kompensieren und so das Endurteil eines »normalen Heiligen« zu rechtfertigen.

Ein weiterer Gesichtspunkt verdient noch Berücksichtigung: Céline Martin war offenbar eine konservative Persönlichkeit, die zwar originelle Aspekte der Spiritualität Theresias – etwa den »Kleinen Weg« – vehement gegen Bedenken von Hütern der Tradition zu vertreten wusste und auch selbst in dem einen oder anderen Punkt geistlich in ihrer Zeit eigene Wege ging, so zum Beispiel, wenn sie im Hinblick auf Kalvaria weniger die Größe des Opfers als die Größe der Liebe Christi betonte. Doch bewegte sich all das stets durchaus im Rahmen einer gesunden Rechtgläubigkeit, ja einer konservativen Gesamtsicht. Céline ist eine begabte Malerin, die »Künstlerin« unter den Martin-Mädchen: Ihr malerisches Schaffen, ihr »Antlitz Christi«, ihre »Thérèse aux Roses« atmen ganz den traditionellen Geist des 19. Jahrhunderts. Bei Mutter Agnes beklagt sie sich, als man in der Zeit nach der Invasion der Normandie im Jahre 1944 gezwungen ist, den Karmel zeitweise zu verlassen und in die bombensichere Krypta der Basilika von Lisieux umzuziehen, wo sie verstärkt der »Weltleute« ansichtig wird, über die immer »schamloser« werdende Frauenmode. Schon als junge Frau hat sie ihren Onkel Isidore Guérin ermuntert, gegen antiklerikale Agitation literarisch massiv zu Felde zu ziehen. Und als sie stirbt, schickt ausgerechnet Kardinal Ottaviani, lange Sekretär des Heiligen Offiziums und damit oberster Glaubenswächter der Kirche, als Zeichen seiner Verbundenheit zu Céline offensichtlich, einen persönlichen Abgesandten zu ihrem Begräbnis. Das kam zweifellos nicht von ungefähr, es drückt sicher geistige Nähe aus.

Endlich beschreiben jene, die sie gekannt haben, Céline Martin als eine energische, resolute, temperamentvolle Frau. Schon als kleines Mädchen tritt dieser Charakterzug der späteren Ordensfrau zutage. Als sie eine bestimmte Blume pflücken will, befindet sich eine kleine Giftschlange in nächster Nähe, die von Céline sehr wohl wahrgenommen wird. Dennoch lässt sie sich von einer solchen »Lappalie«, die gleichwohl sehr gefährlich hätte werden können, nicht beeindrucken: Um jeden Preis will sie die Blume *haben* und streckt die Hand aus, um sie zu pflücken. Erst der erschreckte Aufschrei eines Erwachsenen verhindert dies und damit einen möglichen Schlangenbiss. Entschiedenheit kennzeichnet auch Célines Wirken für die Verherrlichung ihrer Schwester Theresia. Durch ihre Schriften, vor allem durch ihre Gemälde und Fotografien, hat sie das Bild Theresias nachhaltig bestimmt. Céline will *mit Nachdruck* überzeugen, dass ihre Sicht Theresias – und später ihrer Eltern – die richtige ist. Das beeinflusst auch die vorliegenden beiden Bändchen. Es spricht jedoch keinesfalls gegen die Tatsache, dass Céline Martin mit größter subjektiver Wahrhaftigkeit zu Werke ging.

Ist Célines biografische Arbeit theresianisch? In dem Buch »Geschichte einer Seele« kommt Theresia vor allem auf ihren Vater häufiger zu sprechen, naturgemäß nur am Rande auf ihre Mutter, bei deren Tod die Heilige ein Kind von viereinhalb Jahren war. Eine Gesamtdarstellung des Lebens ihrer Eltern hat Theresia nicht unternommen, doch man kann vermuten, dass sie bei einer solchen die Akzente ein wenig anders gesetzt hätte als die geliebte ältere Schwester. Man kann sich das schwesterliche Verhältnis zwischen beiden nur schwerlich zu intensiv vorstellen. Als Kinder sind sie unzertrennlich – wie zwei Hühnchen auf dem Bauernhof, die sich nicht trennen lassen, sagt Theresia –, als Jugendliche ist Céline Zeugin von Theresias Weihnachtsgnade von 1886 und bei der Papstaudienz ein knappes Jahr später diejenige, die Theresia dazu ermuntert, Leo XIII. anzusprechen und um seine Erlaubnis zum vorzeitigen Ordenseintritt zu bitten. Die Vertrautheit wird in den Klosterjahren eher noch stärker, gerade in geistlicher Hinsicht. Céline gilt Theresias letzter Blick vor ihrem Tod. Und dennoch wird gerade in den »Letzten Gesprächen« die größere geistige Originalität Theresias überdeutlich: Immer wieder korrigiert sie das Denken der Schwester sehr liebevoll, aber durchaus pointiert. Vielleicht ist der Unterschied zwischen beiden in geistiger und spiritueller Hinsicht vergleichbar mit dem zwischen zwei Freundinnen, von denen die eine Genie besitzt und die andere ihr »Handwerk« herausragend beherrscht. Dennoch behalten die Bändchen Célines über ihre Eltern ihren Wert, und dieser Wert ist unschätzbar. Es handelt sich um die – wie immer auch akzentuierten und stets im Licht neuer historischer Erkenntnisse zu bedenkenden – Erinnerungen einer liebenden Tocher an Eltern, die das Durchschnittsmaß an menschlicher und christlicher Tugend weit überragten. Die Kirche hat dies bereits durch die Seligsprechung Louis und Zélie

Martins am 19. Oktober 2008 in feierlicher Form festgestellt. Neuerlich wird es unterstrichen durch deren Heiligsprechung, die Papst Franziskus am 18. Oktober 2015 in Rom vornimmt.

Köln,
am Hochfest der Aufnahme Mariens
in den Himmel,
15. August 2015
Klaus-Peter Vosen, Pfarrer

»Denn der Herr hat den Kindern befohlen,
ihren Vater zu ehren« (Sir 3,2).

»Zur Gottesliebe, zum Geist des Glaubens und der Hoffnung kam im Charakter meines Vaters eine ungeheuer große Liebe zum Nächsten. Das war seine bemerkenswerteste Tugend.«

»Er hatte sicher einen unüberwindlichen Mut, eine Entschlussfreudigkeit, Ausdauer und Energie. Er war der wahre Sohn eines Armeeoffiziers.«

Céline Martin

Herr Martin war »so mutig! Er fürchtete nichts ...«

Ein Dienstbote der Familie Martin

»Seine Nächstenliebe war höchst bewundernswert; er brachte nie ein unfreundliches Urteil über irgendjemanden zum Ausdruck und fand stets eine Entschuldigung für seinen Nächsten.«

Freunde von Louis Martin in Alençon

Brief Seiner Exzellenz Msgr. Picaud, Bischof von Bayeux und Lisieux, an die Ehrwürdige Mutter Priorin des Karmels von Lisieux:

Bayeux, 29. Juli 1953

Ehrwürdige Mutter und liebe Tochter in Christus,

Sie kennen die tiefe Wertschätzung, die ich den ehrwürdigen Eltern der heiligen Theresia vom Kinde Jesus entgegenbringe, so gut, dass Sie nicht daran zweifeln können, dass ich dem Projekt, ein Büchlein mit dem Lebensbild von Herrn Martin zu veröffentlichen, zustimme.

Ich habe den lebenden Schwestern der lieben Heiligen gegenüber immer betont, sie möchten alle Erinnerungen sammeln, nicht nur jene, die ihre glorreiche kleine Schwester, sondern auch die, welche ihre unvergleichlichen Eltern betreffen.

Ich kann Schwester Genoveva vom Heiligsten Antlitz, die einzige noch lebende Zeugin dieser bevorzugten Familie, nur herzlich ermuntern, uns das getreue Lebensbild von Herrn Martin zu skizzieren, dem sie ein Engel des Trostes in seinem Leiden war.

Und lassen Sie mich hinzufügen, dass es gerade zum gegenwärtigen Zeitpunkt sehr gelegen ist, eine solche Veröffentlichung zu bekommen, damit man gewisse bedauernswerte Irrtümer richtigstellen kann, die sich durch schlecht informierte Schriftsteller verbreitet haben.

Es ist eine Pflicht, der Wahrheit mithilfe authentischer Dokumente wieder die Ehre zu geben, die jeden voreingenommenen Kommentar berichtigen und so der wunderbaren Persönlichkeit des Vaters der heiligen Theresia seine unbestreitbare psychologische wie übernatürliche Größe zurückzugeben.

Es soll auch nicht vergessen werden, dass Seine Heiligkeit Papst Benedikt XV., als er die Heldenhaftigkeit der Tugenden der heiligen Theresia vom Kinde Jesus erklärte, sich freute, auch deren Vater zu preisen, der als ein »*wahres Vorbild christlicher Eltern* den edlen Stolz nicht verbarg, Gott alle seine Kinder zum Ordensleben geschenkt zu haben« (14. August 1921).

Solche Beispiele sind heute notwendiger als je zuvor, um die christlichen Familien zu erneuern – und durch diese unsere dekadente moderne Gesellschaft.

Nehmen Sie, Ehrwürdige Mutter und liebe Tochter in Christus, meinen väterlichen Segen an, mit besten Wünschen für die wohltätigen Früchte dieses Unternehmens.

François-Marie [Picaud]
Bischof von Bayeux und Lisieux

Schwester Genoveva vom Heiligsten Herzen (Céline Martin) an die Ehrwürdige Mutter Franziska Theresia vom Kinde Jesus und vom Heiligsten Antlitz, Priorin des Karmels von Lisieux:

J.M.J.T.

Ehrwürdige Mutter,

weil die Publikation der »Briefe« unserer lieben Mutter zu einer Wertschätzung derselben durch die Öffentlichkeit geführt haben, baten Sie mich, auch unseren ehrwürdigen Vater so darzustellen, wie er wirklich war und meine in den letzten vier Dutzend Jahren gesammelten Erinnerungen neu durchzugehen. Natürlich findet man das Wesentliche bereits in der »Geschichte einer Familie«. Der Autor verfügte über alle schriftlichen und mündlichen Dokumente von Mutter Agnes und mir selbst und verwendete sie genauestens. Sein Buch ist absolut verlässlich.

Trotzdem habe ich, um Ihrem Wunsch zu entsprechen, versucht, meine *persönlichen* Erinnerungen bezüglich meines Vaters niederzulegen. Eine spezielle Biografie zu schreiben, wäre nutzlos, denn sie ist schon in der »Geschichte einer Familie« enthalten. Ich habe deswegen ein paar Charakteristika zusammengestellt, die ein Lebensbild unseres Vaters im Sinne eines Bildes seiner Tugenden ergeben.

Ich unterbreite Ihnen, Ehrwürdige Mutter, die Schrift in demselben Geist der Einfachheit, in welchem sie geschrieben ist. Ich kann Ihnen versichern, dass Wahrheitsliebe allein mich in meinem Bemühen drängte und leitete. Aus diesen Aufzeichnungen wie auch aus der »Geschichte einer Familie« und den »Briefen« meiner Mutter, kann man den »Wert« bestimmter Äußerungen ermessen, die man in Alençon und in Lisieux bezüglich unserer Eltern, unseres

20

Familienlebens und unserer Beziehungen zu anderen Personen in früheren Zeiten hören kann.

Viele Erfahrungen bewiesen mir, dass sich oft Ungenauigkeiten und seltsame Vorstellungen eingeschlichen haben. Diese irrigen Bemerkungen gehen von Person zu Person und verdecken am Ende die Wahrheit zur Gänze, so wie Ablagerungsschichten fortschreitend die Muschel und die Schönheit des Perlmutts verbergen.

Ich möchte auch hinzufügen, Ehrwürdige Mutter, dass mit dem Wort »heilig«, mit dem meine Eltern hier zuweilen geschmückt werden oder das aus den Zeugnissen anderer hier zitiert wird, keinem Urteil der Kirche vorgegriffen werden soll; diese Bezeichnung hat nur einen ausschließlich privaten Charakter.

Schwester Genoveva vom Heiligsten Antlitz
und von der heiligen Theresia.
Karmel von Lisieux, 30. September 1952
Fest der heiligen Theresia vom Kinde Jesus

Lebensbild meines Vaters

Mein Vater, Louis Martin, wurde in Bordeaux am 22. August 1823 geboren. Er war der Sohn eines Offiziers der französischen Armee, der damals in jener Stadt stationiert war, aber er stammt aus der Normandie. Vater erhielt die Nottaufe, die feierlichen Riten wurden hinausgeschoben wegen der Abwesenheit von Hauptmann Martin, der auf einer Militärexpedition in Spanien war. Von dieser kehrte er, dekoriert mit dem Ritterkreuz des Königlichen und Militärischen Ordens vom heiligen Ludwig, zurück.

Bei der Spendung der feierlichen Taufriten geschah es, dass der heiligmäßige Erzbischof von Bordeaux, Msgr. d'Ariau, die Taufgesellschaft in der Kirche Ste. Eulalie traf. Huldvoll beugte er sich über das Baby, segnete es und sagte zu den glücklichen Eltern: »Herzlichen Glückwunsch! Dies ist ein ganz besonderes Kind.«

Wir wissen aus der »Geschichte einer Familie« und aus dem Vorwort der »Geschichte einer Seele«, dass der junge Louis den geistlichen Lebensweg einschlagen wollte. Als er etwa zwanzig Jahre alt war, versuchte er, Mönch auf dem Großen Sankt Bernhard in den Alpen zu werden. Weil er ohne Kenntnis des Lateinischen nicht zugelassen werden konnte, studierte er diese Sprache einige Zeit privatim. Die einzige Fremdsprache, die er beherrschte, war Deutsch.

Da er sich ziemlich spät der Gründung einer Familie zuwandte, heiratete er am 13. Juli 1858 Zélie Guérin, die eine Klöppelei für Alençon-Spitze leitete. Sie war die Tochter eines napoleonischen Soldaten, der nach seinem Armeedienst zur Polizei gegangen war. Frau Martin starb vorzeitig, nachdem sie neun Kindern das Leben geschenkt hatte. Von diesen gingen vier in den Himmel, als sie noch klein waren.

Nach dem Tod seiner Frau zog mein Vater mit uns, seinen fünf Töchtern, nach Lisieux, wo unser Onkel mütterlicherseits, Herr Isidore Guérin, eine Apotheke hatte. Wir lebten auf dem Anwesen, das man als »Les Buissonnets« kennt, einem dreistöckigen Haus mit Rasen und Garten. Das oberste Stockwerk wurde das »Belvedere« genannt. Es wird einige Male in diesem Bericht genannt.

Frömmigkeit – Gottesliebe

Als junger Mann lebte mein Vater bei seinen Eltern in Alençon, in der Vorstadt St. Pierre de Montsort, wo diese damals wohnten. Zu jener Zeit machte er verschiedene Ausflüge in die Bretagne, von wo er fröhlich in bretonischer Tracht zurückkehrte. In anderen Jahren reiste er sogar bis zu den Schweizer Bergen.

Eine Dame, die die Familie zu jener Zeit gekannt hatte, sie dann mit den Jahren aber aus dem Blick verloren hatte, schrieb 56 Jahre später anlässlich der Veröffentlichung der ersten Auflage der »Geschichte einer Seele«[1]:

>»Dies zu lesen [die ›Geschichte einer Seele‹], hat mich hingerissen, und dies umso mehr, als es an eine hochgeachtete Familie erinnert, die in Alençon lange Zeit geschätzt und geliebt wurde.
>
>Die Großmutter, Frau Martin, war unsere Nachbarin, ihr Sohn, Louis Martin, war der Freund meiner

---

[1] Die bekannte und weitverbreitete, von Mutter Agnes von Jesus redigierte Fassung der autobiografischen Manuskripte der heiligen Theresia.

Brüder. Ich kann mich genau daran erinnern, wie er vom Großen Sankt Bernhard zurückkehrte, und höre seine glückliche Mutter noch ausrufen: ›Ah! Mein Louis, mein liebster Louis, er ist eine wirkliche Perle!‹ Sie hatte recht, und meine Brüder pflegten zu sagen: ›Louis Martin ist ein Heiliger.‹«

Einige Zeit später eröffnete mein Vater ein Uhren- und Juweliergeschäft im Montsort-Viertel, in der Rue du Pont Neuf 23. Seine Eltern zogen zu ihm. Daneben kaufte er außerhalb der Stadt einen kleinen Besitz, der »der Pavillon« genannt wurde, mit einem sechseckigen Turm in einer Ecke des Gartens, wohin er sich zurückzuziehen pflegte, um in Ruhe zu lesen und zu beten. Denn er hatte seine Vorliebe für das klösterliche Leben behalten. Er selbst hatte auf die Innenwände Sätze geschrieben wie: »Gott sieht mich«, und: »Die Ewigkeit rückt näher.« Die Strenge des Ortes erschreckte eine weltliche Dame so sehr, dass sie in Furcht davonrannte, wie unsere älteste Schwester Marie uns mit Belustigung zu erzählen pflegte.

Trotz der Anziehungskraft, der Stille und der Einsamkeit, die dieser Ort für ihn besaß, verursachte er bei Vater keine enge und unsympathische Frömmigkeit. Sie war zart, aber nicht affektiert. Im Garten des Pavillons hatte er eine Statue der Allerseligsten Jungfrau aufgestellt, die später ein Gegenstand der Verehrung für die ganze Familie werden und Theresia als Kind anlächeln sollte.

In seiner Jugend hatten seine Tugenden ihn den Verführungen der Welt entzogen. Unsere Mutter erzählte ein Beispiel davon ihrem Bruder, der damals Medizinstudent in Paris war:

»Ich bin Deinetwegen sehr beunruhigt … Mein Mann prophezeit mir jeden Tag traurige Dinge. Er kennt Paris und sagt, dass Du Versuchungen ausgesetzt seist, denen Du wegen ungenügender Frömmigkeit nicht widerstehen könntest. Er erzählte mir, was er selbst empfunden und wie viel Mut es ihn gekostet hat, um in diesen Kämpfen zu siegen. Wenn Du wüsstest, welche Prüfungen er durchmachen musste ... Ich beschwöre Dich, mein lieber Isidore, tu, was er tat: *Bete*, und Du wirst vom Strom nicht mitgerissen werden« (Br., S. 7 [1.1.1863]).

***

Unser Vater ging täglich zur heiligen Messe – und so oft zur heiligen Kommunion, wie der Brauch der Zeit es erlaubte. Begleitet von unserer Mutter verließ er das Haus so früh, dass die Nachbarn beim Klang der schließenden Tür zu sagen gewohnt waren: »Das ist die heilige Familie Martin, die zur heiligen Messe geht. Lasst uns noch ein wenig schlafen!«

Während sie in der Rue Saint-Blaise lebten, wo Theresia geboren wurde, gingen sie zur Kirche Notre-Dame. Die Kirche hat einen wunderbaren Außenvorbau, eine Tatsache, die von selbst zu einer verbreiteten, aber ziemlich wenig ehrerbietigen örtlichen Redeweise führte:

Die Kirche wurde so gebaut, dass man sagte, wenn man dem Herrn wirklich den besten Platz zuweisen wollte, man ihm diesen vor der Tür bereiten müsste!

Aber für unsere tugendsamen Eltern hatte Gott seine Wohnstatt nicht im Außenvorbau ihres Lebens, sondern in der Mitte ihrer ganz seinem Dienst hingegebenen Herzen. Allzeit dem gottesdienstlichen Leben verbunden, waren meine Eltern Vorbilder für das Pfarrleben. In Lisieux wohnte mein Vater sehr oft in der Kathedrale der heiligen Messe bei. An den Tagen, an denen er zur heiligen Kommunion ging, verharrte er normalerweise auf dem Rückweg in Schweigen. »Ich möchte mein Gespräch mit unserem Herrn fortsetzen«, so pflegte er zu uns zu sagen. Jeden Nachmittag hatte er die Gewohnheit, das heiligste Sakrament zu besuchen, und wenn die Fronleichnamsprozession zog, war er stets unmittelbar hinter dem »Himmel«. Niemals wäre er ferngeblieben, selbst nicht, wenn die Sonne sehr heiß schien – etwas, das er als schwer empfand, und umso mehr, als er sein Haupt bei der Prozession ja nie bedeckte. Die Verehrung unseres Herrn im Tabernakel wurde bei ihm ebenso konkret durch seine beispielhafte Treue zur nächtlichen Anbetung. Er war einer der Ersten, die zu der zugewiesenen Stunde erschienen; und wenn er wählen konnte, suchte er sich die unangenehmsten Stunden aus. Froh tauschte er mit einem anderen, wenn ihm selbst eine günstigere Stunde zugefallen war. In Lisieux, wo diese fromme Übung noch nicht bestand, überzeugte er unseren Onkel, Herrn Guérin, der dem Konsultativrat der Kathedrale angehörte, sie dort einzuführen.

Oft sah man ihn in Alençon, wo dies Brauch war, mit einer brennenden Kerze den Priester begleiten, der das Viaticum zu einem Kranken trug. Diese fromme Sitte wurde geschätzt, aber nur sehr wenige Männer gingen so weit wie Vater. Ebenso fiel mir auf, dass er stets, wenn er an einer Kirche vorbeikam, den Hut zog und dies völlig ungeachtet der Gesellschaft, in der er sich befand. Seine Ehrfurcht vor dem Gotteshaus stellte sich bei einer anderen Gelegenheit durch eine Tat von beeindruckender Großherzigkeit dar. 1888 nämlich gab er spontan die Summe von 10 000 Francs (damals 400 englische Pfund oder 2000 Dollar), die benötigt wurden, um einen neuen Hochaltar für die Kathedrale von Lisieux zu kaufen.

Glaube – Hoffnung auf Gott

Was kann man nicht alles sagen in Anbetracht des Glaubens und der unbesiegbaren Hoffnung, die unser Vater im Herzen trug! »Gott ist alles«, »Gott über allem«, so sagte er. Das Motto des heiligen Ignatius war ihm ebenfalls teuer: »Alles zur größeren Ehre Gottes!«

Oft fand ihn einer von uns im Belvedere der »Buissonnets« in tiefe Betrachtung versunken, mit einem Ausdruck himmlischen Glücks in die Ferne schauend. Und oft hörten wir ihn murmeln: *Ego ero merces tua magna nimis.* Seine Seele war von diesem Gedanken erfüllt, sie floss davon gleichsam über. Dann wiederholte er es in der Übersetzung, indem er jede Silbe betonte: »Ich werde dein überaus großer Lohn sein« (vgl. Gen 15,1). Wir waren so beeindruckt davon, dass dieses Wort, das er so sehr geliebt hatte, oben auf seinen Totenzettel gedruckt wurde.

Alles, was mit unserem Herrn in Verbindung stand, berührte Vater tief. An einem Weihnachten gegen Ende seines Lebens sagte er zu Schwester Agnes im Sprechzimmer des Karmel: »Ein kleines Kind, ein Baby! Wie kann sich jemand nicht zur Liebe des guten Gottes hingezogen fühlen, der sich so klein gemacht hat! Ein Baby ist so niedlich!« Er hatte ebenso eine große Verehrung zu den heiligen fünf Wunden. Oft hörte ich ihn mit unserer Mutter über den Himmel und die Ewigkeit sprechen. Er liebte es, das Gedicht Lamartines zu zitieren:

>»Mensch! Zeit ist nichts für ein unsterbliches Wesen.
>Unglücklich, wer sie aufzuspeichern versucht.
>Ein Narr, der um sie weint.
>Die Zeit ist dein Schiff und nicht deine Heimat.«

Später wurde an das Bild des Schiffes durch Theresia erinnert. Geistliche Lesung nährte solche Gedanken. Im Pavillon von Alençon wie im Belvedere von Lisieux gab es nur Bücher, die von Glaubensdingen handelten. Durch unseren Vater, dem Schwester Agnes das Buch ausgeliehen hatte, machte Theresia Bekanntschaft mit dem Buch »Das Ende der gegenwärtigen Welt und die Geheimnisse des kommenden Lebens« von Abbé Arminjon. Es handelte sich um ein Werk, das ihr sehr zugutekam.

Unser Vater pflegte auch Schweigeexerzitien zu machen. Im Trappistenkloster von Soligny sind die Daten seiner dortigen Aufenthalte noch fassbar. Auch liebte er es, Pilgerfahrten zu unternehmen, bei denen er sich zusätzlich noch eine Buße oder Abtötung aufzuerlegen pflegte. Einen Stock in den Händen ging er fastend zu Unserer Lieben Frau von Séez oder zu einem näher gelegenen Heiligtum bei Alençon. Er besuchte auch mehrere Male Chartres. Damit wollte er besondere Gnaden erflehen, etwa die Heilung eines seiner kranken Kinder oder Hilfe für Frankreich in irgendeiner nationalen Krise oder schwierigen Lage.

Menschliche Rücksichten beeinflussten ihn nicht. Im Gegenteil zeichnete ihn eine Art Stolz aus, wenn er seine religiösen Überzeugungen vertrat. Einmal stieß eine örtliche Lourdes-Pilgergruppe bei der Rückkehr im Bahnhof von Alençon auf eine Menge, die gekommen war, um sie zu verspotten. Die Sache der Pilger vertretend, setzte sich Vater an die Spitze der erschrockenen Gruppe und – mit einem großen, geschnitzten hölzernen Rosenkranz, den er um seinen Hals trug – schritt er mutig mitten durch die Menge hindurch, die nun aufhörte, zu spotten, und sich schnell auflöste.

Bei einer anderen Gelegenheit, als er die Sakramentsprozession begleitete, tippte er schnell den Hut vom Kopf eines spöttisch Grinsenden, der ihn aus einem Draufgängertum heraus nicht abnehmen wollte, als die Monstranz vorübergetragen wurde. Die Feinde der Religion behandelten ihn stets mit Respekt, obwohl er ihnen mehr als einmal Lektionen durch sein Verhalten erteilte. Ebenso konnte er es nicht ertragen, Messdiener ohne Sorgfalt und nachlässig in ihrem Dienst zu sehen. Ich war eines Tages überrascht, ihn bei der Wandlung der heiligen Messe aufstehen und selbst in Richtung Altarraum hinaufgehen zu sehen, um die Schelle zu betätigen, die bei der Gelegenheit in der Nähe der Gemeinde stand, als die Jungen vergaßen, es zu tun.

Er glaubte nicht, dass es einen Sinn habe, an hypnotischen Unterhaltungen oder spiritistischen Sitzungen teilzunehmen. Eines Abends wollte eine Freundesgruppe mit »sich von selbst bewegenden« oder »sprechenden« Tischen experimentieren. Er weigerte sich in ruhigem Ton, daran teilzunehmen. Während die anderen ringsumher sich an den Händen fassten, betete Vater in seinem Herzen: »Herr, wenn der Teufel irgendetwas hiermit zu tun hat, erlaube dem Tisch nicht, sich zu bewegen.« Wirklich konnten sie ihn nicht vom Fleck bringen, ein Versagen, das die anderen Vater zuschrieben.

Die Fasten- und Abstinenzgebote wurden von Vater strikt beachtet, auch wenn solche, die nur auf dem Papier katholisch waren, seine Gastfreundschaft genossen. Unsere Mutter schreibt am 16. Mai 1864 an ihren Bruder:

>»Du teilst mir mit, dass die Tante aus Paris diese Woche kommen soll. Das macht uns allen viel Freude schon im Voraus. … Du meinst, sie bleibe nur einen Tag bei uns … Ich will, dass sie länger bleibt. Wenn Du sie dazu bringen könntest, erst übernächste Woche zu kommen, wäre ich sehr froh. Warum? Mittwoch,

Freitag und Samstag sind die Quatembertage. Du weißt, dass Louis die Kirchengebote streng beachtet. Für nichts in der Welt unterließe er das Fasten, und ich bin nicht sicher, ob meine Tante ebenso pflichttreu ist. Du kannst Dir nicht vorstellen, wie peinlich es uns war, als M.D. während der Fastenzeit kam. Louis fastete allein, da ich zu der Zeit vom Fasten dispensiert war. Er sah zu, wie wir die guten Dinge aßen, während er eine leichte Stärkung zu sich nahm. Und wir durften nur magere Mahlzeiten geben« (Br., S. 13/14).

Besonders bemerkenswert war die Aufmerksamkeit unseres Vaters in Bezug auf die Sonntagsheiligung. Der Tag des Herrn war für ihn geheiligt, so sehr, dass seine Freunde manchmal dachten, er übertreibe. Sie beharrten darauf, dass er sein Juweliergeschäft sonntags öffnen sollte, wenigstens durch eine Hintertür, indem sie aufzeigten, er bringe sich sonst um gute geschäftliche Chancen. Denn auf der anderen Seite der Straße war ein großer Kramladen, der an Sonntagen Menschenmengen anzog. Zum größten Teil bestanden diese Menschenansammlungen aus Landleuten, die nach Alençon kamen, um Geschenke für ihre Festtage: Taufen, Hochzeiten, Neujahrstag usw., zu kaufen. Aber diese Freunde konnten ihn nicht zur sonntäglichen Ladenöffnung bewegen. Obwohl für andere die Versuchung unüberwindlich gewesen wäre, erlag er ihr nicht.

Aus demselben Grund kaufte Vater sonntags nichts. Als er einmal auf dem vorüberfahrenden Wagen eines Hausierers einen Schleifstein sah, den er haben wollte, bat er den Mann, ihm diesen bis zum nächsten Tag zurückzuhalten. Wir selbst folgten zu Hause demselben Beispiel. An Sonntagen hatten wir altbackenes Brot, das am Vortag gekauft werden musste. Und es kam selten vor, dass wir sonntags eine Reise unternahmen, die vielleicht eine andere Person zur Arbeit zwang.

In einem Brief an ihre Schwägerin, Frau Guérin, vom 29. September 1875 erklärt unsere Mutter:

>»Sehr oft bewundere ich die Gewissenhaftigkeit bei Louis und sage mir: ›Das ist nun ein Mann, der nie versucht hat, ein Vermögen zusammenzubringen! Als er sich niederließ, sagte ihm sein Beichtvater, er solle sein Juweliergeschäft sonntags bis 12 Uhr öffnen. Er hat diese Vergünstigung nie annehmen wollen, sondern zog den Verzicht auf gute Verkäufe vor. Und trotzdem ist er heute reich. Diesen Reichtum, dessen er sich erfreut, kann ich nur einem besonderen Segen zuschreiben; er ist die Frucht seiner treuen Sonntagsheiligung« (Br., S. 206).

Aber Gott geht in seinen Verheißungen noch weiter, wenn er feierlich verkündet:

>»Wenn du am Sabbat nicht aus dem Haus gehst und an meinem heiligen Tag keine Geschäfte machst, wenn du den Sabbat (den Tag der) Wonne nennst … dann lasse ich dich über die Höhen der Erde dahinfahren … Ja, der Mund des Herrn hat gesprochen« (Jes 58,13.14).

Im Hinblick auf Vaters Verehrung für das Priestertum unterstrich ich in meiner Aussage beim Apostolischen Prozess zur Heiligsprechung meiner heiligen kleinen Schwester, wie sehr ich erbaut war, wenn ich Vater all die Priester begrüßen sah, die er traf.

Ich hörte ihn nie Kritik am Klerus noch selbst an einer Predigt zum Ausdruck bringen. Er hörte mit frommer Ehrfurcht das Wort Gottes, ohne die Qualität des Werkzeugs zu betrachten, das es übermittelte.

Sein regelmäßiger Beichtvater in Lisieux war Abbé Lepelletier, ein Kaplan an der Kathedrale, und froh zog er den hochwürdigen Herrn Pater Pichon SJ in Seelendingen zurate, den er gern den geistlichen Leiter der ganzen Martin-Familie nannte. Dieser herausragende Ordensmann war nebenbei ein Landsmann, der in Carrouges (Orne) geboren war.

Wenn ich diese Zeilen betrachte, die ich geschrieben habe, als meine Feder dahinflog und der Strom der Erinnerungen mich forttrug, stellte ich fest, dass ich oft die Worte »nie« und »immer« verwende. Dass kommt daher, dass mein Vater in allen Stimmungen und Zeiten sozusagen eine militärische Zuverlässigkeit hatte. Seine Tugenden versagten nie. Sie folgten festen Gleisen, ohne dass es möglich gewesen wäre, sie auf die eine oder andere Weise umzustürzen.

Eifer

Unsere Eltern waren sehr an der Rettung der Seelen interessiert. Sie beteten für die Sünder und ließen für sie beten. Speziell, wenn in der Nachbarschaft ein solcher in Todesgefahr war, versuchten sie, dafür zu sorgen, dass er die Sterbesakramente empfing. Während Pauline Internatsschülerin bei den Schwestern von der Heimsuchung in Le Mans war, schrieb ihr unsere Mutter am 14. Mai 1876:

»Ich empfehle Deinem Gebet und besonders dem Deiner Tante einen armen Mann, der sterben muss. ... Seit vierzig Jahren hat er nicht mehr gebeichtet. Vater tut alles, um ihn zu bekehren« (Br., S. 248).

Die Armen Klarissen von Alençon und später der Karmel von Lisieux wurden um geistliche Unterstützung gebeten. Damals gab es noch nicht so viele karitative Vereinigungen oder spezielle Bewegungen, wie es sie heute gibt. Aber unser Vater war üblicherweise Mitglied jener, die existierten, wie des katholischen Zirkels von Alençon und der Vinzenzkonferenz, bei der er aktiv mitwirkte. Später war er einer der Stifter des Unterstützungsvereins der Pfarrei St. Jacques in Lisieux – für uns das bestbekannte Werk apostolischen Eifers –, dem unsere Eltern jedes Jahr eine bedeutende Summe zuwendeten.

In ihre Gebete fanden die großen Anliegen der Kirche und des Heiligen Vaters Aufnahme. Mit Traurigkeit hörten wir oft zu Hause von den Prüfungen der Kirche und von der »Gefangenschaft« des römischen Pontifex im Vatikan, von den Anzeichen der Verfolgung in Frankreich und der ganzen Welt. Ich muss aber betonen, dass – über allen persönlichen Gebeten – unsere Eltern ihre Zuflucht zum heiligen Messopfer nahmen und dass sie besonders bestrebt waren, dass für die im Glauben Dahingeschiedenen heilige Messen gefeiert wurden.

Wir werden später sehen, wie diese Sorge für die Wohlfahrt des Nächsten sich im Geist unseres Vaters sogar noch im Leiden seiner eigenen Krankheit fortsetzte. Aufgrund ihres Seeleneifers wünschten unsere Eltern so sehr, einen Sohn als Missionar und ihre Töchter als gottgeweihte Jungfrauen zu sehen. Aus Verehrung für den Apostel Indiens liebte unser Vater es, mit »Xavier« zu unterschreiben, obwohl jener Name sich nicht unter denen befindet, die er bei der Taufe empfing. Unsere Eltern hätten leicht ihre Interessen auf ihren eigenen Familienkreis beschränken und hätten leben können, um nur ihr eigenes Heim zu genießen. Doch stattdessen weiteten sie unsere Horizonte und ließen uns an andere denken. So war es unser Vater, der Theresia von dem unbußfertigen Verurteilten Pranzini erzählte, der seine Rettung ihr verdankt. Man muss nur die Briefe unserer Mutter lesen, um zu sehen, wie sehr der Geist des Eifers in ihrer Seele wohnte.

Mut und Barmherzigkeit dem Nächsten gegenüber

Zur Gottesliebe, zum Geist des Glaubens und der Hoffnung fügte sich im Charakter meines Vaters eine ungeheure Liebe dem Nächsten gegenüber hinzu. Das war seine hervorstechende Tugend. Wenn die Feuer-Alarmglocke nachts läutete, stand er sofort auf und begab sich geschwind dorthin, wo immer die Gefahr am größten war. Einmal, als ich Halbpensionärin in der Benediktinerinnenabtei war, erzählte ich meinen Kameradinnen davon. Da rief eine von ihnen aus:»Bei uns zu Hause ist es genau das Gegenteil. Beim Klang der Alarmglocke versteckt Papa sich unter der Decke.« Das erstaunte mich.

Jene wohlbekannte Tapferkeit unseres Vaters machte uns manchmal besorgt, wenn wir ihn nicht zur gewohnten Zeit nach Hause kommen sahen. Wir befürchteten regelmäßig, dass er sich, vielleicht indem er Kämpfende getrennt hätte, selbst einen gefährlichen Schlag zugezogen haben konnte; oder dass er sich der Rettung eines Ertrinkenden gewidmet hätte, denn er war ein sehr guter Schwimmer, und er hätte nicht gezögert, sein eigenes Leben aufs Spiel zu setzen, um das eines anderen zu retten. In seiner Jugend hatte er mehrere Menschen vor dem Ertrinken gerettet. Besonders ein Fall war sehr dramatisch gewesen. Er verlor fast sein eigenes Leben, als sein kämpfender Gefährte sich an seinen Hals klammerte und ernstlich all seine Bewegungen torpedierte.

Ich habe stets gedacht, dass in seinem Wunsch nach dem Ordensleben seine Wahl auch deshalb auf den Großen Sankt Bernhard mit seiner Höhe und seiner Einsamkeit, im Gegensatz zum Lärm der Städte, gefallen war, weil sich damit die Anziehungskraft verband, die die Gefahr für ihn hatte. Besteht doch eine Aufgabe der Mönche dort auch darin, zur Rettung der Reisenden in Not auf den Gletschern der Alpen zur Stelle zu sein! Ebenso habe ich mir oft gesagt, wenn ich von den verschiedenen modernen Jugendorganisationen hörte, dass unser Vater es sehr genossen haben würde, Pfadfinder zu sein, falls diese Organisation damals existiert hätte. Irgendwo in Gottes freier Natur zu kampieren, wäre eine Freude für ihn gewesen. Er verfügte sicher über einen unbezwingbaren Mut, eine prompte Entscheidungsfähigkeit, Ausdauer und Energie. Vater war wirklich der wahre Sohn eines Offiziers.

Der folgende Abschnitt aus einem der Briefe meiner Mutter bezüglich der militärischen Besetzung Alençons durch die Preußen im November 1870 bringt es sehr gut auf den Punkt:

»Es wäre noch gut möglich, dass man 40- bis 50-jährige Männer einzöge. Ich mache mich darauf gefasst. Mein Mann regt sich deswegen überhaupt nicht auf; er würde nicht um Freistellung bitten und sagt oft, wenn er frei wäre, würde er sich bald bei den Freischärlern verpflichten« (Br., S. 82 [30.11.1870]).

Seine außergewöhnliche Souveränität war dem Dienstpersonal aufgefallen. Eines der Hausmädchen in den »Buissonnets« erinnert sich in einem Schreiben an den Karmel daran, was Tatsache war:

»Herr Martin war vor allem anderen ein Heiliger und so mutig! Er fürchtete sich vor nichts ...«

Die Wahrheit ist, dass, wo immer eine Gefahr war, er hinzueilte, wie ich schon gesagt habe. Als wir in Alençon lebten, fand er eines Nachts während der nächtlichen Anbetung in Notre-Dame den Männerschlafsaal in Flammen. Ein überhitzter Ofen hatte das Feuer ausgelöst. Es war eine Gelegenheit für ihn, seinen Einfallsreichtum und seinen Einsatz zu zeigen. Er versuchte, alles zu retten, was er nur konnte, indem er Matratzen und so weiter aus den Fenstern warf. Die Briefe meiner Mutter sprechen von dem Ereignis.

Eines Morgens wütete ein Feuer im Inneren einer armseligen Hütte den »Buissonnets« gegenüber. Er eilte der armen Frau darin zu Hilfe. Es handelte sich um eine ältliche Irin, die allein in der elenden Hütte war, und er erstickte die Flammen. In solchen Fällen bevorzugte er es, allein zu handeln. Er brachte andere von ihrem »Feuer«-Geschrei ab, weil unehrenhafte Personen die Situation zum Diebstahl nutzen konnten. Die arme Frau erhob ihre Arme zum Himmel und flehte Gott in ihrer Muttersprache an, seinen Segen auf ihren Retter herabzusenden. Ich selbst war Zeugin jener Szene.

Was die Details des folgenden Vorfalls angeht, habe ich meinen Vater davon berichten hören. Seine Geistesgegenwart zeigt sich in dieser Geschichte. Dies trug sich zu: Als er bei Lisieux zum Fischen ging, fand er sich in der Nähe eines wütenden Bullen, den er plötzlich entdeckte, als dieser nicht weit entfernt Vaters Kiste mit der Angelausrüstung zertrümmerte. Seine Angelleinen zu schnappen und um sein Leben zu rennen, war Sache eines Augenblicks. Aber das Tier rannte so dicht hinter ihm her, dass Vater unzweifelhaft zu Boden gestoßen worden wäre, wenn er nicht eine ebenso mutige wie schnelle Bewegung vollführt hätte. Aus einer Entfernung drehte er sich zu dem Bullen um und drohte dem Tier mit seinem Bündel Angelruten. Das brachte den Bullen zu einer Rückwärtsbewegung. Indem er von dem gewonnenen Territorium profitierte, rannte Vater vorwärts und wandte dieselbe Taktik immer wieder an, bis er zum Schluss den Weidezaun erreichte.

Mein Vater pflegte diese Geschichte mit den Worten zu beenden: »Dankt Gott mit mir, Kinder! Ohne seinen Schutz hättet ihr mich nicht mehr lebend wiedergesehen.« Das zeigt, dass er sich der äußersten Gefahr, in der er geschwebt hatte, bewusst war. Unter solchen Umständen hat Vater durch seine bemerkenswerte Geistesgegenwart sein eigenes Leben gerettet. Er hätte nicht gezögert, es für einen Fremden zu riskieren, der sich in derselben kritischen Situation befunden hätte.

***

Diese natürliche Tapferkeit verwandelte sich in Nächstenliebe in anderen Bereichen, je nach den Umständen. In Alençon war ich bei mehreren Gelegenheiten zugegen, bei denen meine Mutter mit ihm die Ehre und das Verdienst guter Werke teilte. Ich denke an einen armen Landstreicher zurück, den sie erschöpft auf der Straße fanden. Sie brachten ihn in unser Haus, gaben ihm viel nahrhaftes Essen und beschafften ihm bessere Kleidung und Stiefel. Während er diese anprobierte, strahlte sein Gesicht mit einem so glücklichen Ausdruck, dass nach all diesen Jahren – ich war damals nur etwa sieben Jahre alt – diese Szene mir noch lebendig ist. Am Ende wurde der Landstreicher eingeladen, zu uns zurückzukehren, wann immer er wieder in Not wäre. In der Zwischenzeit fand Vater durch Nachforschung heraus, dass jener arme Mann, ganz allein in der Welt, in einer Scheune logierte und sein Brot am Eingang von Militärkasernen erbettelte. Nach mehreren Versuchen und Formalitäten hatte mein Vater Erfolg damit, dass ihn die Kleinen Schwestern der Armen zur Betreuung annahmen. Vielen Personen in Not wurde so geholfen, besonders einer verarmten Adelsfamilie. Mein Vater hatte den Ehemann traurig am Gitter des Präfekturgebäudes gelehnt gesehen, scheinbar in der größten Not. Nachdem er dessen unmittelbare Nöte gelindert hatte, fand Vater eine ehrenvolle Position für das Familienoberhaupt. Es war der Sohn jenes Mannes, der zur Geburt Theresias eine Willkommensgabe in unser Haus brachte, in Versen geschrieben. Sie entstammte der Feder des dankbaren Vaters. Ein anderer Empfänger seiner Nächstenliebe schrieb:

»Wer kannte jemals einen freundlicheren Menschen mit so großem und edlem Herzen?
Allen Bittflehenden schenkt er seinen starken Schutz.
Er erweist freundlich selbstlose Güte, die unwandelbar ist.
Er hat als seine Devise und sein Motto: ›Loyalität‹.
Unveränderlich zeigt er seine Liebenswürdigkeit allen und jedem.
Keiner erfleht vergeblich seine Hilfe, wenn der Sturm der Prüfungen wütet.«

Seine Freunde, Zeugen solch seltener Tugenden, waren zeitlebens beeindruckt durch seine Nächstenliebe. Jahre später schrieb einer von ihnen (1899), als er die »Geschichte einer Seele« las:

»Nicht ohne starke Bewegung habe ich hier das leibliche und seelische Porträt des lieben Louis gefunden, eines Menschen, den ich in der Welt am meisten liebte. Ich habe nie ein edleres Herz getroffen, nie eine freigebigere Seele. Sicherlich von ihm hat Schwester Therese vom Kinde Jesus den Adel ihres Gefühls geerbt.«

Unter der Rubrik seiner Taten der Nächstenliebe – ein unerschöpfliches Thema – kann ich nur über einiges von dem berichten, das er in dieser Hinsicht vollbrachte. Ein anderes Beispiel wäre die dornenvolle Angelegenheit der kleinen Armandine, eines Kindes, das von zwei unwürdigen Kreaturen ausgebeutet wurde, die frevelhaft das Ordensgewand angelegt hatten. Als meine Mutter den Frevel entdeckt hatte, beschloss sie, das kleine Mädchen aus der Knechtschaft ihrer hartherzigen Bedränger zu befreien. Aber die beiden unwürdigen Frauen riefen die Justiz an, die meine Mutter vorlud. Mein Vater betrachtete es als seine Pflicht, mit ihr zu gehen und ihr zu helfen. In ihren Briefen berichtete sie die ganze Geschichte in Einzelheiten, und, wie man spüren kann, mit großer Emotion.

Beide Eltern waren sehr freigebig, nicht allein, indem sie allen armen Menschen mitfühlende Hilfe unter beträchtlicher Ungelegenheit für sich selber erwiesen, sondern sie standen ihnen auch finanziell bei, wenn sie es brauchten. Mein Vater hatte stets Kleingeld in der Tasche, um den Bettlern Almosen zu geben, die er an den Straßenrändern traf.

Während seiner Reise durch Zentraleuropa schrieb er von Konstantinopel aus an meine ältere Schwester: »Gib, Marie, gib immer etwas!«

Unsere Eltern trugen herzliche Sorge auch für unsere Hausangestellten, die sie mit Achtung behandelten. Diese Sorge wurde auf die Alençon-Spitzenklöpplerinnen ausgedehnt, die für meine Mutter arbeiteten. Sie besuchte sie zu Hause und achtete darauf, dass es ihnen an nichts fehlte. Das Kloster der Armen Klarissen war ein weiterer Ort, dem sich die beständige Güte meiner Eltern zuwandte. Oft profitierte es von den Angelerträgen meines Vaters. Später gingen seine gütigen Geschenke an den Karmel von Lisieux.

Wenn er auf seinem Weg durch die Straßen einen betrunkenen Mann traf, reichte Vater ihm seinen Arm und half ihm, nach Hause zu kommen. Er begleitete diese Liebestat mit einer ordentlichen Schelte. Einmal kam er an einem betrunkenen Arbeiter vorbei, der in den Bach gefallen war. Als er dem Mann aufgeholfen hatte, trug er selbst dessen Werkzeugkasten und geleitete ihn nach Hause. Ein andermal, nachdem er auf dem Bahnhof einen armen Epileptiker gesehen hatte, dem nicht genügend Geld zur Deckung des Fahrpreises zur Verfügung stand, nahm Vater den Hut ab, legte eine Spende hinein und ging zu allen Reisenden, um für den Armen zu betteln. Nachdem Vater das Geld für die Fahrt erbettelt hatte, setzte er den Mann selbst in den Eisenbahnwagen.

Ich war bei einer anderen Gelegenheit durch eine Tat der Nächstenliebe meines Vaters erbaut, die einen anderen und mehr verborgenen Charakter hatte. Wir waren zu einem Spaziergang außerhalb der Stadt gewesen. Als wir uns ihr näherten, betrat mein Vater ein Heim, das wir nicht kannten, das ihm selbst aber wohlbekannt schien. Ich sah, wie er der Mutter der Familie eine Geldsumme gab, die mit ihren kleinen Kindern allein war. Sehr überrascht fragte ich ihn:»Papa, kennst du sie?« – »Ja!«, sagte er,»sie ist eine unglückliche Frau, die von ihrem Mann von Zeit zu Zeit verlassen wird, und der ich helfe, wenn das geschieht.« War es einer jener bedürftigen Haushalte, die von der Vinzenzkonferenz besucht wurden, bei der mein Vater eines der eifrigsten Mitglieder war? Ich weiß es nicht, aber seine Tat ließ mich vermuten, dass es viele andere Fälle gab, die dem dieser Frau glichen.

Überhaupt konnte Vater keine Art von Armut ansehen, ohne zu versuchen, sie zu lindern. Eines Morgens traf er an der Kirche einen alten Mann, der erschöpft zu sein schien. Vater lud ihn in die »Buissonnets« ein und gab ihm ein gutes Mahl. Als der alte Mann seine Dankbarkeit zum Ausdruck brachte und Gottes Segen für den Geber erflehte, ließ mein Vater Theresia und mich zu den Füßen des Armen niederknien, um dessen Segen zu empfangen. Wir waren damals keine kleinen Mädchen mehr. Unsere älteren Schwestern waren bereits ins Kloster eingetreten.

Seine Barmherzigkeit war auch in einer anderen Beziehung herausragend, wie das folgende wunderschöne Zeugnis zeigt, das Vater nach seinem Tod ausgestellt wurde:

> »Seine Nächstenliebe war höchst bewundernswert; er brachte nie über irgendeinen ein unfreundliches Urteil zum Ausdruck und fand stets eine Entschuldigung, wenn der Nächste etwas Falsches tat.«

Diese spontane Lobrede vonseiten seiner Freunde aus Alençon, die ihn stets gekannt hatten, wurde auf Vaters Totenzettel gedruckt. Der Erzpriester der Kathedrale bestätigte, dass es eine korrekte Zusammenfassung seines Lebens war.

In dieser Beziehung fällt mir ein kleines Ereignis ein. Die Zähne meines Vaters waren vollkommen, und ich sah ihn nur einmal zum Zahnarzt gehen, um eine Extraktion vornehmen zu lassen. Trotz aller Anstrengungen des Zahnarztes aber war dieser nicht in der Lage, den Zahn auch nur zu bewegen. Vater, der merkte, dass der Dentist beunruhigt war hinsichtlich seines beruflichen Ansehens, falls dies bekannt würde, sagte darauf freundlich: »Ich werde es keiner Seele sagen!« Und er hielt sein Wort.

Seine Geduld war unwandelbar. Einmal ging er mit mir, eine Mietzahlung einzuholen. Es war auf der Hauptstraße von Lisieux. Die betroffene Frau verweigerte die Zahlung und rannte hinter ihm her, indem sie ihm beleidigende

Worte nachrief. Ich war entsetzt, aber er blieb ruhig, erwiderte überhaupt nichts und beklagte sich auch hinterher nicht über diese Frau. Oft hatte ich Gelegenheit, die große Selbstkontrolle zu bewundern, die er besaß, oder eher: die er erworben hatte, denn von seinem Temperament her war er eher aufbrausend.

Zu Hause pflegte man zu erzählen, dass mein Vater zur Zeit der deutschen Besatzung von 1870 gegen das Verhalten eines preußischen Soldaten protestiert habe, der eine Uhr aus dem Geschäft gestohlen hatte. Vater schickte eine offizielle Beschwerde ab. Aber nachdem er gehört hatte, dass ein anderer Soldat wegen Eierdiebstahls vor Gericht gestellt und erschossen worden war, nahm er seine Beschwerde sofort zurück.

Während unserer Pilgerfahrt nach Rom erreichte seine freundliche Nächstenliebe oft heroische Grade. Er entschuldigte andere, ertrug sie freundlich und versuchte stets, ihnen in einer für sie angenehmen Weise gegenüberzutreten. Er beklagte sich nicht, egal, wie die Umstände waren, und wie Theresia berichtet, zeigte er die helle Seite der Dinge auf, besonders einem murrenden alten Herrn gegenüber, der eine Manie hatte, mit allem unzufrieden zu sein.

Ich bewunderte ihn sehr, als er im Zug Entschuldigungen für uns bereithielt bezüglich der Kartenspiele, zu denen jemand uns einlud. Wir waren jung und eifrig in der Bewunderung der ganzen Landschaft, wenn Papa uns auf sie hinwies. Nebenbei flocht er ein Wort ein über die Gebete der Pilgerfahrt, die von aufregenden Kartenpartien manchmal verhindert würden. Einer der Spieler fühlte sich dadurch verletzt und sagte schlecht gelaunt:»Glücklicherweise sind Pharisäer selten!«Vater schloss seine Augen, ohne ein Wort zu sagen, als habe er nichts gehört. Später zeigte er sich sehr freundlich diesem Herrn gegenüber, wie meine heilige kleine Schwester darstellt. Nach dem Beispiel des heiligen Franz von Sales hatte er seine natürliche Impulsivität vollständig gemeistert – in solchem Ausmaß, dass er als die sanfteste Person auf der Welt erschien.

Abtötung und Demut

Vaters Bußgeist erstreckte sich auf alles. Als wir nach Lisieux kamen, musste die Frage des Brotes bedacht werden, weil das in Lisieux angebotene verschieden von jenem war, an das wir in Alençon gewöhnt waren. Wir fanden eines, das das »weiche« Brot genannt wurde, und zum anderen eine Sorte Roggenbrot, die »hart« wie Stein war. Am Anfang gaben meine Schwestern Vater das »weiche« Brot; aber bald wollte er das »harte«, einmal weil es eine Buße darstellte, und zum anderen weil es das Brot der Armen war.

Wenn ich nach all diesen Jahren zurückschaue, sehe ich, wie groß unsere jugendliche Unerfahrenheit war. Wenn ich später von neuem Gemüse hörte oder von Soßen, deren Rezept ich nicht kannte, habe ich mir oft gesagt: »Wenn ich das Papa gegeben hätte, wie glücklich hätte ich ihn machen können!« Dann denke ich daran, was ich in jenen Tagen gemerkt hatte: dass er niemals Kommentare über das abgab, was wir ihm vorsetzten, ob es gut oder schlecht zubereitet war, und wir konnten nie herausfinden, welche Dinge ihm am liebsten waren. Er war in der Tat so selbstvergessen in dieser Hinsicht, dass ich glaube, wenn er allein gewesen wäre, hätte er weder Feuer noch gekochte Speisen gehabt. Er hätte sich mit ein wenig Brot, Käse und Wurst zufriedengegeben.

In den »Buissonnets« betrachtete er es als seine Pflicht, den Garten umzugraben und zu bepflanzen, der an der Rückseite des Hauses lag – obwohl er keinen Geschmack an der Gartenarbeit fand. Bei warmem Wetter, wenn wir ihm einen erfrischenden Trunk nach draußen brachten, um den er in der Fastenzeit niemals gebeten hätte, bedurfte es einiger »Wenn« und »Aber«, damit er ihn annahm. Wir pflegten unsere ganze Beredsamkeit in die Versicherung hineinzulegen, dass Flüssigkeiten das Fasten nicht brächen und dass Gott ihm das Getränk sende. Am Karfreitag nahm er nie ein Abendessen zu sich.

Aufgrund unseres Mangels an praktischem Urteil hatten wir nicht daran gedacht, Jalousien oder Vorhänge an den Fenstern seines geliebten »Belvedere« anzubringen, zweifellos weil diese aus getöntem Glas bestanden. Mit dem Blick nach Süden und unter dem Dach gelegen, wurde der Raum im Sommer wie ein Treibhaus. Wenn es zu heiß war, suchte Vater eher anderswo Schutz, als dass er sich beklagt hätte.

Als wir sahen, dass er keine Zigaretten rauchte wie unser Onkel, Herr Guérin, fragten wir ihn einmal: »Papa, warum rauchst du keine Zigarette wie all die anderen Männer?« Mit einem liebenswürdigen Lächeln antwortete er: »Müssen wir nicht ein wenig Abtötung üben?« Zweifellos geschah es aus demselben Grund, dass Vater nicht seine Beine übereinanderschlug und dass er es vermied, es sich zu angenehm und entspannend zu machen. Trotzdem lag nichts Steifes oder Gestelztes in der Art, wie er sich gab. Alles an ihm war einfach, ohne Pose oder Affektiertheit.

So schrieb Theresia über ihn: »Er war begabt mit natürlicher Vornehmheit.« Dieses Urteil wurde durch Marie in ihren persönlichen Aufzeichnungen bestätigt: »Papa sah sehr gut aus und hatte eine seltene natürliche Vornehmheit.« – »Die Erscheinung eines Edelmanns!«, sagte jemand, der ihn gekannt hatte. Von seinem Wesen her demütig, wollte er weder Aufmerksamkeit auf sich ziehen noch sich in weltliche Angelegenheiten einmischen. Wir bedauerten die Familie Guérin sehr, die aus gesellschaftlichen Gründen, zum Beispiel am Neujahrstag und so weiter, viele Besuche empfangen und machen musste.

Bezüglich der Tatsache, dass er für sich immer die allererste heilige Messe um sechs Uhr wählte, wann immer er allein war, sagte er einfach, als wir ihn nach dem Grund fragten:»Weil es die heilige Messe der Armen und der Arbeiter ist.« Stets, wenn er auf eine Reise ging, fuhr Vater dritter Klasse aus demselben Grund, und auch weil es weniger komfortabel war. Er war immer mit allem zufrieden, und ich erinnere mich nicht, ihn auch nur einmal sich beklagen gehört zu haben, wenn irgendetwas Unangenehmes eintrat. Es muss festgehalten werden, dass wir dieselbe Selbstverleugnung bei unserer Mutter bewunderten, die genauso selbstvergessen war wie Vater. Wie oft habe ich sie das Familienfrühstück mit der größten Sorgfalt vorbereiten sehen, während sie sich selbst mit einer Tasse Brühe zufriedengab, im Stehen und allein genossen, während sie die anderen bediente.

Ich teile das Empfinden unserer ältesten Schwester Marie, die mit Selbstvorwurf in ihren persönlichen Notizen ausruft:»Und ich, die in solch einer Umgebung aufgezogen wurde und die Übung der Tugenden selbst bis zu einem heldenhaften Grad vor Augen hatte (was habe ich aus diesem Beispiel gelernt)!« Bei unserem Vater wuchs die Neigung zu Abtötung und Demut mit den Jahren nur noch mehr. Marie musste seine Bußübungen mäßigen. Einmal nahm sie ihm heimlich das »Leben der Wüstenväter« fort, das sie ihm unvorsichtigerweise geliehen hatte und das ihn in dieser Hinsicht nur noch anregte.

Arbeit und innere Unabhängigkeit von zeitlichen Gütern

Das Leben unserer Eltern war einfach, sparsam, ohne gei-
zig zu sein, und von harter Arbeit geprägt, um den Bedarf
ihrer vielen Kinder zu erwirtschaften. Vor allem anderen
trachteten sie danach, diesen eine solide christliche Erziehung zuteilwerden zu lassen. Welche Opfer nahmen sie
mit Rücksicht auf dieses Ziel auf sich!

Meine Mutter hatte ein sehr aktives Temperament. Sie war
stets fleißig. Ihre Haushaltspflichten, zusammen mit der
Leitung ihres Spitzenklöppelunternehmens, nahmen sie in
Anspruch, manchmal sogar im Übermaß. Vater half ihr in
jeder Weise, die ihm möglich war, und sie war über seinen
Erfolg in geschäftlichen Dingen erstaunt. Wenn er sah, wie
sie sich selbst maßlos überforderte, bestand er darauf, dass
sie mehr Arbeiterinnen anstellte, und ging sogar so weit
vorzuschlagen, das ganze Unternehmen aufzugeben. Aber
wenn jemand versuchte, ihren Eifer zu mäßigen, entweder
was ihre Arbeit oder ihre Sorge als Mutter betraf, hörte sie
nicht leicht auf die Stimme der Vernunft. Papa war öfter
gezwungen, sie einfach voranpreschen zu lassen. Jedenfalls hielt er Ausverkauf in seinem eigenen Juweliergeschäft, um mehr Zeit für ihr Spitzenklöppelunternehmen
aufwenden zu können und ihre Arbeit, etwa im Bereich
der Korrespondenz, zu erleichtern.

Er besaß einen großen Kunstgeschmack. So konnte er ihr
effektiver helfen, und er übernahm die Herstellung der be-
rühmten Alençon-Spitze auf seinen Namen. Mit dem prak-
tischen Urteil, das ihn auszeichnete, war er gründlich in allem, was er unternahm oder als seine Pflicht betrachtete.
So war er auch sehr streng in Bezug auf jedes Zeichen von
Nachlässigkeit oder Mangel an Sorgfalt. Das machte ihn
zu einem ausgezeichneten Geschäftsmann, aber mit einer

großen inneren Freiheit dem Materiellen gegenüber und ohne Reichtum anhäufen zu wollen. Ich sehe im Geist noch die Stelle auf der Straße, wo er eines Tages zu mir sagte: »Ich spüre, dass ich leicht einen Geschmack an Investitionen gewinnen könnte, aber ich will nicht von diesem Strom hinweggerissen werden. Es ist eine solch gefährliche Neigung und führt zum Spekulieren.«

So widmete er seinen Kapitalanlagen nur die unbedingt nötige Sorge.

»Wirf deine Sorge auf den Herrn« (Ps 55,23), wie die heiligen Schriftsteller empfehlen. Und der Herr erwies sich ihm als treu. Hier ein Beispiel: Sein Rechtsanwalt hatte ihm eine finanzielle Transaktion vorgeschlagen, die sehr vorteilhaft schien, und fuhr mit ihm nach Bordeaux, wo der Handel stattfinden sollte. Aber genau am Morgen der Abfahrt hatte mein Vater aus einem völlig unerfindlichen Grund plötzlich eine Art Zerrung. Er sah darin einen Hinweis der Vorsehung, und obwohl der Rechtsanwalt insistierte und an der Vordertür klopfte, weigerte sich mein Vater, die Reise anzutreten. Kurze Zeit später brach die ganze Firma des in Aussicht genommenen Handelspartners zusammen.

Aus diesem Grund, nachdem er aus Erfahrung gelernt hatte, befähigte sein Gottvertrauen ihn, sich mit Gelassenheit den möglichen Verlust all seines Geldes vorzustellen. Theresia berichtet in einem ihrer Briefe, wie er im Scherz zu sagen pflegte: »Das werden wir tun, wenn wir Bankrott machen!« Er zitierte in unserer Gegenwart oft mit Überzeugung die Passage aus der Nachfolge Christi: »Das Glück des Menschen ist nicht, zeitliche Dinge im Überfluss zu haben, sondern es genügt ein bescheidenes Maß.«

Seine Unabhängigkeit von zeitlichen Gütern wurde von meiner Mutter aufgezeigt in Bezug auf eine Geldsumme für ein Haus, die ein Unternehmer ohne genügenden Beweis forderte. Sie schrieb ihrem Bruder Isidore, der auch in die Angelegenheit verstrickt war:

>»Natürlich haben wir ihm die Summe mit den Zinsen von acht Jahren bezahlt. Mein Mann sagte zu mir: ›Ich bestehe darauf, dass Isidore seinen Anteil nicht bezahlt.‹ Er hat sich Dir gegenüber sehr großzügig gezeigt. Ich erzähle Dir das, um Dir zu beweisen, wie gut Louis ist« (Br., S. 105 [3.1.1872]).

Meine Eltern waren stets äußerst glücklich in solch gegenseitigem Beistand in der Familie. Meine Mutter schreibt an ihre Schwägerin:

>Mein Mann »entschied (sich), einen Teil des Bankkredits zu verkaufen; er tat es mit einem Verlust von 1 300 frs ... Wenn mein Bruder Geld braucht, soll er sofort darum bitten« (Br., S. 93 [30.7.1871].

Aufgrund der harten Arbeit meiner Eltern waren wir finanziell gut gestellt, aber die beiden strebten nicht nach Gewinn um seiner selbst willen. Bei Mamas Tod gab Vater seine lukrative Beschäftigung auf und widmete sich ganz seinen Kindern. Nebenbei gesagt, konnte er auch die Manufaktur der Alençon-Spitze nicht fortsetzen, die eine Frau beaufsichtigen musste. Trotzdem führte er in Lisieux kein müßiges Leben, ganz im Gegenteil. Er teilte seine Zeit auf zwischen intellektueller Arbeit, Beschäftigungen im Hauswesen, Verwaltung seines Eigentums, Werken der Frömmigkeit und unserer Erziehung. Kultiviert, wie er war, liebte er die Lektüre.

Als junger Mann hatte ihn »Der Geist des Christentums« von Chateaubriand erfreut, und er versuchte, eine Kopie dieses Werkes zu bekommen. Er machte eine Sammlung von ausgewählten Zitaten, die er sich aus der Literatur kopierte und von denen er eine gewisse Anzahl auswendig gelernt hatte. Unter seinen Büchern befanden sich die folgenden: »Études philosophiques sur le Christianisme« von Auguste Nicolas, »Geschichte des Volkes Gottes«, »Werke des heiligen Alfons von Liguori«, alle Bände des »Année liturgique« von Dom Guéranger und so weiter. Jede Woche lieh unsere älteste Schwester Marie verschiedene Bücher aus der Pfarrbücherei aus. So lasen wir viele Heiligenleben und ebenso geschichtliche Werke, für die Vater sich sehr interessierte: »Geschichte Frankreichs«, »Geschichte des Empire«, »Geschichte der Kirche«, »Der Erneuerer von La Trappe« (M. de Rancé) und so weiter.

Mein Vater interessierte sich nicht für Romane. Um ihn zu unterhalten, brachte Marie ihm einmal einige, aber er gab sie ihr lächelnd zurück. Andererseits fand er die Dichtkunst reizvoll. Er konnte uns aus dem Gedächtnis lange Abschnitte, hauptsächlich aus Lamartine und Victor Hugo, aufsagen.

Was seine handwerklichen Fähigkeiten außer der Gartenpflege in den »Buissonnets« betraf, kümmerte sich mein Vater um den Geflügelhof und die Kaninchen, sorgte für deren Futter und erlaubte niemandem, ihm beim Säubern des Hofs zu helfen. Wir hatten eine Voliere für Vögel, die wir als Haustiere hielten; auch um diese kümmerte er sich. Zu unserem Vergnügen hatte er Erfolg damit, einer zahmen Elster das Sprechen beizubringen. Ebenso trug er die Verantwortung für den Keller und kaufte Äpfel für den Cidre, den er selbst zu Hause braute. Neben alldem sägte, hackte und stapelte er im Wäschehaus das für den Haushalt benötigte Feuerholz. Ich fand ihn manchmal dort, sehr ausgelaugt in späteren Jahren. Oben im »Belvedere« kann ich ihn noch fleißig mit Uhrrädern arbeiten sehen. Bei jener Arbeit zeichnete ich ihn. Ich zog damals Seidenraupen, und um mir zu helfen, die Kokons abzuwickeln, machte er ein raffiniertes kleines Spinnrad. Er erfand Spielzeuge, die er aus der Schale von Melonen, Orangen oder dem Mark des Holunderbusches machte. Die kleinen Karren aus Melonenschalen fuhren perfekt und waren sehr hübsch.

Das Familienoberhaupt – der Erzieher

Nicht nur mein Vater, als er jung war, sondern auch meine Mutter hatten gewünscht, ins Ordensleben einzutreten. Nachdem ihre Hoffnungen enttäuscht worden waren, wandten sich beide dem Ehestand zu, strebten aber danach, in ihm ein Maximum an christlichem Geist zu verwirklichen.

Nachdem sie mehrere Monate wie Bruder und Schwester gelebt hatten, wünschten sie sich viele Kinder, um sie Gott zu schenken – eine Entscheidung, in der ihr Beichtvater und Seelenführer sie bestärkte. Man kann sich vorstellen wie sehr der Priester, der ihr erstes Kind taufte, erbaut war, meinen Vater mit Freude sagen zu hören: »Das ist das erste Mal, dass ich wegen einer Taufe hierhergekommen bin, aber es wird nicht das letzte Mal sein!« Er kehrte in der Tat noch achtmal aus einem solchen Anlass wieder. Bei jeder dieser Gelegenheiten gravierte er innen in seinem Uhrkasten die Namen und Daten seiner sehr geliebten Kinder ein. Zwischen unseren Eltern bestand eine vollkommene Einheit des Herzens und Geistes. Mein Vater sprach oft zu uns von unserer »heiligmäßigen Mutter«, wie er sie nannte. Sie ihrerseits schrieb an ihren Bruder:

»Mein Mann ist wirklich ein Heiliger. Ich wünschte allen Frauen einen solchen Mann« (Br., S. 8 [1.1.1863]).

In ihrer Korrespondenz, ebenfalls an Isidore, lesen wir in Bezug auf ihren betagten Vater, M. Guérin:

»Du weißt, dass Vater großartig ist, aber er zeigt jetzt kleine Altersgewohnheiten, die seine Kinder ertragen müssen, und ich bin dazu entschlossen. Lege ihm nahe, keine Dienstboten mehr zu nehmen, sondern bei uns zu wohnen. … Mein Mann ist mit der Überlegung einverstanden. Man findet nicht einen unter hundert, der zu einem Schwiegervater so gut ist wie er« (Br., S. 30 [23.12.1866]).[2]

Von Natur aus eine beständige Bewunderin seiner glänzenden Qualitäten, war meine Mutter unglücklich, wenn ihr Ehemann abwesend war, und sie schloss einen Brief, den sie nach Paris an ihn richtete, wohin er aus geschäftlichen Gründen hatte reisen müssen:

»Ich … bin heute so glücklich beim Gedanken, Dich wiederzusehen, dass ich nicht arbeiten kann. Deine Frau, die Dich mehr liebt als ihr Leben« (Br., S. 59 [1869]).

Bei einer anderen Gelegenheit schreibt sie an ihn aus Lisieux. Sie war mit den beiden ältesten Mädchen bei ihrem Bruder. Alle wollten gleich zur Meeresküste fahren und hatten alle Arten von Gesellschaften:

»Die Kinder sind begeistert … Aber ich selbst bin nicht gemacht, mich zu entspannen. Nichts von alldem findet mein Interesse. Ich bin genau wie die Fische, die Du aus dem Wasser ziehst; sie sind nicht mehr in ihrem Element und müssen sterben. Ein längerer Aufenthalt würde ebenso auf mich wirken; ich fühle mich nicht recht am Platze, und zwar in keiner Weise; das

---

[2] Der erste Satz des Zitates steht in der im Abkürzungsverzeichnis genannten Briefausgabe an dessen Ende.

beeinflusst mein Befinden, sodass ich davon fast krank bin. ... Im Geiste folge ich Dir den ganzen Tag und sage mir: ›Jetzt tut er dies.‹ Es wird mir sehr lang, bis ich wieder bei Dir bin, mein lieber Louis. Ich liebe Dich aus ganzem Herzen und fühle, wie sich meine Liebe verdoppelt durch die Entbehrung Deiner Gegenwart; es wäre unmöglich, fern von Dir zu leben« (Br., S. 145).

Im Juli 1871, zur Zeit des Umzugs in das neue Wohnhaus auf der Rue Saint-Blaise, wo Theresia geboren wurde, drückt Mutter ihre vollständige Zufriedenheit aus:

»Wir sind vollständig eingerichtet; mein Mann hat das Haus sehr gut ausbauen lassen, damit es mir darin gefalle« (Br., S. 94 [30.7.1871]).

Und später, nach einer medizinischen Untersuchung, bei der der Arzt die Schwere ihrer Krankheit nicht verbarg, was sich in fataler Weise als berechtigt herausstellen sollte, schreibt sie:

»Mein Mann ist untröstlich, er geht nicht mehr fischen, und das war seine große Freude; er hat seine Gerätschaften auf den Speicher gebracht und will auch nicht mehr zum Zirkel von M. Vital gehen. Er ist wie vernichtet« (Br., S. 287 [18.12.1876]).

Ihre Verbindung, so vollkommen und vollständig, war vergeistigt und zugleich geführt im Gedanken an das ewige Leben. Das kann aus einer bei der Krankheit unserer Schwester Léonie gemachten Bemerkung geschlossen werden. Während ihrer ersten beiden Lebensjahre schwebte diese fast immer zwischen Leben und Tod. Auf Empfehlung unserer Tante im Kloster der Heimsuchung, Schwester Marie-Dosithée, wurde die Fürsprache der seligen Margareta Maria angerufen. »Wenn die kleine Léonie einmal eine Heilige wird, erbitten wir ihre Heilung«, war die Bedingung der Eltern. Fast sofort belohnte eine Besserung ihren Glauben. So ist es nicht überraschend, dass anlässlich der Veröffentlichung der »Geschichte einer Familie« unser Heiliger Vater Pius XII. in einem Brief an Mutter Agnes von Jesus dieses Buch pries, »das dieses wunderbare Familienleben beschreibt und in gewisser Weise auferweckt ... und für die Familien unserer Tage ein solch geeignetes Beispiel vor Augen stellt, um sie in der vollständigen Übung der christlichen Tugenden anzuregen«.

***

Während ich meine Aussage beim Apostolischen Prozess zur Seligsprechung unserer kleinen heiligen Theresia wieder lese, finde ich das folgende Zeugnis in Bezug auf meinen Vater:

> Je härter er gegen sich selbst war, umso mehr liebte er uns. Sein Herz war außergewöhnlich feinfühlig im Hinblick auf uns, und er lebte nur für uns: kein Mutterherz übertraf ihn. Dabei ohne Schwäche: alles war in ihm gut geregelt und gerecht« (II, S. 247).

In ihrer Autobiografie macht Theresia auch darauf aufmerksam, dass nach dem Tod unserer Mutter

> »Papas so zärtliches Herz ... mit der Liebe, die es stets besaß, eine wahrhaft mütterliche Liebe verbunden (hatte)« (Ms A, 13r°).

Diese mütterliche Sorge fiel auch über den Kreis der Familie hinaus auf. Domherr Lepelletier, der, wie ich schon sagte, der Beichtvater meines Vaters war, schrieb 1910 an uns:

> »Ich erinnere mich gern an die glücklichen Augenblicke, die ich in den ›Buissonnets‹ verbrachte mit Ihrem

Vater, der so heilig war, und mit seinen sehr lieben Kindern.«

Das folgende ist eines von sehr vielen Beispielen für die Wachsamkeit, die Vater für uns, seine Kinder, von der Wiege an entfaltete. Nachdem ich geboren war, nach dem Tod meiner zwei kleinen Brüder, wurde ich einer Amme in Alençon anvertraut, um mich so nahe wie möglich bei unserem Heim zu haben. Meine Pflegemutter war durch ihre Ordnungsliebe und Reinlichkeit bemerkenswert. Trotzdem war Papa sehr besorgt und pflegte aus Gründen der Kontrolle vor ihrem Haus auf und ab zu gehen. Ich war erst ein paar Wochen alt, als er mich eines Tages krampfhaft schreien hörte. Er trat ein und fand mich ganz allein in der Wiege. Er suchte um das Haus herum und holte Erkundigungen bei den Nachbarn ein. Die Amme war fortgegangen – um etwas zu trinken! Er fand heraus, dass sie oft betrunken war und mich nicht ausreichend ernährte. Schon schwächlich, war ich auf dem Weg, durch Vernachlässigung zu sterben! Deswegen wurde ich von dort weggenommen und aufs Land geschickt, diesmal betreut durch eine gute, anständige Frau. Erst nach tausend Pannen wurde ich schrittweise stärker. Meine Mutter schrieb:

»Ich hatte schon manche Unruhe wegen dieses Kindes. Ich fühle, dass ich mich aufreibe, und habe den Eindruck, dass ich nicht lange leben werde« (Br., S. 61 [29.8.1869]).

Es genügt, die Briefe meiner Mutter zu lesen, um zu merken, wie sehr mein Vater von Herzen wünschte, sie in allen Sorgen zu unterstützen, ob es sich nun darum handelte, um vier Uhr morgens sich aufzumachen, eine Amme für ein krankes Baby zu finden oder bei einer anderen Gelegenheit in einer frostkalten Nacht sie eine Strecke von sechs Meilen von Alençon zur Wiege ihres sterbenden kleinen Josephs zu begleiten. Und er amtierte über Tage und Wochen als Krankenwärter für ihr ältestes Kind, Marie, die im Alter von dreizehn Jahren an Typhus litt.

Seine Liebe und Hingabe wurden noch mehr offensichtlich, als wir nach Lisieux umzogen. Nach dem Tod unserer Mutter erhob sich für ihn eine sehr wichtige Frage im Hinblick auf seine fünf Töchter, von denen die älteste siebzehn und die jüngste nur viereinhalb Jahre alt war. Viele Freunde, sogar sein Seelenführer, rieten ihm, uns alle als Internatsschülerinnen unterzubringen. Auch hatte er einflussreiche Verwandte und Freunde in den oberen Schichten von Alençon, und alle drängten ihn, die Stadt nicht zu verlassen. Und nebenbei, war er nicht in einem zu fortgeschrittenen Alter, um seine Lebensverhältnisse gänzlich zu ändern, sich sozusagen selbst zu entwurzeln und ein völlig neues Leben zu beginnen? Mit seiner unverblümten Art erschreckte mein Onkel, Herr Guérin, meinen Vater ziemlich, der von Natur aus so einfach und zurückhaltend war. Ein Umzug nach Lisieux würde den »Patriarchen« in eine wirklich völlig andere Umgebung einführen.

Aber die Liebe zu seinen Kindern stand in seinem Herzen an erster Stelle. Er erstrebte deren Wohlfahrt, deren größtes Wohlergehen, ohne sein eigenes in Betracht zu ziehen. Mit Rücksicht darauf fasste er, nachdem er mit seinen älteren Mädchen gesprochen hatte, den Entschluss, nach Lisieux zu ziehen, damit wir dem Einfluss von Frau Guérin, einem Engel des Friedens und der Freundlichkeit, näher seien. »Ich erbitte euren Ratschlag, Kinder«, sagte er, »weil es einzig mit Rücksicht auf euch geschieht, dass ich dieses Opfer bringe, und ich wünsche euch kein Opfer aufzuerlegen.«

In späteren Jahren wollte ich wissen, warum er sich entschlossen hatte, Alençon zu verlassen, trotz der Einwände, die man vorbrachte. Er antwortete, er wünschte, »uns von einigen Einflüssen aus dem Kreis seiner Freunde zu entfernen, die er für zu weltlich hielt, und von den liberalen Ideen anderer«. Wie dankbar sollten wir ihm für eine so weise und uneigennützige Entscheidung sein!

Im Einverständnis mit unserer Mutter beschloss er, dass all seine Kinder, selbst die zwei kleinen Jungen mit dem Namen »Joseph«, »Marie« als ihren ersten Taufnamen erhalten sollten. Er schlug vor, dass, wie in seiner eigenen Familie, die Kinder ihre Eltern mit dem formelleren *Vous* (»Ihr«) anreden sollten, anstelle des vertrauteren *Tu* (»Du«), aber Mama wandte ein, dass formelle Haltungen und Ausdrücke den Eindruck von Distanz vermitteln könnten und dass sie selbst sich durch so etwas »weniger geliebt fühlen würde«. Er stimmte sofort zu.

In der Vertrautheit des häuslichen Lebens gab er uns oft liebevolle oder bezeichnende Spitznamen. Marie war »der Diamant«, manchmal »die Zigeunerin« im Hinblick auf ihren unabhängigen Geist. Pauline war die »feine Perle«, dann kam die »gutherzige Léonie«. Ich war die »Unerschrockene«. Theresia war abwechselnd »die kleine Königin von Frankreich und Navarra«, »die Waise der Beresina«, der »kleine blonde Maikäfer« oder der »Blumenstrauß«. Zweifellos war er völlig bezaubert von seiner Jüngsten. Unsere Mutter selbst sagte das beifällig. »Er betet dieses Kind an«, schrieb sie, »er tut alles, was sie will.« Es geschah ihm zum Gefallen, dass das schöne flachsblonde Haar meiner Schwester in Locken gelegt wurde. Aber ein kostbares Zeugnis, das ein früheres Hausmädchen, welches bei meinem Onkel in Dienst war, im Kanonischen Prozess abgab, widerlegt den Einwand jener, die sich vorstellten, dass unser Vater Theresia verwöhnte. Jene Zeugin, die später Benediktinerin wurde, stellte fest:

»Herr Martin war ein ausgezeichneter Vater und erzog alle seine Kinder, die er alle sehr liebte, mit großer Sorgfalt. Der Dienerin Gottes, die er seine ›kleine Königin‹ nannte, galt als der Jüngsten seine besondere Zuneigung, was jedoch der Ernsthaftigkeit ihrer Erziehung keinen Abbruch tat. Er hätte nicht geduldet, dass daran etwas fehlte. Ohne streng zu sein, erzog er alle seine Kinder zur Treue gegenüber allen ihren Pflichten« (I, S. 337/338).

Ich glaube, dass ich, was diesen Punkt betraf, den richtigen Ton in meiner eigenen Aussage im Apostolischen Prozess traf:

»Mein Vater wandte seinem jüngsten Kind ganz besondere Aufmerksamkeit zu und widmete sich ihm wie eine Mutter, aber wenn die kleine Theresia, wie sie sagt, auch ›von Liebe umgeben‹ war, so ist es ebenso wahr, dass sie nie verwöhnt wurde. Den Beweis, dass mein Vater sie nicht verwöhnte und dass man im Haus keineswegs ihren Willen tat, bildet die Erinnerung in ihrem Manuskript, in dem sie immer wieder erzählt, wie streng sie getadelt wurde, als sie sich beim ersten Rufen meines Vaters beim Lesen nicht stören lassen wollte. Ein wenig später, als sie etwa sechs Jahre alt war, machte es ihr in Lisieux die größte Freude, meinem Vater jeden Tag die Zeitung zu bringen. Eines Tages wollte ich sie ihm bringen, aber Theresia war schneller und hatte sie schon erwischt, und als ich mich darüber betrübt zeigte, warf mein Vater der kleinen Theresia vor, mir nicht nachgegeben zu haben, und schalt sie sehr, so sehr, dass ich darüber furchtbar traurig war« (II, S. 247/248).

In der »Geschichte einer Seele« findet man andere Beispiele, die zugleich seine Zärtlichkeit wie seine Festigkeit Theresia gegenüber zeigen. Sie hat in ihrem Manuskript berichtet, wie Vater nach dem Tod unserer Mutter sie mit der zärtlichsten Sorge umgab. Jeden Tag nach dem Ende der Schulstunden, die Pauline ihr gab, pflegte Theresia in das Belvedere hinaufzugehen, um ihrem »geliebten König« die Auszeichnung der Rosette und die Zensuren zu zeigen, die ihre Lehrerin ihr gegeben hatte. Es war ihre Freude, ihm zuzurufen: »Papa, ich habe in allem die beste Note! Pauline hat es gesagt!«

Nachmittags pflegte sie mit ihm einen Spaziergang zu machen und das Allerheiligste Sakrament zu besuchen.

Es war bei einer dieser Gelegenheiten, dass er ihr die Kapelle der Karmelitinnen zeigte und das Gitter, hinter welchem die Ordensfrauen beteten. Im Garten der »Buissonnets« tanzte sie um ihn herum. Er musste seine Augen schließen, während sie ihre wunderbaren Altäre herrichtete. Dann rief sie enthusiastisch: »Papa, öffne deine Augen – schau!«

»Ach«, schrieb sie am Ende ihres Lebens, »wie könnte ich über all die Zärtlichkeit berichten, mit denen Papa seine ›kleine Königin‹ überhäufte? Es gibt Dinge, die das Herz fühlt, aber keine menschlichen Worte oder Gedanken ausdrücken könnten« (Ms A, 14v⁰).

Als Theresia jedoch in den »Buissonnets« krank wurde und es eine tödliche Krankheit zu sein schien, waren der Glaube und die Ergebung meines Vaters bewundernswert. Am Ende war es er, der eine Messnovene für sie im Heiligtum Notre-Dame-des-Victoires in Paris bestellt hatte, in die er seine letzte Hoffnung setzte. Das Ergebnis steht vor uns in »Unserer Lieben Frau vom Lächeln«! Im »Gebet des Kindes eines Heiligen« erinnert sich Theresia jener väterlichen Liebe, die himmlischen Duft atmete:

»Erinnere dich, dass im ›Belvedere‹
du sie immer auf deine Knie setztest,
und, indem du dann ein Gebet murmeltest,
sie in süßem Kehrreim wiegtest.
Sie sah vom Himmel einen Abglanz auf deinem Antlitz,
wenn dein tiefer Blick im Raum eintauchte
und der Ewigkeit Schönheit du besangest.
Erinnere dich!« (PN 8).

***

Zu Hause war Frömmigkeit der Haupthebel unserer Erziehung. Es gab eine vollständige »Liturgie« des Lebens unseres Haushalts: gemeinsame Abendgebete aller, Frömmigkeitsübungen des Maimonats, Sonntagsgottesdienste, geistliche Lesung vor Festen und so weiter. Unser Vater half, so viel er konnte, bei der Entwicklung unseres geistlichen Lebens. So begleitete er mehrmals Marie zu einem Treffen mit ihrem Seelenführer, Pater Pichon. Einmal, 1886, gab er ihr selbst eine kleine Lektion in Sachen Spiritualität. Sie waren nach Calais gereist und hatten dann nach Dover übergesetzt, um das Schiff zu erwarten, das den Jesuitenpater aus Kanada zurückbringen sollte. Aber weder der Priester noch das Schiff kamen an. Marie war aufgrund dieser Enttäuschung furchtbar verärgert, aber Vater sagte ruhig: »Wir sollten uns nicht beklagen, Marie. Unser Herr hat es für gut befunden, dir diese Prüfung zu schicken, und ich bin glücklich, sein Werkzeug zu sein, indem ich diese Reise mit dir unternommen habe.«

Unser verehrungswürdiger Vater war sorgfältig darum bemüht, alles von uns abzuwenden, das unsere Seelen durcheinanderbringen konnte. Jeden Morgen, wenn wir zur Frühmesse gingen, pflegte er uns zu sagen, wir sollten nicht zu den Fenstern hinaufschauen, die im Sommer offen waren, damit wir nicht Personen beim Ankleiden oder halb bekleidet sähen. Bei unseren Spaziergängen auf dem Land, wenn wir zufällig an einem Badeplatz vorbeikamen, sagte er uns, wir sollten in eine andere Richtung schauen. Er tolerierte niemals, weder bei sich selbst noch bei irgendjemandem im Haus eine nachlässige äußere Erscheinung oder einen Mangel an Sittsamkeit in der Kleidung. Wir hätten in seiner Gegenwart nicht gewagt, kurzärmelige Kleider anzuziehen, nur solche, deren Ärmel bis zum Ellenbogen gingen. Was hätte er von der heutigen Welt gesagt? Alle gewöhnlichen oder Worte aus der niederen Umgangssprache waren streng verboten. Bei Mahlzeiten schaute er streng auf die Regeln der Etikette. Da gab es kein Grimassenschneiden oder Zeigen von Abscheu, wenn eine von uns ein bestimmtes Gericht nicht mochte. »Keine Suppe – kein Fleisch«, pflegte er lächelnd zu sagen, um uns zu ermuntern, unsere Suppe zu essen. Während der Fastenzeit gab es einige Einschränkungen in der Kost.

Selbst sehr genau, lehrte er uns: »Verschiebt nie auf morgen, was ihr heute tun könnt«, und alles musste pünktlich getan werden. Ebenso hätte er nie zugelassen, dass Rechnungen auch nur für kurze Zeit unbeglichen blieben. Hier war sein Motto: »Niemals Kredit, stets bar bezahlt.« Er wünschte, dass wir immer beschäftigt waren. Um unseren Geschmack und unsere Talente entwickeln zu helfen, ließ er es an nichts fehlen, um alle Arten von Material zu beschaffen, das notwendig oder schön war für unsere künstlerischen Arbeiten, für die Stickerei oder Malerei: zum Beispiel spezielles Garn zum Spitzenklöppeln, kleine Schalen mit Goldfarbe zum Malen, Elfenbein- oder Pergamentblätter für Paulines Miniaturen.

Selbstliebe wurde vollständig bekämpft, selbst in ihren schwächsten Erscheinungsformen. Der Totenbrief für Schwester Marie vom Heiligsten Herzen, der nach ihrem Tod veröffentlicht wurde, enthält das folgende Kindheitsereignis:

»Einmal unternahm Marie am Ende der Sommerferien einen Spaziergang in einem kleinen Besitz der Familie, der früher einer Person namens Roulleé gehört hatte. Marie begann, einige Blumen zu pflücken und sagte: ›Die will ich mitnehmen zur Schule der Heimsuchungsschwestern als eine Erinnerung an die Roullées.‹ Unser Vater, der ihr eine Lehre erteilen wollte, antwortete: ›Genau! Und dann kannst du auf deine kleinen Freundinnen herabschauen, wenn du ihnen die Blumen von deinem Landgut zeigst.‹ Die arme Marie, die sah, dass er ihre Gedanken erraten hatte, warf das Bukett fort, um zu zeigen, dass sie über Dünkelhaftigkeit erhaben war.«

Unser Vater war ein leidenschaftlicher Beobachter, ein guter Psychologe und hatte einen wundervollen Einblick in Menschen und Dinge. Da er stets treu zu seinen religiösen Überzeugungen stand, wünschte er, unsere Erziehung wahrhaft christlichen Lehrern anzuvertrauen. Er sandte die beiden ältesten Mädchen zu den Heimsuchungsschwestern in Le Mans und vertraute später Léonie, Theresia und mich den Benediktinerinnen in Lisieux an. Zu jener Zeit war es Schulkindern nie erlaubt, allein aus dem Haus zu gehen, und junge Mädchen aus unserem Lebensumfeld wurden stets begleitet. Es war wahrlich eine Knechtschaft. Jeden Morgen musste jemand mit uns gehen und uns am Abend abholen, denn wir waren Tagesschülerinnen im Internat. Manchmal erledigte dies das Hausmädchen, aber oft wurde Papa gebeten, es seinerseits zu tun. Er tat es bereitwillig, aber nichtsdestoweniger konnte man erkennen, dass es als Tugendübung geschah. Hatten wir nur durchschnittliche Bewertungen unserer Schulleistungen, zeigte er, dass er nicht sehr erfreut war, und wir schämten uns, wenn wir sein Missfallen sahen.

Er liebte Ordnung und beachtete sie selbst sehr streng. Wenn etwas aus Nachlässigkeit zerbrochen war, zeigte er seine Missbilligung ziemlich stark. Andererseits erlaubte er uns die größte Freiheit in der Haushaltsführung. Diese wurde zuerst Marie übertragen, der Ältesten, die erst siebzehn Jahre alt war, als Mutter starb, und später mir, als ich ungefähr das gleiche Alter hatte. Mir fiel auf, dass er es stets vermied, sich in das einzumischen, was wir arrangiert hatten. Wenn wir etwas vergessen hatten oder einen Fehler machten, schien er davon keine Notiz zu nehmen, um uns nicht nervös oder furchtsam zu machen, so wie es der Empfehlung des heiligen Paulus entspricht. Er war einfach ein großer Mann, nicht allein physisch, sondern in jeglicher Beziehung – ein feiner, edler Charakter, wie es nur je einen gegeben hat! Und all das machte uns vollkommen glücklich.

Ein unvergleichlicher Vater

Das ist der Ausdruck, den Theresia selbst in ihrem Manuskript verwendet, aber jede von uns benutzte ihn das eine oder andere Mal in unseren Briefen, denn wir bewunderten unseren Vater so sehr, dass wir eine wahre Verehrung für ihn hatten, dass wir ihn fast anbeteten; er war so gut, so heilig. Vom Charakter her fröhlich, wusste er unser häusliches Leben heller zu machen. Er besaß einen Vorrat an guten Sprichwörtern, an lustigen Geschichten, an alten

Liedern, die er, wenn es sich so ergab, sang oder rezitierte. All das machte ihn zum charmantesten Begleiter. In der Vertrautheit der »Buissonnets« lag stets eine Note wahrer und gesunder Freude. Zu unserer Unterhaltung genügten wir dort einander selbst und verließen unseren Familienkreis gewöhnlich nicht, außer um zu einer Abendgesellschaft im Katholischen Zirkel zu gehen. Aber das geschah selten.

Keiner konnte ihn als lebendigen Mittelpunkt unseres häuslichen Miteinanders übertreffen. Er wusste sich auf unsere Ebene gleichsam hinabzubegeben und interessierte sich für unsere Spiele, wie es Heinrich IV. oder Napoleon ähnlich zu ihrer Zeit getan haben sollen. Manchmal ließ er geschickt vergoldete Murmeln über den Fußboden rollen oder er klopfte Militärmärsche mit den Fingerspitzen, und das mit perfekter Taktsicherheit. Dann wieder versteckte er Überraschungen im Garten und verfolgte unsere Suche mit den Worten »heiß« oder »kalt«, je nachdem, ob wir uns den Objekten näherten oder nicht. Oder er hielt etwas sehr hoch außerhalb unserer Reichweite und rief aus: »Das ist für den Ersten, der ›Amen‹ sagt!« Ich habe schon erwähnt, dass er sogar Spielzeuge für uns machte, denn er war sehr ideenreich in dieser Hinsicht. In den Tagen unserer Kindheit in Alençon warf der Reflektor einer Straßenlampe abends einen Schatten über die Straße herüber. Um uns eine Freude zu machen, trug er uns, eine nach der anderen, durch Schatten und Licht.

Er hatte eine sehr schöne Stimme und es war ein wirkliches Vergnügen, ihm zuzuhören, wenn er sang oder rezitierte. Oft ahmte er auch das Zwitschern oder den unterschiedlichen Gesang der Vögel nach. Er hatte ebenso eine perfekte Mimik, und Theresia musste diese Kunst von ihm gelernt haben, die, es ist nur gerecht, das hinzuzufügen, sie wie Vater stets mit Liebe und Takt einsetzte. In den Schriften der Heiligen wie in den Briefen der ganzen Familie stoßen wir auf jene Lieder und Sprichwörter, die unser Vater uns vermittelte. Viele von ihnen sind im Dialekt der Normandie oder Auvergne gehalten. Sie standen ihm für jede Gelegenheit zu Gebote. »In den Kämpfen und Zusammenstößen des Lebens müssen wir die Reisenden, Tombi, Carabi, nachahmen: wieder aufstehen nach jedem Fall und stets besser werden wollen.« Als ausgezeichneter Billardspieler sagte er üblicherweise mit Nachdruck: »Hienieden müssen wir unsere beste Kugel gut spielen«, oder, indem er den Akzent von Marseille nachahmte, »dieses Leben ist ein Theater, und jeder spielt seine eigene Rolle, meine Liebe!«

Ist es überraschend, dass Theresia, indem sie in meinem Namen in ihrem Gedicht

»Célines Lied« spricht,

die charmanten Eigenschaften eines solch wunderbaren Vaters ins Wort bringt?

»Auf seinen Knien sitzend
mit Theresia am Abend,
daran erinnere ich mich, ich wurde lange Zeit gewiegt.
Ich höre noch den Ton seines süßen Gesangs.
Erinnerung! Du erquickst mich,
du rufst mir viele Dinge ins Gedächtnis.
Das Abendessen, den Duft der Rosen!
Die Buissonnets, die im Sommer voll Fröhlichkeit
waren!« (PN 18).[3]

---

[3] Die englische Übersetzung fährt nach »Gedächtnis« fort:
»die mir schon lange wie
auf Vogelschwingen entflohen sind,
Gesichter und Stimmen
so teuer«.

Möglicherweise handelt es sich um eine vom Karmel in Lisieux gebilligte Modifikation im Interesse englischer Dichtung.

Mit welcher Begeisterung feierten wir jedes Jahr Papas Namenstag! Wir gingen hinauf zum Belvedere, das aus diesem Anlass mit Blumen und Girlanden geschmückt war. Theresia sagte einen Glückwunsch in Versen auf, der aus Paulines Feder stammte. Dann brachten wir ihm irgendein einfaches Geschenk. Natürlich schlossen sich unsere Schwestern im Kloster an und sandten eine herzliche geistliche Botschaft. Schwester Maria vom Heiligsten Herzen schrieb am 24. August 1886:

> »Schwester Agnes von Jesus, die die künstlerische Miniaturmalerin und gelegentlich Anstreicherin ist, hat auf die Wände der Zelle der Ehrwürdigen Mutter diese schöne Passage aus den Psalmen geschrieben:
> ›Der Herr geleitet den Gerechten auf geraden Wegen. Er wurde ihm am Tag zum Schutz und in der Nacht zum Sternenlicht‹ (vgl. Weish 10,10–17).
> Alles Schöne, das ich sehe, betrifft, finde ich. Dich.«

Am 25. August 1885 sandte die »kleine Königin« ihre poetischen guten Wünsche an ihren »Papa-König« nach Wien. In jenem Jahr hatte er eine lange Reise durch Europa bis an den Bosporus unternommen. Als Gefährten hatte er Père Marie, einen Priester der Pfarre St. Jacques, der wie unser Vater das Reisen liebte. Unser lieber Vater war stets durch den Ruf des Heiligen Landes wie durch den Roms angezogen gewesen und um dort hinzureisen, erfragte er fast unsere Erlaubnis. Im Laufe ihrer Reise mussten sie auf den Besuch des Heiligen Landes verzichten; und sie konnten keine Papstaudienz bekommen. Obwohl wir seine Abwesenheit schmerzlich empfanden – er war wirklich unser Leben und unsere Freude – konnten wir ihn nichtsdestoweniger nur ermutigen, die Erholung des Reisens zu genießen, da er ja stets so selbstvergessen für uns da war. Vater pflegte mit einer Note der Befriedigung und des Stolzes zu sagen:»Ich bin meinen Kindern gegenüber der *Bobillon*«, das heißt zärtlich und freundlich. In unseren fortschreitenden Jahren sagten meine Schwestern und ich gern sehr sanft zueinander, indem wir auf den Ausdruck unseres Vaters Bezug nahmen, dass unser himmlischer Vater, der Herrgott selbst, stets zu uns *Bobillon* gewesen sei.

Um dieses Lebensbild zu vervollständigen, lassen Sie mich, selbst auf die Gefahr der Wiederholung hin, einen Abschnitt aus meiner Aufzeichnung für den Seligsprechungsprozess Theresias zitieren:

>»Der Charakter meines Vaters war von großer Redlichkeit. Physisch und geistig erschien er als Patriarch. Es gab auch noch eine andere, sehr beeindruckende Ähnlichkeit: Ich erinnere mich, dass, als mein Vater mich zur Schule der Benediktinerinnen zu bringen pflegte, meine Lehrerinnen, die Ordensfrauen, sagten, dass er sie an den heiligen Joseph erinnere. Er war in hervorragender Weise ein ›Gerechter‹; wenn ich mir den heiligen Joseph vorstellen will, denke ich an meinen Vater« (der erste und der letzte Satz finden sich: II, S. 246).

Unsere kleine Theresia hat ähnlich erklärt:

>»Wenn ein irdischer Vater so vollkommen ist, wie muss dann erst unser himmlischer Vater sein …!«

Indem er ihr einen unvergleichlichen Vater schenkte, dessen Güte ein erstes Bild der Güte unseres Vaters im Himmel war, hat Gott sie vorbereitet, mehr als irgendjemanden anderen, in das Geheimnis der göttlichen Vaterschaft ein-zudringen. Dies gab ihr jene töchterliche Frömmigkeit Gott gegenüber, um die sich ihr »Kleiner Weg der geistlichen Kindschaft« gänzlich dreht. Ja, ich bekenne es demütig, un-sere frommen Eltern verdienten es sehr, der Welt diese »Kleine Theresia« zu geben. Fromme Pilger haben auf dem Grab der Eltern dies Bekenntnis der Dankbarkeit hinterlas-sen, eine Votivtafel mit Goldbuchstaben:

> »Dank euch, christliche Eltern, weil ihr uns eine klei-ne Heilige zu unserem Schutz gegeben habt.«

Das ist die »Kleine Theresia«, deren Seligsprechungspro-zess der selige Pius X. einleitete, deren Lehre von der geist-lichen Kindschaft Benedikt XV. pries. Das ist die »Kleine Theresia«, die Pius XI. heiligsprach und zur Patronin der Missionen erklärte und die er ein »lebendiges Wort Got-tes« nannte und »das zärtlich geliebte Kind der ganzen Welt«; die Pius XII. endlich, zusammen mit der heiligen Jo-hanna von Orléans, zur Patronin von Frankreich erhob. Es ist sehr richtig, auf meine Eltern die Worte des Evangeli-ums anzuwenden: »An ihren Früchten also werdet ihr sie erkennen« (Mt 7,20).

Unser Vater schenkt Gott all seine Kinder

Unsere frommen Eltern hatten beide gewünscht, in einen Orden einzutreten. Gott hatte anders entschieden, aber sie wollten dem Herrn wenigstens einen Priester, einen Mis-sionar, schenken. Aber ach, welche Enttäuschung müssen sie empfunden haben, als nach dem Tod meiner beiden kleinen Brüder ich als ihr fünftes Mädchen geboren wur-de. Still im Herzen hielten sie nichtsdestoweniger an der Hoffnung auf diesen Segen Gottes für ihr Haus fest, die durch den Verlust der beiden kleinen Jungen erst einmal enttäuscht worden war. Die Heimsuchungsschwester in Le Mans, unsere Tante, ermutigte sie:

»Der Herr wünschte die Erstlingsfrüchte (die Söhne) zu beanspruchen, um ihren Glauben zu erproben, aber sicher würde er ihre Hoffnungen kennen, indem er ihnen den großen Heiligen schenkte, nach dem sie sich so sehr sehnten.«

Nach mir jedoch trat eine andere kleine Tochter in den Kreis der Familie ein, nur um fast sofort in den Himmel zu gehen. Dann kam das siebte Mädchen, das neunte und letzte Kind, Theresia! Menschlich gesprochen, hatten meine Eltern alles getan, was in ihrer Macht lag, um Gott einen Missionar zu schenken. Ihre Hoffnungen schienen vergeblich, und doch gab es keinen Ausdruck des Bedauerns. Vor allem anderen lebten sie in einer völligen Hingabe an Gott und überließen sich selbst vollständig der göttlichen Vorsehung. Dies Wort des Psalmisten war die spontane Äußerung ihrer eigenen Herzen: »Ich will den Herrn allezeit preisen; immer sei sein Lob in meinem Mund« (Ps 34,2).

Als sich die Hoffnung nicht erfüllte, einen Sohn als Priester zu sehen, wünschte unsere Mutter, dass all ihre Töchter sich dem Ordensleben weihten. Sie starb vorzeitig, und es war unser guter Vater, der das Opfer ausführte, indem er großherzig die Berufung aller fünf akzeptierte. Sicherlich verhalf unsere Umgebung, die tief christlich war, selbst dazu, dass dieser Nachfolgeruf gehört wurde. Aber unsere Eltern beeinflussten uns niemals in dieser Richtung. Mama hatte richtig vorausgesehen, dass Pauline ins Kloster eintreten würde. Theresia spricht davon in ihrer »Autobiografie« und schreibt der ersten Ankündigung von Paulines

Berufung – als etwas damals noch undeutlich Verstandenes – ihren eigenen ersten Wunsch nach dem Ordensleben zu. In den »Buissonnets« dachte allerdings keine von uns jemals an den Karmel. Das Karmelkloster von Lisieux erfüllte uns eher mit Furcht – mit seinen Gittern und den Graburnen, die die Eingangstür schmückten.

Unser Vater hatte erwartet, dass seine zweite Tochter, Pauline, sich den Heimsuchungsschwestern in Le Mans anschließen würde, wo unsere Tante gelebt hatte und eines heiligen Todes gestorben war. Aber unerwartet, am 16. Februar 1882, nach einer wegweisenden Gnade, die sie in St. Jacques empfing, äußerte Pauline den Wunsch, in den Karmel einzutreten. Unser Vater erhob keinen Einwand; er fragte einfach, ob ihre Gesundheit sich einer solch strengen Ordensregel wohl anpassen werde. Als er nachmittags allein mit ihr sprach, sagte er ihr: »Ich habe dir erlaubt, in den Karmel zu gehen um deines größeren Glücks willen; glaube aber dennoch nicht, dass es für mich kein Opfer bedeutet, denn ich liebe dich sehr.« Er begleitete sie selbst zum Kloster am folgenden 2. Oktober und führte sie zum Altar bei der Einkleidung am 6. April 1883. Zu jener Zeit, wie später bei Theresia, kam die Postulantin im weißen Brautkleid aus dem Kreuzgang, um vor dem Gitter in Empfang genommen zu werden.

Am 8. Mai 1884, am Abend des Professtages von Schwester Agnes von Jesus – die Profess fand gemäß den Konstitutionen in Gegenwart der Schwestern allein statt – nahm Vater die kleine Theresia, die an demselben Tag die Erste heilige Kommunion in der Kapelle der Benediktinerinnen empfangen hatte, mit ins Sprechzimmer des Karmels, um die junge Ordensfrau zu treffen. Am folgenden 16. Juli wohnte er im Heiligtum vor dem Chorgitter der Schleierzeremonie von Schwester Agnes bei. Bei all diesen Gelegenheiten zeigte er starken Glauben und bewundernswerte Tapferkeit.

***

Als Marie sich Schwester Agnes von Jesus im Karmel im Oktober 1886 anschließen wollte, wünschte Vater, dass sie eine letzte Pilgerfahrt zum Grab unserer lieben Mutter in Alençon mit ihm machte. Dort vertraute plötzlich Léonie bei einem Besuch bei den Klarissen der Mutter Äbtissin ihren Wunsch an, in jenes Kloster eintreten zu dürfen, und sogar, diesen Schritt sofort zu tun. Als unser lieber Vater uns von ihrer Entscheidung berichten musste, schien er verlegen. Marie war sehr verärgert und zeigte es. Theresia und ich waren beide sehr bekümmert. Unser Vater aber, der so geduldig wie übernatürlich eingestellt war, entschuldigte unsere Schwester Léonie so gut er konnte, denn er war die Barmherzigkeit selbst.

Später gingen wir, um Léonie hinter dem Gitter zu sehen. Sie trug den Habit der Postulantinnen. Wir glaubten nicht, dass sie in ihrem Kloster bleiben könnte. Tatsächlich musste sie aus Gesundheitsgründen ein paar Wochen später, am 12. Dezember, das Kloster verlassen. Unser Vater sagte ihr kein Wort der Zurechtweisung; im Gegenteil tröstete und ermutigte er sie mit dem größten Mitgefühl.

Was unsere älteste Schwester betrifft, so muss zugegeben werden, dass unser Vater für sie eine leichte Vorliebe hatte, ohne dass dies aber zulasten der anderen gegangen wäre. Er nannte sie sein »großes Mädchen«, seine »Erste«. Sie führte den Haushalt und hatte nie die leiseste Neigung zum Ordensleben gezeigt. Von Natur aus war Marie sehr unabhängig. So hatte sie mehr eine Abneigung gegen das Leben im Kloster. Trotzdem vertraute sie Pater Pichon vollkommen und unser Vater begleitete sie in die Bretagne, damit sie an Einkehrtagen teilnehmen konnte, die von den heiligmäßigen Jesuiten dort gepredigt wurden. Marie selbst hat erzählt, wie sie schrittweise begann, an den Karmel zu denken. Als sie das Thema unserem lieben Vater gegenüber anschnitt, stieß er einen tiefen Seufzer aus, in einer Art Verwirrung:»O, o! Aber ohne dich ...« Er überwand seine Emotion, umarmte sie und sagte dann:»Ich dachte, du würdest mich nie verlassen!« In den Tiefen seiner Seele war er stolz auf ihre Berufung.

In einem Brief, den sie mir aus dem Karmel am 23. Juli 1891 schrieb, erinnerte mich Marie, nunmehr Schwester Marie vom Heiligsten Herzen Jesu, an ein amüsantes Wort unseres Vaters, wenn eine seiner Töchter sich Gott weihte:»Ich verstehe nun besser«, schrieb sie,»den Gedanken unseres lieben Vaters, der mit seiner geradlinigen Einfachheit üblicherweise sagte: ›Wieder eine, die unter dem Wagenrad hervorgezogen worden ist.‹ O ja, eine Weitere, die ihren Flug in die Höhe antreten wird. Eine Weitere, die ›dem Lamm folgt, wohin es geht‹« (Offb 14,4).

Mein Vater brachte Marie am Fest der heiligen Theresia, dem 15. Oktober 1886, zum Karmel. Im folgenden Jahr, am St.-Josephs-Fest, wohnte er ihrer Einkleidungszeremonie bei; hier hielt Pichon eine sehr schöne Predigt über das Ordensleben. Am Ende dieser Zeremonien gab mein Vater gewöhnlich ein Festessen für den Klerus, bei welchem er selbst auch zugegen war, im Pfarrhaus von St. Jacques, dessen Pfarrer Superior des Karmels war. Anlässlich der Einkleidung Maries war der hochwürdige Pater Godefroy Madelaine, Prämonstratenser-Prior, anwesend. Er sollte später Theresias Manuskript korrigieren und »Pate der ›Geschichte einer Seele‹« genannt werden. Er bezeugte, dass mein Vater vor Tisch in seiner Nähe saß und zu ihm sagte:

»Ich bin wirklich sehr glücklich. Bei meinen Töchtern im Orden ist die Rettung sicher. Ich habe eine weitere, die noch nicht vierzehn ist und doch darauf brennt, ihnen zu folgen.«

Man mag wahrhaftig sehen, dass er im Geist mit seinen Karmelitinnen ebenso sehr lebte wie mit uns zu Hause. Er überhäufte sie mit Geschenken und seine Töchter dankten ihm im Namen der ganzen Kommunität. Das finde ich in einem Brief von Schwester Maria vom Heiligsten Herzen Jesu von 1887:

»Diesen Abend las ich im Refektorium vor. Als ich das Evangelium von morgen vorlas, in dem unser Herr den Aposteln erschien und gebratenen Fisch mit ihnen aß, hieß unsere Mutter mich im Lesen innezuhalten, um der Kommunität zu sagen, dass Du morgen für den Fisch der Kommunität sorgst. So wirst Du, liebster Vater, für uns das tun, was Jesus vor langer Zeit für die Apostel getan hat. Wie gut war er zu ihnen! Und wie gut bist Du zu uns! Er liebte Petrus, den Fischer, sehr. Eines Tages füllte er das Netz des Petrus in einem solchen Ausmaß, dass es durch diesen Fang fast zerriss.

Aber der heilige Petrus ist nicht die einzige privilegierte Person. Ich kenne einen anderen alten Fischer, dessen Netz fast zerreißt. Und Jesus liebt seinen alten Fischer so sehr, dass er ihn um den ganzen Ertrag seines Fangs bittet: all seine Kinder für sich selbst.

O! Er kann keine größere Ehre verleihen. Er kann nicht besser zeigen, wie zärtlich er ihn liebt.

Und so versteht der alte Fischer die Worte seines Meisters. Wie ähnelt er dem heiligen Petrus! Von seinem Boot stürzt er zur Küste. Er wiederholt das Wort des heiligen Johannes: ›Er ist der Herr!‹ Wie sehr segnet ihn der Herr! Und im Himmel wird er ihn mit Ehre krönen.«

***

Die Berufung Theresias war das größte Opfer für Papa. Sie hatte mir von ihrem Wunsch erzählt, mit fünfzehn Jahren in den Karmel einzutreten. Aber wie konnte sie davon ihrem »geliebten König« erzählen? Er würde das letzte Stückchen seines armen Herzens zu opfern haben. Nebenbei hatte er am 1. Mai 1887 eine Krankheitsattacke. Obwohl er sich schnell erholte, blieb er nichtsdestoweniger bleicher und weniger robust.

Léonie hatte seine Erlaubnis erbeten, einen neuen Versuch des Ordenslebens in Caen zu machen, und er war sofort einverstanden gewesen. Sicher hatte er eine geheime Ahnung vom Wunsch seiner »Königin«. Das kann aus seiner Bemerkung Pater Godefroy Madelaine gegenüber geschlossen werden, die ich oben erwähnte. Es kann auch aus der Beschreibung entnommen werden, die Theresia in ihrem Manuskript von dem Gespräch am Sonntag, dem 29. Mai 1887, gibt. Bevor Theresia mit Vater sprach, hielt er sie an sein Herz gedrückt, indem er bereits vermutete, was sie sagen werde. Er ermutigte sie zu sprechen, und als sie ihren Wunsch ausgesprochen hatte, sagte er von ganzem Herzen: »Ja!«

»Papa«, schrieb Theresia »schien jene stille Freude zu genießen, die das vollbrachte Opfer schenkt. Er sprach zu mir wie ein Heiliger. Ich würde mich gern seiner Worte erinnern, um sie hier niederzuschreiben, aber ich habe davon nur eine Erinnerung bewahrt, die zu duftend ist, als dass man sie mit menschlichen Worten wiedergeben könnte« (Ms A, 50 v°).

Unsere kleine Schwester sollte mehr Schwierigkeiten vonseiten unseres Onkels Guérin erleben, der sein Einverständnis erst im Oktober gab. Es war vorzuziehen, dass unser Vater sie selbst die Angelegenheit mit unserem Onkel regeln ließ, ohne seine eigene Intervention. Andererseits begleitete er sie zum Gespräch mit Père Delatroëtte, Pfarrer von St. Jacques und Superior des Karmels. Sie wurden kühl empfangen. Dieser würdige Priester war scharf kritisiert worden, weil eines seiner geistlichen Kinder, das zu einer wichtigen Familie in Lisieux gehörte, in das Karmelkloster eintreten wollte. Er wollte sich für ein Kind von fünfzehn Jahren keinen neuen Angriffen dieser Art aussetzen.

Unser Vater, der glaubte, dass der Bischof an der Diözesanpilgerfahrt nach Rom teilnehmen würde, der wir uns anschließen wollten, ermutigte Theresia und versprach, dass er sie auf der Reise Seiner Exzellenz vorstellen werde. Aber auf Rat von Schwester Agnes von Jesus entschied er, mit Theresia nach Bayeux zu reisen und Msgr. Hugonin persönlich mit ihr zusammen zu treffen. Dieser Besuch fand statt am 31. Oktober 1887. Seine »feine Perle« schrieb ihm zu jener Zeit in rührendem Ton:

> »Der ganze Karmel betet für den Vater unserer Lilie, für jenen fruchtbaren Baum, der nichts als jungfräuliche Seelen hervorbringt. Wenn Du nur wüsstest, wie mein Herz Dir entgegenfliegt beim Gedanken an all das, was Du für unsere ›kleine Königin‹ tun willst – an all das, was Du für uns getan hast! O! Fürchte Dich nie, Undankbarkeit gibt es nicht im Karmel. Wir werden die Wohltaten nie vergessen, die Du uns hast zuteilwerden lassen, und der gute Gott zählt sie alle. Welche Krone wird er Dir bereiten!«

Während der Audienz beim Bischof ergriff Vater großmütig die Partei Theresias, eine Haltung, die der Bischof und sein Generalvikar, Abbé Révérony, sehr bewunderten. Aber die Ergebnisse blieben negativ.

***

Am folgenden 4. November verließen wir die »Buissonnets«, um uns in Paris allen Rompilgern anzuschließen. Die Abfahrt war für den 7. November geplant. Immer darum bemüht, uns Vergnügen zu bereiten, wollte Papa uns zuerst in der Hauptstadt herumführen. Er war voll Leben und Fröhlichkeit. Ich brauche nicht im Detail über die lange, glanzvolle Reise zu berichten, die in der »Geschichte einer Seele« beschrieben ist. Unsere Pilgerfahrt war beschlossen worden vor der Enttäuschung von Bayeux. Im Gegensatz zu dem, was einige Leute glauben, war der Zweck unserer Pilgerfahrt für uns nicht, Theresia eine Gelegenheit zu bieten, vom Papst die Erlaubnis zu erbitten, die von den Oberen verweigert worden war. Sie hatte daran tatsächlich vor der Abfahrt gedacht, aber der Karmel hatte sie zunächst davon abgebracht und sie hatte gehorsam auf den Gedanken verzichtet. Da sie stets das gehorsame Kind war, lag es in den neuen Anweisungen aus dem Karmel begründet, die ihr durch ihr »Mütterchen«, Schwester Agnes von Jesus, bei unserer Ankunft in Rom übermittelt worden waren, dass sie mit dem Einverständnis unseres Vaters ihre Bitte um Erlaubnis vorbringen sollte.

Die Papstaudienz fand am Sonntag, dem 20. November, statt. Zuerst wohnten wir alle der heiligen Messe Leos XIII. im Konsistorialsaal bei. Draußen hörten wir prasselnden Regen und Gewitter. In ihren Beschreibungen vermittelt Theresia einen irreführenden Eindruck, was die Reihenfolge der Vorstellung der Pilger betrifft. Von allen Diözesen:

Coutances, Bayeux, Nantes, schritten die Damen zuerst am Heiligen Vater vorbei, sodass Papa erst nach uns vorgestellt wurde. Ich zitiere hier den größten Teil des Briefes, den ich an demselben Tag an Schwester Marie schrieb:

»Als wir an der Reihe waren, zu Füßen des Heiligen Vaters zu knien, kniete Theresia nieder, aber unglücklicherweise war Abbé Révérony bei den Pilgern von Bayeux und er stellte sich dem Obersten Pontifex vor. Als Theresia ihre Bitte mit Tränen in den Augen aussprach, beugte sich der Heilige Vater nieder und sagte: ›Ich verstehe nicht so gut.‹ Du weißt, er ist so alt, dass es einen zum Weinen brächte, ihn nur länger anzusehen. Er ist so bleich wie der Tod. Er kann sich kaum aufrechthalten und sprechen. Er scheint gebrochen vom Alter, aber welch schöner Gesichtsausdruck! Er ist wahrlich ein *Heiliger Vater*!

Aber zurück zur Bitte Theresias. Abbé Révérony antwortete sofort in einem ironischen Ton: ›Das ist ein Kind, das bittet, mit fünfzehn Jahren in den Karmel eintreten zu dürfen. Aber die Frage wird von den Oberen untersucht.‹ Darauf antwortete der Heilige Vater nach der Wiederholung von Theresias Bitte: ›Mein liebes Kind, wenn der gute Gott es wünscht, wirst du eintreten; lass die Oberen entscheiden.‹ Das hatte kaum zwei Minuten gedauert. Danach war ich an der Reihe. Ich hatte auch Tränen in den Augen, und würdest Du glauben, dass ich die Kühnheit besaß zu sagen: ›Heiligster Vater, einen Segen für den Karmel‹?

Darauf segnete er mich, indem er sagte: ›O! Der Karmel ist schon gesegnet!‹

Papa kam ein ziemliches Stück nach uns mit den Herren. Abbé Révérony stellte ihn dem Heiligen Vater vor, indem er sagte: ›Das ist der Vater zweier Karmelitinnen und einer Heimsuchungsschwester‹, aber er sagte nicht, dass er Theresias Vater sei. Der Heilige Vater schaute auf Vater mit besonderer Aufmerksamkeit, reichte ihm die Hand zum Kuss und ergriff die seine liebevoll.«

Theresias Manuskript fügt dieses Detail an:

»Der Oberste Pontifex legte zum Zeichen seines besonderen Wohlwollens seine Hand auf das ehrwürdige Haupt meines geliebten Königs, anscheinend ihn so mit einem geheimnisvollen Siegel bezeichnend – im Namen desjenigen, dessen wirklicher Stellvertreter er ist« (Ms A 63v°).

Unser Vater bemühte sich nicht allein, Theresia aufzuheitern, sondern unternahm wieder aktiv Schritte, um ihre Anstrengungen zu unterstützen. Er machte einem französischen Ordensmann, dem ehrwürdigen Bruder Simeon von den Christlichen Schulbrüdern, dem Gründer und Direktor des St.-Joseph-Kollegs, einen Besuch. Ich ziehe es vor, diesen Abschnitt aus meinem Brief vom 23. November zu zitieren, in welchem ich unseren Schwestern im Karmel dieses Gespräch beschrieb:

»Wir wollen uns freuen! Wenn alles verloren scheint, ist alles gewonnen. Papa besuchte den Superior der Brüder, um ihm für den freundlichen Empfang zu danken, den dieser zwei Jahre zuvor ihm und Abbé Marie hatte zuteilwerden lassen. Der Bruder freute sich. Papa sprach offenherzig zu ihm und erzählte ihm von der Audienz, die wir sonntags hatten, von Theresias Sehnsucht und von all den Wechselfällen und Enttäuschungen, die sie ertragen hatte.

Der Bruder hörte, dass Papas älteste Tochter auch in den Karmel eingetreten war. Er hatte niemals etwas

Ähnliches gehört und war von unserer Familie begeistert … Er nahm Notiz von allem, was Papa ihm über Theresia erzählte, und schlug vor, dass er mit Abbé Révérony darüber spreche. Aber hör nur, was geschah! Als Papa aufstand, um zu gehen, wer trat da ein? Abbé Révérony! … Stell Dir die Überraschung Papas und des Bruders vor!

Der Abbé war reizend zu Papa, und die Sache schien ihm leidzutun … Papa fragte ihn dann, ob es irgendeine Antwort des Bischofs gebe, und fügte hinzu: ›Sie wissen, dass Sie zu helfen versprochen haben.‹ Welch lieber Vater! Dann sprach er über Theresias Kummer bei der Audienz, besonders an dem Punkt, als der Abbé antwortete, die Frage werde von den Oberen untersucht, und so weiter. Der Abbé war wirklich berührt, glaube ich, und er begann einzusehen, dass Theresias Berufung etwas Besonderes ist. Er gestand sogar zu: ›Gut, ich werde an ihrer Einkleidungszeremonie teilnehmen. Ich lade mich selbst ein.‹ Papa sagte, dass er sehr glücklich wäre, ihn zu begrüßen und sie tauschten einige Artigkeiten aus.«

Ich werde mich nicht länger mit dem Bericht über die Rückreise aufhalten, sondern nur den angenehmen Vorfall vom 29. November in Cannes erzählen, genau wie ich damals schriftlich darüber an den Karmel berichtete.

»Heute Morgen ereignete es sich, dass wir zusammen mit Abbé Révérony auf einen Omnibus[4] zum Bahnhof warteten. Papa stand bei dem Abbé und flüsterte ihm zu: ›Wenn Sie ein Wort zu Theresia sagten …‹ Der Abbé antwortete mit einem Lächeln. Papa wiederholte: ›Sie wissen, sie denkt immer noch an ihren *kleinen*

---

[4]   Ein Leihfuhrwerk, das jeder zur Beförderung nutzen konnte.

Jesus zu Weihnachten.‹ Dasselbe Lächeln als Antwort. Dann kam der Bus vorbei und wir stiegen ein. Theresia und ich saßen hinter Papa. Durch eine Zulassung der göttlichen Vorsehung saß Theresia neben Abbé Révérony. Wir waren sechzehn Personen in dem Gefährt, acht auf jeder Seite, und wir saßen wie die Sardinen. Der Abbé neigte sich zu Theresia und sagte: ›Nun gut, wenn wir Lisieux erreichen, was werden wir tun, wohin werden wir gehen?‹ Theresia, die nach einer Antwort suchte, lächelte nur. Der Abbé wiederholte seine Frage. Da sagte Theresia: ›Ich werde meine Schwestern im Karmel sehen.‹ – ›Nun gut‹, sagte der Abbé, ›wir werden alles tun, was wir können, nicht wahr?‹ – ›O ja‹, sagte Theresia. Abbé Révérony fügte hinzu: ›Ich verspreche Ihnen, alles zu tun, was ich kann.‹ Da rief Theresia aus ganzem Herzen aus: ›O, danke!‹

Das ist die ganze Geschichte. Ich habe sie genauso berichtet, wie sie geschah.«

Bei ihrer Rückkehr nach Lisieux erwartete Theresia besorgt die Erlaubnis des Bischofs. Auf den Rat Paulines hin schrieb sie ihm einen Erinnerungsbrief; ebenso schrieb sie an Abbé Révérony, indem sie ihn an sein Versprechen, ihr zu helfen, erinnerte. Unser guter Vater ermutigte sie mit der ganzen Zuneigung seines Herzens. Täglich ging er mit ihr zum Postamt, um sich nach einer Antwort zu erkundigen. Um sie zu zerstreuen, schlug er eine neue Wallfahrt vor – nach Jerusalem. Aber das würde sie aufgehalten haben; sie ersehnte nur den Karmel.

Es war am 1. Januar 1888, dass sie durch Mutter Maria von Gonzaga von der endgültigen Zustimmung Msgr. Hugonins erfuhr. Aber auf Vorschlag von Schwester Agnes von

Jesus wurde ihr Eintritt bis nach Ostern verlegt, wegen der Fastenzeit, und ohne Zweifel auch, um die Gefühle von Abbé Delatroëtte zu schonen. Während jener Wochen des Wartens zeigte mein Vater seine ganze herzliche, zuvorkommende Art bezüglich Theresias. Er versuchte, sich selbst zu überwinden, indem er ihr Vergnügen bereitete. Sie selbst hat einfühlsam die Abschiedsgesellschaft in den »Buissonnets« beschrieben, die am Weißen Sonntag, dem 8. April 1888, stattfand.

»Mein geliebter König sagte fast nichts, aber liebevoll heftete sich sein Blick auf mich« (Ms A 68v°).

Am folgenden Morgen brach sie zum letzten Mal am Arm ihres geliebten »Königs« auf. Nach der heiligen Messe geleitete er sie zur Klausurpforte und in Tränen kniete er nieder, um sie zu segnen.

»Diesen alten Mann dem Herrn sein Kind schenken zu sehen«, schrieb die Heilige selbst, »das noch im Frühling des Lebens stand, war ein Schauspiel, das die Engel erfreuen musste!« (Ms A 69r°).

Bei seiner Rückkehr nach Hause zeigte er großartigen Mut. Ich schrieb das sofort an den Karmel und Schwester Marie vom Heiligsten Herzen antwortete durch den folgenden Brief:

»Mein unvergleichlicher Vater,

was Céline gerade erzählt hat, ist Deiner würdig! O, was für einen Vater wir haben! Und als Ergebnis bin ich nicht überrascht, dass unser Gott alle Kinder dieses unvergleichlichen Vaters annimmt.

Das Heiligste Herz unseres Herrn muss ihn mit einer ganz besonderen Liebe umgeben.

Und wie sehr muss unsere geliebte Mutter vom Himmel her Dir zulächeln! Wie muss sie sich freuen, Dich, ihr geliebtes Boot, so gut dem Himmel entgegensteuern zu sehen. O bester der Väter, welche Verantwortung für uns, wenn wir keine Heiligen werden, wenn wir nicht den Spuren Deiner Freigebigkeit folgen wollten! O! Wie froh wird unser Herr Dir ein Hundertfaches geben für die ›Lilie‹, die sich gerade öffnet, voll Schönheit und Reinheit, die Du ihm heute dargeboten hast.«

Tatsächlich war das Opfer für unseren geliebten Vater hart. Einer seiner Freunde sagte zu ihm:

»Abraham kann Sie nichts lehren. Wie er hätten Sie, wenn Gott es verlangt hätte, ihm Ihre kleine Königin geopfert.« Er antwortete sofort: »Ja, aber ich bekenne, dass ich mein Schwert langsam erhoben und darauf gehofft hätte, den Engel und den Widder zu sehen.«

Unser Onkel und Vormund, Herr Guérin, hatte schon seine Begeisterung für den heldenhaften Patriarchen bekundet, der jedoch zu jener Zeit erst sein drittes Opfer gebracht hatte. Am 15. Oktober 1886, dem Tag von Maries Eintritt in den Karmel, schrieb Herr Guérin:

»Eines Tages zeigte mir der Herr einen alten Obstbaum, der mit fünf schönen, reifenden Früchten beladen war, und befahl mir, ihn in meinen Garten zu verpflanzen. Ich gehorchte und die Früchte reiften nacheinander. Das Jesuskind, wie in den alten Tagen der Flucht aus Ägypten, ging dreimal vorüber und machte ein Zeichen. Der alte Baum beugte sich liebend hinab und ließ jedes Mal eine der reifen Früchte in die Hand des göttlichen Kindes fallen … Welch bewundernswertes Schauspiel, dieser neue Abraham! Welche

Einfachheit und welcher Glaube! Wir sind neben diesem Mann nichts als Pygmäen!«

***

Unser Vater brachte all seine Gaben dar, allmählich und vollständig; und unser Herr ließ keinen dieser Anlässe vorübergehen, ohne Vater die Gelegenheit zu schenken, den vollen Verdienst zu erlangen. Obwohl ich endgültig entschieden hatte, ihn wissen zu lassen, dass ich allzeit treu bei ihm bleiben werde, brachte mich ein unerwartetes Ereignis dazu, ihm von meiner Berufung zum Karmel zu erzählen. Ich hatte am 15. Juni 1888 besondere Gnaden des Lichtes und der Stärke empfangen, die mir meine Berufung noch teurer machten, wenngleich sie mich nicht drängten, dies Papa zu offenbaren.

Am folgenden Tag nahm ich ein Gemälde, das ich gerade beendet hatte, zu ihm ins Belvedere mit hinauf. Es stellte die Schmerzensmutter und die heilige Maria Magdalena dar. Er war so angetan davon, dass er sofort vorschlug, ich solle Malstunden in irgendeiner Akademie in Paris nehmen. Ich fühlte, dass ich das Angebot ablehnen musste, indem ich als Grund meinen Wunsch angab, Karmelitin zu werden. So ließ ich ihn mein Geheimnis wissen. Bei dieser unerwarteten Offenbarung weinte mein Vater vor Freude und rief entzückt aus:

»Komm, Céline, lass uns das Allerheiligste besuchen, um dem Herrn für alle Gnaden zu danken, die er unserer Familie geschenkt hat, und für die Ehre, die er mir erwiesen hat, indem er in meinem Haus Bräute erwählte.«

Sofort teilte er sein Glück mit seinen Karmelitinnen:

»Ich muss Euch sagen, meine lieben Kinder, wie drängend ich das Bedürfnis fühle, Gott zu danken und

Euch mit mir in diesem Dank verbunden zu wissen. Denn ich fühle, dass unsere Familie, obwohl sehr demütig, die Ehre hat, zu den Privilegierten unseres anbetungswürdigen Schöpfers gezählt zu werden.«

Sollten wir nicht mit diesen väterlichen Charakterzügen jene Gesinnungen vereinigen, die aus dem Herzen unserer Mutter aufstiegen? Deswegen erinnere ich hier an den Ausdruck des Lobes, den Theresia ihren Eltern weihte, als sie schrieb:

»Der liebe Gott schenkte mir einen Vater und eine Mutter, die des Himmels würdiger waren als der Erde« (LT 261).

Ein Gedanke, den Pater Pichon, der ihn kannte, wiederholte, wenn er – uns alle Gott geweiht sehend – mehrfach inständig zu uns sagte: »Kinder, alles was ihr habt, schuldet ihr euren Eltern.« Und doch hatten sie danach verlangt, noch mehr als nur Töchter zu haben, die Ordensfrauen würden. Deswegen musste Theresia schreiben:

»Man hat mir erzählt, dass vor meiner Geburt meine Eltern hofften, dass ihr großer Wunsch (einen Sohn zu bekommen, der Missionar würde) endlich Wirklichkeit werde. Wenn sie den Schleier der Zukunft hätten durchdringen können, so hätten sie gesehen, dass in der Tat durch mich ihr Verlangen erfüllt werden würde« (LT 226).

Theresia bezog sich auf den Priestermissionar, der ihr als geistlicher Bruder gegeben worden war. Aber wir dürfen diese Formulierung nun mit Recht in einem anderen und viel weiteren Sinn anwenden! Sie hatte recht, wenn sie meinen Vater an das Wort erinnerte, das er selbst gern gebrauchte: »Der gute Gott ist unübertroffen an Freigebigkeit.« In Theresia, der Patronin der Missionen, besaßen un-

sere Eltern ihren Missionar, und wenn sie der Kirche nicht
»den großen Heiligen« schenkten, den sie sich gewünscht
hatten, so gaben sie ihr nach dem Zeugnis des seligen
Pius X. »die größte Heilige der modernen Zeit«. Ihre Träume wurden wirklich übertroffen.

Die Krankheit meines Vaters

»Gott hat sie geprüft und fand sie seiner würdig. Wie Gold
im Schmelzofen hat er sie erprobt und sie angenommen als
ein vollgültiges Opfer« (Weish 3,5–6).

Das Hinschenken seiner kleinen »Königin« schien für unseren Vater das höchste Opfer zu sein. Aber es war nur der
Beginn. Theresia machte dieselbe Bemerkung, als sie im
Mai 1889 einer von uns schrieb:

»Vor meinem Eintritt in den Karmel sagte unser unvergleichlicher Vater, als er mich dem lieben Gott darbrachte: ›Ich würde dem lieben Gott gern etwas Besseres bieten.‹ Jesus hat sein Gebet erhört … Dieses Bessere, das war er *selbst*!« (LT 91).

Schwester Marie vom Heiligsten Herzen notierte ihrerseits:

»Sehr oft, wenn ich an Papa dachte, fragte ich mich
selbst: Was wird das Ende dieses schönen Lebens sein?
Ich hatte ein geheimes Vorgefühl, dass es im Leiden
enden würde; trotzdem war ich sehr weit entfernt davon, mir vorzustellen, was jenes Leiden sein würde.
Aber als es eintrat, sah ich eines Tages während der
heiligen Messe so klar den Wert des Ganzen, dass ich
es für alle Schätze der Welt nicht einzutauschen gewünscht hätte. In jener Zeit kam mir die Geschichte
von Ijob wieder in den Sinn. Ich dachte, dass sie zu

uns wie zu ihm passte. Satan, der vor dem Herrn erschien, hatte diesem gesagt: ›Es ist nicht erstaunlich, wenn dein Diener dich preist – du überhäufst ihn mit Wohltaten. Schlage daher ihn persönlich, und du wirst sehen, wie er deinem Namen flucht‹ (vgl. Ijob 1,9–11.2; 4,4–5). Aber der Name des Herrn wurde nicht verflucht. Im Gegenteil wurde er mitten in den tödlichen Prüfungen gepriesen.«

Es ist eine gute Idee, am Anfang dieses Kapitels an die Vision zu erinnern, die Theresia in ihrer Kindheit gehabt hatte. Sie sah in der Entfernung unseren Vater in seinem großen Leid, wie der heilige König David erdrückt von Prüfungen, der »den Bach Kidron [überschritt] …, weinend und mit verhülltem Haupte den Ölberg hinauf[stieg]; … barfuß [ging]« (2 Sam 15,23.30). So sprach Pauline, die Zeugin von Theresias Erregung war, beim Apostolischen Prozess von dem Ereignis, um das es hier geht:

»Sie mochte ungefähr sieben Jahre alt sein. Mein Vater war seit ein paar Tagen in Alençon, und wir, meine Schwester Marie und ich, waren in einem der beiden Mansardenzimmer, deren Fenster auf der Rückseite des Hauses der ›Buissonnets‹ zum Garten gehen. Die kleine Theresia schaute fröhlich durch das Fenster des angrenzenden Zimmers zum Garten hinab. Das war im Sommer; es war schönes Wetter, die Sonne schien, es konnte zwei oder drei Uhr nachmittags gewesen sein. Plötzlich hörten wir unsere kleine Schwester mit ängstlicher Stimme rufen: ›Papa, Papa!‹ Marie, von Furcht gepackt, sagte zu ihr: ›Warum rufst du denn so nach Papa? Du weißt doch, dass er in Alençon ist.‹ Sie erzählte uns dann, dass sie in der Allee hinten im Garten einen Mann gesehen habe, genauso gekleidet wie Papa, von derselben Größe und derselben Gangart, aber er hatte den Kopf bedeckt und ging gebeugt wie ein Greis. Sie fügte hinzu, dass der Mann hinter der Baumgruppe verschwunden war, die nicht weit davon entfernt lag. Sofort gingen wir in den Garten hinunter; doch da wir die geheimnisvolle Gestalt nicht gefunden hatten, versuchten wir umsonst, Theresia davon zu überzeugen, dass sie nichts gesehen hätte.

Später im Karmel, einige Jahre nach dem Tode unseres Vaters, erinnerten sich Schwester Maria vom Heiligsten Herzen und Schwester Theresia vom Kinde Jesus, als sie an einem Erholungstag zusammen waren, an diese Vision und verstanden plötzlich, was sie bedeutet hatte. Schwester Theresia erklärte es in ihrer Lebensbeschreibung.«

Ich verwende die eigenen Worte der Heiligen in ihrem Manuskript:

»Es war wirklich Papa, den ich gesehen hatte, wie er, vom Alter gebeugt, voranschritt ... Es war wirklich er, der über seinem ehrwürdigen Gesicht, auf seinem silberhaarigen Haupt, das Zeichen seiner ruhmvollen Prüfung trug. Wie das anbetungswürdige Antlitz Jesu, das während seines Leidens verhüllt wurde, so musste auch das Antlitz seines treuen Dieners in den Tagen seiner Schmerzen verhüllt werden, um im ewigen Vaterland, bei seinem Herrn, dem Ewigen Wort, erstrahlen zu können! Vom Sitz dieser unaussprechlichen Ehre her hat, als er im Himmel war, unser geliebter Vater uns die Gnade erlangt, die Vision zu verstehen, welche seine kleine Königin in einem Alter hatte, bei dem man nicht befürchten muss, es habe sich um Einbildung gehandelt« (Ms A 20v°/21r°).

***

Beginn seiner Krankheit

Um die verschiedenen Phasen der Krankheit meines Vaters zu schildern, habe ich nicht nur meine eigenen, sehr deutlichen Erinnerungen benutzt, sondern auch die Eintragungen meines persönlichen Tagebuchs. Diese, wie die Stationen eines Kreuzweges, wurden Tag um Tag notiert.

Im Laufe seines ganzen bisherigen Lebens hatte unser Vater eine robuste Konstitution von großer Widerstandskraft gehabt. Gegen 1876 geschah etwas, das ihn erstmals zwang, ärztliche Hilfe in Anspruch zu nehmen. Als er eines Tages bei Alençon auf Fischfang war, wurde er hinter dem linken Ohr von einer giftigen Fliege gestochen. Zuerst war es nur ein kleiner schwarzer Fleck, der ihn kaum störte. Stufenweise begann er aber, sich auszubreiten und Besorgnis zu verursachen. Verschiedene Ärzte wurden in Lisieux und anderswo konsultiert. Die verschiedenen und wiederholten Behandlungen, denen er sich unterziehen musste, waren äußerst schmerzvoll, besonders die letzten im Jahr 1888. Damals erduldete mein armer Vater ein wirkliches Martyrium. Er, der so mutig war, konnte keine weitere Arbeit mehr tun und schritt einfach schnell durch den Garten. Zu Léonie und mir sagte er mit herzzerreißender Stimme: »O, Kinder, betet für mich!«

Die Diagnose lautete auf »Epitheliom«. Es breitete sich nach und nach aus, bis es so groß wie eine Handfläche war. Diese örtliche Infektion sollte nur sehr langsam gegen die letzten Monate seines Lebens hin verschwinden. In der Familie waren wir überzeugt, dass die Störungen des Gehirns, von denen ich sprechen will, in Beziehung mit diesem unerträglichen Leiden standen, weil dessen Höhepunkt, zusammen mit Nierenbeschwerden, mit einer schweren und allgemeinen Schwächung seiner Gesundheit zusammenfiel.

Die ersten Anzeichen seiner allgemeinen Hinfälligkeit hatten sich im Jahr davor gezeigt, als unser Vater fast 64 Jahre alt war. Beim Erwachen am 1. Mai 1887 hatte er einen Anfall von Lähmung, der seine ganze linke Seite betraf. Mit seiner gewöhnlichen Energie wünschte er nichtsdestoweniger mit uns, wie sonst täglich, zur Sieben-Uhr-Messe zu gehen, um zu Beginn des Maimonats die heilige Kommunion zu empfangen. Er sprach ziemlich undeutlich und zog schmerzvoll sein Bein nach. Er sagte zu Léonie, Theresia und mir:

»Meine armen Kinder, wir sind so zerbrechlich wie Blüten auf den Bäumen im Frühjahr. Abends scheinen wir wundervoll, genau wie sie. Am nächsten Morgen lässt eine Stunde Frost uns verdorren und zusammenschrumpfen.«

Als Papas Zustand unserem Onkel Guérin mitgeteilt wurde, steckte er diesen kurzerhand ins Bett und behandelte ihn mit einem Dutzend Blutegeln. Abgesehen von einigen Gedächtnislücken erholte sich unser Vater aber genügend, um ein aktives Interesse für die vertraulichen Mitteilungen Theresias aufzubringen, die sie ihm bezüglich ihrer Berufung machte, und um sie bei all ihren verschiedenen Schritten zu begleiten. Er hatte zwei weitere Lähmungsanfälle im Laufe jenes Jahres. Während des Monats Mai 1888 reiste er nach Alençon, und in seiner alten Pfarrkirche, die für ihn mit so vielen Erinnerungen verbunden war, wurde ihm eine besondere Gnade zuteil, von der er seinen drei Karmelitinnen bei seiner Rückkehr im Sprechzimmer des Klosters berichtete:

»Meine Kinder, ich komme von Alençon zurück. Dort empfing ich in der Kirche Unserer Lieben Frau solch große Gnaden, solch große Tröstungen, dass ich dieses Gebet sprach: ›Mein Gott, es ist zu viel! Ja, ich bin zu glücklich! Auf diese Weise kann man unmöglich in den Himmel kommen! Daher möchte ich etwas für Dich leiden.‹ Und ich habe mich angeboten ...« – »Auf seinen Lippen erstarb das Wort Schlachtopfer. »Er wagte es nicht, es in unserer Gegenwart auszusprechen. Doch wir hatten ihn verstanden!«[5]

Plötzliche Verschlimmerung seiner Krankheit

Gegen Ende dieses Maimonats, nach Maries Schleierfest, dem er beiwohnte, bereitete sein Gesundheitszustand uns neue Sorge. Er begann, Zeichen verstärkter Gefühlsbestimmtheit zu zeigen, und Tränen traten ihm leicht und oft in die Augen. Ich muss wahrheitsgemäß sagen, dass ich ihn vor seiner Krankheit nie Tränen vergießen sah, ausgenommen als unsere Mutter die Letzte Ölung empfing. Oft, wenn er schöne Abschnitte las oder einer bewegenden Rede lauschte, verrieten seine Gesichtszüge Emotion; seine Augen waren dann voller Tränen. Aber das war alles. Sogar bei sehr bewegenden Gelegenheiten erlaubte er sich nicht, erregt zu sein, und er blieb vollkommen Herr seiner Gefühle.

Als er endgültig von meiner Berufung wusste, nach dem 16. Juni, ergriff eine Art fixe Idee von ihm allmählich Besitz, die auch von seiner Frömmigkeit angeregt war. Er wollte sich in die Einsamkeit zurückziehen, um dort als

---

[5] Text, der in der von Mutter Agnes redigierten Fassung der »Geschichte einer Seele« im 7. Kapitel unmittelbar vor dem Bericht Theresias über die Einkleidungsfeier in den Text von Ms A interpoliert wurde; s. etwa Theresia Martin, Geschichte einer Seele [Trier o. J. ›1953‹], S. 110; vgl. Ms A 71v°.

Eremit zu leben. Es war zweifellos deswegen, dass er seine geschäftlichen Dinge ordnen und all sein Geld sicher anlegen wollte, sodass für die materiellen Bedürfnisse seiner Kinder gesorgt wäre. Zu diesem Zweck unternahm Vater verschiedene Reisen nach Paris, aber mehrmals geschah es, dass er entgegen seiner gewohnten Pünktlichkeit nicht am vereinbarten Tag zurückkehrte und wir in größter Sorge waren.

Bei einer dieser Gelegenheiten, als seine Abwesenheit mehr als gewöhnlich verlängert wurde, hatten wir Angst, dass er getötet worden sein könnte, denn er trug große Geldsummen bei sich. Damals rief unsere heiligmäßige Mutter Genoveva, invalid und blind, meine drei Karmelitinnen-Schwestern dringend an ihr Bett in der Krankenabteilung des Klosters und sagte zu ihnen:»Nichts ist ihm geschehen, und er wird morgen zurückkehren. Unser Herr hat mir das gesagt.« Die Ereignisse bestätigten diese Voraussage.

Im Laufe einer ähnlich alarmierenden Situation, als unser Vater unerwartet nach Le Havre gereist war, brach ein Feuer in einem an die»Buissonnets« angrenzenden Haus aus und zerstörte es völlig.

Léonie war allein im Haus mit dem Mädchen. Die Karmelitinnen hörten davon und Frau Guérin, unsere Tante, schrieb ihnen:

»Ich bitte Euch, dass Ihr all Eure Ängste überwindet. Seht in diesem Vorfall des Feuers heute Morgen, wie Eure Schwester beschützt wurde! Wenn das Feuer während der Nacht ausgebrochen wäre, weiß keiner, was geschehen wäre. Ich kann mir nicht helfen, ich glaube, der gute Gott wird es niemals erlauben, dass ein großes Unglück stattfindet. Er mag die Dinge sehr weit gehen lassen, nur um unser Vertrauen auf die Probe zu stellen. Aber er wird stets rechtzeitig eingreifen. Auf Wiedersehen, liebste Nichten. Ich umarme Euch von ganzem Herzen.«

Der weitere Verlauf von Vaters Krankheit bestand aus einem Wechsel von Besserung und Rückfall. Sogar wenn er verwirrt war, blieben alle Gedanken unseres guten Vaters auf den Dienst Gottes gerichtet, der die Mitte seines ganzen Lebens gewesen war, und die Tugenden, die er sich erworben hatte, stellten sich weiter dar in der Übung der geistlichen Werte der Barmherzigkeit. So hatte er ein lebhaftes Interesse an der Bekehrung der Sünder und besonders jener eines angeheirateten Vetters von Herrn Guérin, welcher damals ernstlich krank war. Er empfahl den Karmelitinnen diesen »großen Fisch«, wie er ihn nannte. Pauline antwortete am 1. Juli mit Zeilen, bei denen man spürt, wie sie ihn von allen Bußwerken und Sorgen wegen dieser Angelegenheit abhalten wollte:

»Sorge Dich nicht, geliebter Vater, du hast Deinen Teil getan, indem Du alles auf den Weg gebracht hast. Nun ist es an uns, es fortzusetzen – was, nebenbei gesagt, ja auch unsere Berufung ist.«

Die Bekehrung wurde vollständig und in anrührender Weise erlangt. Während Vaters Krankheit wurde seine Barmherzigkeit nur noch deutlicher. Ich wollte gern selbst das Messingkruzifix aus seinem Zimmer haben, nicht wissend, dass er es von Marie vor ihrem Eintritt in den Karmel bekommen hatte. Er zögerte, es mir zu geben. Aber eines Tages im September während der heiligen Messe, während er ein Gebet von General de Sonis las, das ich ihm gegeben hatte, wandte er sich zu mir und flüsterte: »Ich gebe dir mein Kruzifix.«

Als ich diese Episode Mutter Marie von Gonzaga in einem Brief berichtete, fügte ich das Folgende an, um zu zeigen, wie sehr unser Vater in der Stadt geachtet wurde:

»Auf der Straße begrüßt ihn jeder, und man spricht von ihm als von dem ›heiligmäßigen Patriarchen‹! Heute Abend waren Léonie und ich in der Sakristei der Kathedrale, um in eine Vereinigung eingeschrieben zu werden. Da sagte der Pfarrer von St. Peter zu uns: ›Sind ihre Schwestern im Karmel rundum glücklich?‹ – ›O ja, Herr Domkapitular!‹ – ›Und sie sollten es auch sein, weil sie einen unvergleichlichen Vater haben. Ist er nicht wirklich gut?‹ Ich war zutiefst entzückt, dass von Vater mit solchem Respekt und solcher Verehrung gesprochen wurde.

Sie sehen, liebste Mutter, wie sehr unser Vater überall geliebt und geschätzt wird.«

Trotzdem verstärkte sich seine körperliche Hinfälligkeit. Ich sprach davon in einem Brief an Theresia am 22. Juli 1888:

»Papa scheint so alt geworden und so erschöpft zu sein. Wenn du ihn jeden Morgen an der Kommunionbank sehen könntest! Er beugt sich und hilft sich selbst voran, so gut er kann. Du würdest weinen!«

Ich werde nicht zögern, die verschiedenen Phasen seines Leidens zu beschreiben. Er war sich ihrer bewusst, denn er war bis auf ein paar Gedächtnislücken voll bei Bewusstsein. So sagte er eines Tages zu seinen Karmelitinnen: »Kinder, habt keine Angst um mich, denn ich bin ein Freund des lieben Gottes.« Auf dem Höhepunkt unserer Not hatten wir in der Kapelle des Karmels, unter dem Bild des Heiligsten Antlitzes, eine Marmorplatte angebracht. Darauf standen in goldenen Lettern die Worte: *Sit Nomen Domini Benedictum. F. M. 1888* (»Der Name des Herrn sei gepriesen. F. M. 1888«). Diese Platte wird nun hinter dem Tabernakel des Hochaltars im Karmel aufbewahrt.

Tröstliches Zwischenspiel

Die Krankheit unseres Vaters bedingte es, dass Theresias Einkleidung auf den 10. Januar 1889 verschoben wurde. Als sie festgesetzt war, bereitete er sich darauf vor, indem er viele Geschenke machte. Er wünschte seine kleine »Königin« auch königlich gewandet, in einem Kleid von weißem Samt, mit Schwanendaunen und Alençon-Spitze ausstaffiert. Obwohl in Exerzitien, sandte ihm die kleine Braut Jesu mit der Erlaubnis der Priorin eine Dankesbotschaft, der sie hinzufügte:

> »Es ist zweifellos deswegen verboten zu schreiben, um die Stille der Exerzitien nicht zu brechen, aber kann man ihren Frieden stören, indem man an einen Heiligen schreibt?« (LT 77).

Theresia hat in ihrem Manuskript von der Schönheit des großen Tages erzählt:

> »Das Fest war entzückend, und die schönste, die entzückendste Blume war mein geliebter König. Niemals war er schöner, würdiger gewesen. Er wurde von allen bewundert. Dieser Tag war sein Triumph, sein letztes Fest hienieden« (Ms A 72r°).

Papa wartete auf sie an der Klausurpforte. Als sie erschien, drückte er sie an sein Herz und rief aus, mit Tränen in den Augen: »O, da ist sie – meine kleine Königin.«

Dann reichte er ihr seinen Arm und trat feierlich mit ihr in die öffentliche Kapelle ein. Wir, die wir ihn so krank gesehen hatten, konnten Gott nicht genug danken, ihn wieder so tapfer zu sehen. Ein rührendes Detail: Bruder Simeon hatte zu dieser Gelegenheit einen besonderen Papstsegen für ihn und Theresia erlangt.

Ende Januar reiste Papa allein nach Alençon in einigen geschäftlichen Angelegenheiten. Es war das letzte Mal. Theresia schreibt in ihrer Autobiografie, indem sie sich auf den Hochaltar in St. Peter in Lisieux bezieht:

»Papa hatte Gott einen Altar gestiftet. Er selbst war das auserwählte Opfer, dort mit dem Lamm ohne Fehl dargebracht zu werden« (Ms A 71v°).

Ein wenig später erklärt sie:

»Wie ich gesagt habe, war der 10. Januar der Triumph meines Königs. Ich vergleiche ihn mit dem Einzug Jesu in Jerusalem am Palmsonntag. Wie die unseres göttlichen Meisters wurde seine Ehrung für einen Tag abgelöst von schmerzhaftem Leiden, und dieses Leiden umgriff nicht nur ihn allein. Wie die Schmerzen Jesu gleichsam mit einem Schwert das Herz seiner Heiligsten Mutter durchbohrten, spürten unsere Herzen schmerzlich die Leiden desjenigen, den wir auf Erden am zärtlichsten liebten. Ich erinnere mich, dass ich im Juni 1888 bei unserer ersten Prüfung sagte: ›Ich leide sehr, aber ich fühle, dass ich noch größere Prüfungen ertragen könnte.‹ Ich dachte damals nicht an jene, die mich noch erwarteten. Ich wusste nicht, dass am 12. Februar, einen Monat nach meiner Einkleidung, unser geliebter Vater den bittersten, am meisten demütigenden Kelch von allen trinken sollte. Ach, an dem Tag hätte ich nicht noch mehr leiden können!« (Ms A 73r°).

In der Anstalt in Caen

Leider erlitt Vater weitere Gedächtnislücken, mit neuen und stärkeren Schlaganfällen. Unser Onkel, Herr Guérin, bestand, im Interesse des lieben Patienten darauf, dass man sich in einem auf solche Fälle spezialisierten Heim um diesen kümmern sollte. Am 12. Februar, einem Tag tiefer Trauer, den Theresia »unseren großen Reichtum« nannte, wurde unser geliebter Vater in das Heim Bon-Sauveur in Caen gebracht. Er reiste nach dort ohne zu wissen, wohin er gebracht wurde, aber er erkannte es, sobald er das Haus betrat. Seine erste Reaktion änderte sich in Gefühle der Demut und der Hingabe an die göttliche Vorsehung. Von seiner Ankunft an gewann er die Achtung aller dort, sodass Mutter Lecoquil, die Generalassistentin des Instituts, mir schrieb:

»Sie können versichert sein, dass Ihr lieber Patient, dem jeder eine tiefe Verehrung entgegenbringt, Gegenstand unserer rücksichtsvollsten Aufmerksamkeit ist.«

Eine Woche später, am 19. Februar, bezogen Léonie und ich Zimmer bei den Schwestern vom heiligen Vinzenz von Paul in Caen, um ihm näher zu sein und seine Verfassung Tag für Tag zu beobachten. Während unserer Besuche sagte er, wenn er sich einigermaßen gut fühlte, stets:

»Mir geht es sehr gut hier, und ich bin hier, weil es der Wille Gottes ist. Ich bedurfte dieser Prüfung. Nebenbei kann ich hier Gutes tun. Wie viele brauchen Bekehrung!«

Die hingebungsvollen Wärterinnen ermutigten ihn in diesem Gedanken, wie ich meinen Schwestern im Karmel wenige Tage später schrieb:

»Die Schwester sagte zu Papa, dass er einen großen Dienst durch die Bekehrung jener Bewohner des Heims ohne Glauben tue. ›Sie sind hier ein Apostel‹, sagte sie zu ihm. ›Das mag stimmen‹, antwortete unser geliebter Vater, ›aber ich zöge es vor, anderswo Apostel zu sein! Wie dem auch sei, es ist der Wille Gottes! Ich glaube, dass es sich so verhält, damit mein Stolz gedemütigt wird.‹ Wenn ihr nur wüsstet, liebste Schwestern, wie jenes Wort mir zu Herzen ging! Ich finde Papa so heilig!«

Einige Zeit später tat er eine ähnliche Äußerung dem Arzt gegenüber:

»›Ich war immer gewohnt zu befehlen, und hier muss ich gehorchen. Das ist hart! Aber ich weiß, warum Gott mir diese Prüfung gesandt hat. Ich erfuhr nie eine Demütigung in meinem Leben; ich brauchte eine.‹ Der Doktor antwortete: ›Gut! Das ist eine Auffassung!‹«

Die Ehrwürdige Mutter, welche die Verantwortung für die Station des Heims trug, auf der mein Vater lebte, war Mutter Costard. Es war ein solcher Trost, ihre bedachtsame Freundlichkeit unserem Patienten gegenüber zu sehen, und am 4. März erzählte ich meinen Schwestern darüber:

»Mutter Costard sorgt sich um Papa absolut so, als wäre er ihr eigener Vater. In der kurzen Zeit, in der er hier ist, erzählte sie mir, habe er es dahin gebracht, von allen geliebt zu werden. Man spürt, dass er der Träger einer geheimnisvollen Prüfung ist.«

Kurz darauf schrieb ich:

»Mutter Costard erzählte mir, dass sie alles für Papa tue, genauso, als wäre es für ihren eigenen Vater, der in derselben Verfassung ist, aber zu Hause von seinem

Sohn versorgt wird. Sie sagt auch, dass es eine Gnade Gottes für sie sei, und dass sie für unseren geliebten Vater genauso tief fühle wie für ihren eigenen.«

Unser Vater interessierte sich weiterhin für uns, wie man aus meinem Brief an die Karmelitinnen ersehen kann.

»Wenn Papa mich sieht, fragt er nach jedermann und denkt an verschiedene Personen und Dinge. Ich glaube, dass man es uns nicht erlauben wird, ihn öfter als einmal die Woche zu sehen. Aber wir gehen jeden Tag hin, um uns nach ihm zu erkundigen.

Mutter Costard sagte über Papa, nachdem sie sich auf andere Patienten bezogen hatte: ›Herr Martin ist nicht von dieser Kategorie, er ist gelähmt.‹ Sie findet seine Sprache ein wenig schwierig, und seine Bewegungen sind langsamer. Er geht unter Schwierigkeiten.«

Oder wiederum, in einem anderen Brief:

»Papa fühlt, dass er nicht vergessen ist, da er weiß, dass wir uns in Caen aufhalten, um ihm nahe zu sein. Jeden Tag erinnert ihn eine Schwester, dass wir da sind und dass wir täglich vorsprechen, um uns nach ihm zu erkundigen. Das scheint ihm zu gefallen.

Er hat sich über Eure Briefe sehr, sehr gefreut. Sie taten ihm sehr gut. Den ganzen Tag, nachdem er sie gelesen hatte, war er in besserer Stimmung. Er schien neuen Mut zu haben. Sie ließen ihn seine Verfassung als Prüfung für einen großen Freund Gottes sehen, und jene Gedanken stärkten ihn. Schreibt ihm oft, so oft Ihr könnt. Das Kleinste hilft ihm. Ihr wisst, wie ein einziger Gedanke manchmal genügt, um Papa zu trösten.«

Er blieb stets in derselben Selbsthingabe an den Willen Gottes. In einem Brief vom 15. März erklärte ich meinem Onkel und meiner Tante, wie beeindruckt wir waren, unseren Vater während der Besuchsstunde, die wir gerade mit ihm verbracht hatten, aller Dinge völlig bewusst zu sehen, und ich fügte hinzu:

»Ich erzählte Papa, dass wir alle eine Novene zum heiligen Joseph beteten, um seine Heilung und Rückkehr nach Lisieux zu erbitten, worauf er antwortete: ›Nein, ihr dürft das nicht erbitten, sondern nur, dass sich der Wille Gottes erfüllt.‹«

Durch sein Beispiel erwies er seiner Umgebung Gutes. Ich zitiere aus einem Brief vom 17. April folgende Einzelheit, welche die Wärterin sehr erbaute, die sie erzählte:

»Mutter Costard gab Papa zwei kleine Kuchen, aber er stieß sie weg. Dann kam die diensthabende Schwester und fragte, warum er sie nicht esse. Unser geliebter Vater antwortete, dass er während der Heiligen Woche diese Delikatessen nicht essen wolle.«

Also war er sich der Tatsache bewusst, dass wir in der Fastenzeit standen, denn er pflegte pünktlich die Zeremonien in der Kirche zu besuchen. Wenn es ihm gut genug ging, so ging er wie gewöhnlich zur täglichen heiligen Kommunion und wohnte der heiligen Messe bei. Der Anstaltsgeistliche und die Schwestern versicherten mir dies.

Stets abgetötet und barmherzig, wünschte er niemals, die kleinen Delikatessen für sich allein zu behalten, die wir ihm zu besorgen versuchten, und er teilte sie stets mit seinen Mitpatienten. Sahen sie ihn nicht seine Schale mit Austern herumreichen und kaum eine für sich behalten?

Bei unserem Besuch am 8. Mai erklärte uns Mutter Costard, dass, weil wir gemäß den Bestimmungen Papa nur einmal pro Woche sehen könnten, es für uns weiser sei, uns nicht in Caen aufzuhalten. Auch versprach sie, dass sie uns über die geringste Veränderung informieren würde. Es war hart für Léonie und mich, aber die Lage begann, unsere Gesundheit anzugreifen, und unser Onkel und ebenso unsere Schwestern forderten uns recht lebhaft dazu auf, nach Lisieux zurückzukehren. Das taten wir am 14. Mai. Jede Woche kamen wir wieder nach Caen, um unseren geliebten Vater zu besuchen.

Obwohl wir Zimmer bei der Familie Guérin hatten, gingen wir nicht viel aus. Trotzdem wollte unser Onkel uns am Beginn der Ferien beide nach La Musse bringen. Er hatte gerade, zusammen mit der Schwester meiner Tante, diesen schönen Besitz geerbt, etwa fünf Meilen von Évreux gelegen, der neben dem Schlösschen auf den Höhen circa 80 Morgen Wald und Weiden umfasste, ganz von Mauern umschlossen. Es war in der Zeit dieser zweiwöchigen Abwesenheit, dass Mutter Costard der Mutter Priorin des Karmel folgende Einzelheiten über die stets vom Irdischen losgelöste Art unseres Vaters berichtete:

»Wir sprachen lange von all seinen viel geliebten Kindern, und als er hörte, dass Fräulein Léonie und Fräulein Céline auf dem Land in La Musse seien, rief er aus: ›O, wie schön! Sagen Sie ihnen, dass sie dort bleiben sollen, solange es ihr guter Onkel für gut hält. Ich will nicht, dass sie meinetwegen nach Caen zurückkehren. Mir geht es gut, sehr gut hier.‹ Der ehrwürdige Patient spricht nur von der ›größeren Ehre Gottes‹. Er ist wirklich bewundernswert. Nicht nur, dass er sich niemals beklagt, alles, was wir ihm geben, ist ›hervorragend‹! Es ist rührend, die Zuneigung dieses Patriarchen für seine Familie zu sehen.

Auf die Bitte seiner Kinder hin habe ich einige Erdbeeren und Himbeeren für ihn gekauft. Er freute sich sehr darüber. Aber es gibt kaum noch welche auf dem Markt. Ich weiß nicht, was wir ihm als Nächstes geben sollen, denn ich kann nicht herausfinden, was er gern hätte. Und trotzdem, wenn ihm etwas Besonderes dargeboten wird, sind seine Dankesbezeigungen endlos.«

Im März 1890 begannen wir eine Novene für Papa zum Heiligsten Antlitz. Mutter Costard schrieb mir diesbezüglich am 27. März:

»Ich erhielt Ihren Brief gestern Abend. Es war zu spät für eine sofortige Antwort. Ihr guter Vater ist etwa auf demselben gesundheitlichen Niveau wie an dem Tag, als Sie ihn zuletzt sahen. Aber er kann nicht auf seinen Füßen stehen. Wenn Sie an einem stillen, zurückgezogenen Ort lebten, würde ich Ihnen raten, ihn mitzunehmen, denn es ist nicht schwierig, für ihn zu sorgen. Und für ihn wäre es ein Trost, in Ihrer Mitte zu leben.

Was mich drängt, dies vorzuschlagen, ist die Tatsache, dass Ihr Vater nun nicht einmal versucht, von selbst aufzustehen. Seine Beine müssen vollständig gelähmt sein, dass er sich so verhält.

Wir schließen uns Ihrer Novene an, und jeden Tag mache ich ihm ein Kreuzzeichen auf die Stirn mit dem Öl der Lampe vor dem Heilig-Antlitz-Bild.«

Diese Lähmung der unteren Gliedmaßen schritt zum Glück nur sehr langsam und unregelmäßig voran. So erzählte ich unseren Schwestern im Karmel über unseren Besuch am 20. Mai:

»Als ich zum Sprechzimmer ging, traf ich Herrn Vital Romet und Frau Benoit, die ihn ebenfalls besuchen wollten. Sie hielten die Kutsche an und wir stiegen zu ihnen ein. Unser armer Vater war davon sehr berührt, er weiß die Besuche seiner alten Freunde lebhaft zu schätzen.

Vater war reizend. Als Herr Vital gehen wollte, indem er sagte: ›Nun muss ich Sie mit Ihren Kindern allein lassen‹, antwortete Vater mit dem freundlichsten Ausdruck: ›O, bleiben Sie! Sie stören nicht.‹

Schließlich gingen sie.

Unser Herr hatte einen sehr tröstlichen Tag für uns vorbereitet. Als wir kamen, war Papa gerade aus der Maiandacht zurück, in der es eine Lesung über den alten Menschen geschuldeten Respekt gegeben hatte und über die Ehrfurcht vor weißem Haar. Papa war davon bewegt.

Momentan werden seine Beine taub, und nur mit Schwierigkeiten machte er mit uns einen Gartenrundgang. Zuerst, während er sich auf meinen Arm stützte, ließ er Léonie los. Aber allmählich verlor er die Kontrolle, und er hätte nicht lange weitergehen können, ohne zu fallen. Er erkannte das, denn er lehnte sich gegen die Mauer und sagte, dass er nicht müde sei, aber dass alles um ihn herum verschwimme. Léonie gab ihm dann ihren Arm.

Der arme, liebe Vater sprach über Euch drei, über Mutter Maria von Gonzaga und Mutter Genoveva; er freute sich über Eure Briefe. ›Ich konnte sie nicht alle lesen‹, sagte er zu ihr, ›denn sie waren zu schön und ließen mich weinen.‹ Er verlangte nicht, von dort fortzugehen, und als ich ihm sagte: ›Nichts ist lang, das ein Ende hat‹, sagte er: ›Das ist wahr, und ich glaube, wir kommen dem Ende nahe – es wird jetzt nicht mehr lange dauern …‹ Er wollte über seine Rückkehr sprechen. Er sprach in einer solch hingebungsvollen und freundlichen Weise! Ich glaube wahrlich, dass, je länger er lebt, sein Gesichtsausdruck immer friedlicher und heiliger wird.«

Die Profess der kleinen Theresia nahte aber. Sie wurde endgültig angesetzt für Montag, den 8. September 1890. Sie bat mich, unseren Vater die Abschrift ihrer Gelübdeformel und die Krone, die sie an jenem Tag trage, segnen zu lassen. Ihrem Wunsch entsprechend setzte ich die Krone auch auf Papas Stirn! Und endlich erbat sie über Bruder Simeon den päpstlichen Segen für ihren »König« wie für sich selbst. Sie schrieb:

»Es war ein großer Trost, meinem geliebten Väterchen die Gnade gleichsam zurückschenken zu können, die er mir hatte zuteilwerden lassen, indem er mich mit nach Rom nahm« (Ms A, 76r°).

Die Schleierzeremonie sollte am Mittwoch, dem 24. September, stattfinden. Theresia verlangte glühend danach, dass Papa der Zeremonie beiwohnte und sie segnete. Verschiedentlich hatten wir schon die nötigen Vorbereitungen getroffen, um Papa nach Lisieux zurückzubringen, aber die Verfassung seiner Beine verhinderte es.

Während des Sommers jenes Jahres schienen unsere Hoffnungen besser begründet. Unser Vater war in der Lage, sich per Kutsche zum jährlichen Ausflug zum Landhaus des Bon-Sauveur zu begeben. Man schlug vor, dass er mit dem Zug nach Lisieux reisen sollte, um seine Karmelitinnen zu sehen. Wir planten, den Tag zu wählen, an dem Theresia den Schleier nahm. Papa würde der Zeremonie nicht beiwohnen, aber ich dachte daran, ihn zur Klausur zu schaffen und ihn still zum Gitter zu bringen, damit er seiner »kleinen Königin« seinen Segen geben möge.

Doch unser Onkel Guérin war absolut gegen Vaters Kommen, da er die Auswirkungen fürchtete, die solche gefühlsmäßigen Erschütterungen für diesen mit sich bringen konnten. Theresia empfand eine heftige Enttäuschung. Bei dieser Gelegenheit schrieb sie mir den Brief voll tief empfundener, großer Trauer vom 23. September, einen Brief voller Tränen, aber gleichzeitig voll heiliger Selbsthingabe:

»Jesus will, dass ich eine Waise sei. Er will, dass ich mit Ihm allein bin, damit er sich noch inniger mit mir verbinde« (LT 120).

Pater Pichon, der ebenso von der Teilnahme an der Zeremonie abgehalten war, schrieb an Theresia aus Kanada:

»Mein Alleluja ist mit Tränen vermischt. Weder der eine noch der andere Ihrer Väter wird da sein, um Sie Jesus darzubieten.«

Aber er ermutigte sie, unserem Herrn diese »Dornenkrone« aufzuopfern. Und in einem an mich gerichteten Brief sagt er:

»Ich trinke Ihren bitteren Kelch bis zum letzten Tropfen. Der liebe Patriarch ist gegenwärtig in meinen Gedanken – am heiligen Altar und überall. Ja, wahrlich ist er als Opfer auserwählt, und das erklärt alles. Seien sie stolz auf ihn und ebenso dankbar unserem Herrn.«

Am folgenden 1. Oktober heiratete unsere Kusine Jeanne Guérin Doktor Francis La Néele aus Caen und zog mit ihm in jene Stadt. Sie lud uns freundlich ein, sie zu besuchen und auch einige Wochen zu bleiben, um unserem Vater näher zu sein. Es war während einer meiner Reisen nach dort, dass ich meiner Schwester Léonie in Lisieux diese Zeilen sandte:

»O, meine liebe Léonie, wann werden wir beide fähig sein, die Sorge für unseren Vater zu übernehmen? Ich glaube, dass wir all unsere Kraft und all unsere Liebe dafür verwenden würden. Der bloße Gedanke daran lässt mein Herz freudig pochen. Die Schwierigkeiten der Aufgabe erschrecken mich nicht, und ich bin bereit, sie bis zum Tod auf mich zu nehmen.

O lasst uns sehr kräftig beten, dass unser Herr unsere Wünsche erfüllt und ihre Verwirklichung möglich macht. Aber inzwischen lasst uns lernen, wie man leidet, und das Verdienst so vieler Verdrießlichkeiten nicht verlieren.«

Was Theresia angeht, so war sie stets unser Trostengel. Indem sie von Jesus sprach, von seinem »von Tränen verschleierten Blick«, schrieb sie mir am 26. April 1891:

»Er hat uns den genommen, den wir so zärtlich liebten, und zwar auf eine noch schmerzlichere Weise, als er uns unsere zärtliche Mutter nahm, als wir noch klein waren. Aber ist dies nicht deswegen geschehen, damit wir wirklich sagen können: ›Vater unser, der du bist im Himmel‹«? (LT 127).

Sie lud uns besonders ein, unseren Blick am Himmel festzumachen.

»Dann werden wir sehen, wie vom verklärten Haupt unseres geliebten Vaters Ströme von Licht ausgehen und jedes seiner weißen Haare ist dann gleichsam eine Sonne, die uns mit Freude und Glück überhäuft«? (LT 130).

Heimkehr zur Familie

Die Verbannung unseres lieben Vaters dauerte bis zum Monat Mai 1892, als wir nach der völligen Lähmung seiner Beine zuletzt fähig waren, selbst für ihn zu sorgen. Jedoch ist es bemerkenswert, dass er selbst in seinen Anfällen von Nervosität oder Traurigkeit niemals Zeichen von Auflehnung erkennen ließ, noch solche eines gewalttätigen oder unschönen Verhaltens. Das erklärt, was ihn inmitten seiner Krankheiten so rührend erscheinen ließ und Sympathie hervorrief.

Am Dienstag, dem 10. Mai, fuhr unser Onkel, Herr Guérin, nach Caen, um unseren Vater heimzuholen. An jenem Tag schrieb unsere Tante darüber an ihre Tochter, Frau La Néele, die damals mit ihrem Mann auf Reisen war:

>»Heute fuhr Dein Vater nach Caen, um Deinen Onkel abzuholen. Er brachte den lieben Herrn Martin um vier Uhr nach hier zurück. Die Reise verlief ziemlich gut. Die Stimmung Deines Onkels ist so gut, wie man es nur erwarten kann. Aber seine armen Beine können ihn nicht mehr tragen. Er musste in den Wagen und aus dem Wagen getragen werden. Er weinte vor Freude die ganze Strecke und scheint so glücklich in der Mitte seiner Kinder. Er ist bei uns gut untergebracht. Céline und Léonie sind sehr glücklich. Sie haben diesen Tag so lange erwartet!«

Während der Reise war Papa so gerührt, dass sein Schwager so um ihn bemüht war, dass er voll Dankbarkeit sagte:»Im Himmel werde ich Dir alles lohnen.« Mein Onkel war ganz bewegt durch diese Worte. Die ganze Familie Guérin half uns, ihn mit Fürsorglichkeit zu überhäufen, und unsere Tante, voll Verehrung für den lieben Kranken und für unsere schon verstorbene Mutter, deren Stelle sie unter uns einnahm, schrieb an Theresia:

>»Deine Eltern, liebe Theresia, sind unter jenen, die Heilige genannt werden können und es verdienten, Heilige hervorzubringen.«

Am 12. Mai wurde unser Vater zum Karmel mitgenommen. Es war sein letzter Besuch, denn man fürchtete, dass zu viel Emotion ihm schaden werde. Als die Karmelitinnen ihm beim Abschied Auf Wiedersehen sagten, hob er seine Augen, zeigte mit seinem Finger zum Himmel und verblieb so für eine ganze Weile, unfähig seine Gedanken anders zu äußern als durch diese Worte, die er mit einer Stimme voller Tränen hervorbrachte:»Im Himmel!«

Frau Guérin schrieb über das Gespräch an ihre Tochter Jeanne:

»Dein Onkel ist stets so guter Verfassung, wie wir es nur erwarten können. Er verbringt die Nachmittage im Garten sitzend. Er erkennt genau alle Familienmitglieder. Im Karmel aber war es besonders rührend. Er wurde am Donnerstag dorthin mitgenommen. Du hättest gedacht, dass der Tag dafür auserwählt worden sei, und ich glaube wahrlich, dass unser Herr ihn gesegnet hatte, denn es war der beste Tag, den wir bislang mit dem Kranken gehabt hatten. Dein Onkel schien alles bewusst aufzunehmen, das vor sich ging.

Die Karmelitinnen waren so hocherfreut, ihren Vater zu sehen! Aber nach den ersten Augenblicken flossen die Tränen, die sie zurückgehalten hatten. Sie fanden ihn ziemlich verändert. Doch andererseits finden wir ihn hier körperlich weniger verändert als wir gedacht hatten. Mit einem Wort, sie sind alle voll Dankbarkeit. Es war rührend zu sehen, wie sie dies Deinem Vater gegenüber zum Ausdruck brachten.«

Im Juni, am zweiten Fronleichnamssonntag, stellte die Familie Guérin einen Altar für die Sakramentsprozession auf. Er wurde vor dem Haus arrangiert, und der Altar stand neben der geöffneten Tür zum Büro meines Onkels. Wir alle pflegten dort zusammenzukommen, und in diesem Jahr bildete unser liebster Vater den Mittelpunkt, von seinem ganzen Familienkreis umgeben wie von einer Krone. Als der Erzpriester der Kathedrale, Domherr Rohée, der Menge den sakramentalen Segen erteilt hatte, trat er in das Zimmer und setzte die Monstranz auf das verehrungswürdige Haupt unseres liebsten Vaters ... O, welch willkommener Tabor war das für unseren Herrn, während Tränen die Augen des lieben Kranken füllten.

Einige Zeit später mietete unser Onkel ein kleines Haus für uns in der Rue Labbey 7, damit wir freier seien. Es blickte auf den rückwärtigen Garten unseres Onkels, zu dem ich den Schlüssel besaß, zum Lieferanteneingang hin. Wir waren sehr oft, wenn nicht praktisch immer, im Garten. Wir pflegten Papa in seinem Rollstuhl dorthin mitzunehmen. Wir hatten ein verheiratetes Paar angestellt, um uns im Haushalt zu helfen.

Vater bewohnte ein Zimmer im Erdgeschoss, denn man konnte nicht im Traum daran denken, ihn die Treppe hinaufzubringen. Er war so glücklich wie möglich. Sein Diener, Desiré, hatte eine sehr fröhliche Art. Er war groß, und Papa, dessen Arme nicht gelähmt waren, musste nur einen Arm um Desirés Hals legen, um aus seinem Wagen oder in seinen Sessel gehoben zu werden. Nichtsdestoweniger war diese Bewegung stets schmerzvoll für Papa. Seine Beine blieben steif, unfähig zu jeder Bewegung, und er konnte nicht stehen.

Andererseits zeigt er Interesse an allem, das um ihn herum vor sich ging. Und seine letzten Jahre waren relativ glücklich. Er sprach nur wenig und beobachtete gewöhnlich genau, wobei er die Dinge in gesunder Weise beurteilte. So rief er sofort aus, als er von der ersten Wahl von Mutter Agnes von Jesus, seiner Pauline, zur Priorin des Karmel am 20. Februar 1893 hörte:»Sie konnten keine bessere Wahl treffen!« Ein andermal, als er einen Mangel an gutem Benehmen unter den Dienern meines Onkels bemerkt hatte, wollte er mir aus Feingefühl davon nichts erzählen, aber bat mich, seinen Schwager zu rufen, damit dieser gegen das Fehlverhalten sofort einschreiten konnte. Eines Tages sprachen wir in Papas Gegenwart von dem Rollstuhl, der uns geliehen worden war, und sagten, dass wir hofften, einen zu finden, den wir kaufen könnten. Als wir wirklich einen gefunden hatten, bekundete er seine Freude so lebhaft, dass ich sehr überrascht war. Er hatte, im Gegensatz zu dem, was wir dachten, unser Gespräch verfolgt. Bei verschiedenen Gelegenheiten geschah dasselbe und löste größte Überraschung aus, wenn wir es bemerkten. Dies ließ uns fühlen, dass zu Zeiten unser lieber Kranker seine Hilflosigkeit erkennen konnte, und darunter litt, seine Gedanken und Gefühle nicht ausdrücken zu können. Denn seine Seele war tief und poetisch geblieben ... So liebte er es, den Melodien zu lauschen, die sein Patenkind, Marie Guérin, auf dem Klavier spielte. Er verblieb dort lange Zeit in einer Art Verzückung. Bei der Erinnerung daran, wie er die Übung der Tugenden fortsetzte, selbst in seiner Geistesabwesenheit und Hinfälligkeit, denke ich an die Worte bei Jeremia:»Gesegnet der Mann, der auf den Herrn sich verlässt und dessen Hoffnung der Herr ist. Er ist wie ein Baum, der am Wasser gepflanzt ist und am Bach seine Wurzeln ausstreckt. Er hat nichts zu fürchten, wenn Hitze kommt ... unablässig bringt er seine Früchte« (Jer 17,7–8).

Am 26. Juli 1892 gab ich Frau La Néele diesen Bericht:

»Papa geht es ziemlich gut, ich kann nicht sagen: sehr gut, denn er hatte einige sehr traurige Tage. Er schien von großer Qual und Weinattacken gepackt, die mein eigenes Herz zerrissen. Heute ist er wieder fröhlich, und ich kann frei atmen. Gestern sagte er ständig zu uns: ›O Kinder, betet für mich!‹ Dann bat er mich, den heiligen Joseph zu bitten, dass er eines heiligmäßigen Todes sterben möge.«

Am 23. Juni 1893 reiste Léonie zu Einkehrtagen ins Heimsuchungskloster nach Caen. Sie wünschte, zu einer neuerlichen Prüfung ihrer Berufung dort zu bleiben. Sie blieb tatsächlich bis zum Tod unseres Vaters dort. Im Jahr zuvor, 1892, als Papa nach Hause zurückkehrte, war es nicht für möglich erachtet worden, ihn wegen der Transportprobleme nach La Musse zu bringen. Tausend Vorkehrungen waren nötig für den armen Kranken, nebenbei der Transport seines Krankenbettes, seines Rollstuhls und anderen Gepäcks. Zu jener Zeit gab es keine Autos, und man musste entweder mehr oder weniger bequeme Kutschen oder die Eisenbahn benutzen, um den Kranken dorthin zu bringen. Der Besitz war ziemlich weit vom Bahnhof entfernt. Selbst vom Häuschen am Eingangstor bleiben fast zwei Kilometer gewundene Straße, um das Plateau zu erreichen. Aber für den Sommer 1893 war mein Onkel entschlossen, den Versuch zu wagen; er gelang sehr gut.

»Mein Onkel strahlt, seitdem er hier ankam«, schrieb Marie Guérin ihrer Schwester, Frau La Néele. ›Er ist hier glücklicher‹, sagt er, ›als in Lisieux‹. Céline und ich fahren ihn im Rollstuhl zu kleinen Ausflügen in den Wald, aber die Betrachtung des schönen Panoramas von den Höhen her unterhält ihn am besten. Vor ein paar Tagen konnte er gar nicht aufhören, es mit Freude anzuschauen.«

Ich schrieb meinen Schwestern am 3. Juli:

»Ich weiß, wie glücklich Ihr seid, Neuigkeiten über Papa zu bekommen. Es geht ihm weiterhin gut, aber an dem Tag, als ich Mutter Maria von Gonzaga schrieb, ging es ihm ausnehmend gut. Ich hatte ihn nie zuvor so gesehen, und ich werde mich mein ganzes Leben an den schönen Ausdruck seines Antlitzes erinnern, als wir im Zwielicht des Abends in den Tiefen des Waldes anhielten, um dem Lied einer Nachtigall zu lauschen. Er hörte zu, mit einem bemerkenswert wachen Bewusstsein in seinem Blick! Es war wie eine Ekstase, etwas, das ich einfach nicht erklären kann – eine Berührung des Himmels –, leuchtete wider von seinen Gesichtszügen. Dann, nach einem langen Moment der Stille, während wir noch lauschten, bemerkte ich, wie Tränen seine Wangen hinabliefen. O, was für eine schöne Erfahrung!

Seither ging es ihm nicht mehr so gut. Jener außergewöhnliche Trost konnte nicht andauern. Und doch, trotz allem, wie glücklich sind seine letzten Tage! Wer hätte es sich jemals vorstellen können! Der gute Herr behandelt uns mit unaussprechlicher Güte.«

Die letzten Tage

Am Sonntag, dem 27. Mai 1894, war ich in Caen, wo ich mich bei meiner Kusine, Frau La Néele, aufhielt, um ihr beim Arrangement des Fronleichnamsaltars zu helfen. Da erlitt Papa in Lisieux einen schweren Schlaganfall und empfing die Sterbesakramente. Doktor de Cornière war gerufen worden. Er hoffte, dass die Lähmung, die nur den linken Arm befallen hatte, sich nicht weiter ausbreiten würde. Sobald ich das Telegramm meines Onkels erhalten hatte, kehrte ich so schnell wie möglich zurück, indem ich Gott bat, beim letzten Atemzug unseres viel geliebten Vaters zugegen sein zu dürfen. Tatsächlich schien er sich bei meiner Ankunft wieder zu erholen. Am 5. Juni hatte er einen schweren Herzanfall. Man kam mich sofort holen, als ich gerade mit meiner Tante und Marie Guérin in der Sieben-Uhr-Messe in der Kathedrale St. Peter war. An demselben Tag erzählte ich meinen Schwestern darüber folgendermaßen:

»Heute Morgen hatte Papa einen schweren Anfall, als ich in der heiligen Messe war. Man kam mich rufen. Es war kein lähmender Schlaganfall wie vorher, sondern ein Herzanfall.

Mein Onkel sagte mir, dass Vater ernstlich herzkrank sei, was seinem Leben ein Ende setzen werde. Er betrachtet Vaters Zustand als sehr kritisch, obwohl es diesem heute Abend besser zu gehen scheint. Zwei Stunden nach dem Anfall hätte man nie vermutet, dass er so krank gewesen war. Und es ging ihm gut, als ich zur heiligen Messe ging. Es geschah ganz plötzlich. Es scheint, dass unser armer Vater hochrot anlief, und dass sein Herz nicht schlug. Mein Onkel dachte, dass ich nicht rechtzeitig nach Hause käme. Tatsächlich, als ich den ganzen Weg nach Hause lief, wusste ich nicht, ob ich ihn wieder besser oder tot vorfände. Unser Herr wollte mir nicht den Trost rauben, ihm in seinen letzten Augenblicken beizustehen. Helft mir, liebste Schwestern, unserem Herrn für jene Gnade zu danken! O, betet für uns beide, für Papa und mich! Mein Herz ist so tief bewegt. Trotzdem scheint es Papa heute Abend wieder gut zu gehen. Er ruht aus.

Ich weiß nicht, wann ich Euch besuchen kann. Ich fürchte mich, noch einmal das Haus zu verlassen. Léonie schreibt, dass sie wieder an ihrem Ekzem leidet, was daran liegt, dass sie auch nachts die klösterliche

Kopfbedeckung tragen muss. Ich bin traurig über ihr Leiden.«

Am 7. Juni sandte Marie Guérin folgende Zeilen an ihre Schwester:

»Mein Onkel hat eine harte Zeit; er erholt sich von seiner letzten Attacke. Zuweilen atmet er sehr schwer und dann wieder atmet er kaum. Er erscheint als ein Mann, der vollkommen am Ende und gänzlich erschöpft ist.«

Nichtsdestoweniger erlaubte uns eine Besserung, am 5. Juli nach La Musse zu reisen. Meine Tante schrieb von dort an ihre Mutter, Frau Fournet, und berichtete:

»Ich sende Dir heute Morgen die letzten Neuigkeiten. Unsere Reise verlief sehr befriedigend. Herr Martin ertrug alles sehr gut. Und wenn er nicht unfähig wäre, so viel wie letztes Jahr zu ertragen und nicht noch hilfloser wäre, hätten wir überhaupt keine Schwierigkeiten gehabt. So ist mein Mann sehr erfreut. Und La Musse ist stets so schön.«

Am 28. Juli hatte unser verehrungswürdiger Vater einen weiteren Herzanfall, weniger stark als der letzte, aber länger. Im Laufe des Abends spendete ihm Abbé Chillart, der Pfarrer von St. Sebastian, wiederum die Letzte Ölung. Mein Onkel war abwesend. Er war nach Lisieux gefahren, um bei der Preisverleihung an der Schule der Brüder zu sprechen. Er sollte jene Nacht zurückkehren. Am 29. Juli um fünf Uhr morgens kam Desiré und rief mich. Unser armer Vater hatte die Augen geschlossen, seine Atmung war stark und regelmäßig. Wenig später fuhren Desiré, Doktor und Frau La Néele mit einigen Dienern per Kutsche nach Évreux, um einer Frühmesse beizuwohnen und rechtzeitig zurückzukehren, um einer anderen Gruppe zu erlauben, nach St. Sebastian zur Acht-Uhr-Sonntagsmesse zu gehen.

Es war während dieser ersten Abwesenheit, dass ich bei Papa fast allein wachte. Meine Tante trat von Zeit zu Zeit an sein Bett. Gegen Viertel vor acht stellten wir fest, dass mein Vater eiskalt war. Meine Tante verließ mich, um einige Heißwasserflaschen zu bekommen und meinen Onkel zu wecken, der sich nach der Erschöpfung seiner Nachtreise ausruhte. Ich betete von ganzem Herzen und flehte, Gott möge mir eingeben, was ich tun solle, weil ich niemals einem Sterbenden beigestanden hatte.

Dann betete ich laut folgende drei Anrufungen:

»Jesus, Maria, Joseph, euch schenke ich mein Herz, meine Seele und mein Leben!

Jesus, Maria, Joseph, steht mir bei in meinem letzten Todeskampf!

Jesus, Maria, Joseph, möge ich meine Seele aushauchen im Frieden mit euch!«

In diesem Moment öffnete mein geliebter Vater seine Augen und richtete sie auf mich mit Liebe und unaussprechlicher Dankbarkeit. Sein Blick war voll Leben und Verstehen. Und dann schloss er seine Augen für immer.

Fast sofort kam meine Tante zurück, gefolgt von meinem Onkel. Der Atem wurde plötzlich sehr schwach. Und leise wie ein Kind, das einschläft, stieg die glückliche Seele meines Vaters zum Himmel auf. Es war Viertel nach acht. Papa war bis auf einen Monat einundsiebzig Jahre alt.

Mein Onkel und ich waren im Moment von Vaters Tod allein bei ihm. Während der Tod nahte, drückte mein Onkel mehrmals das Kruzifix auf Papas Lippen, und als er verstorben war, stand ich auf und legte meine Finger auf die geschlossenen Augenlider meines geliebten Vaters. Er hatte einen solchen Ausdruck übernatürlicher Freude und Ruhe, dass man instinktiv an den heiligen Joseph auf dem Sterbebett dachte. Nebenbei gesagt, zeigt auch die Fotografie diese Ähnlichkeit. Ich schrieb an meine Schwestern im Karmel:

»Papa ist im Himmel. Ich war Zeuge seines letzten Seufzers und schloss ihm die Augen. Sein edles Antlitz nahm sofort einen Ausdruck des Glückes und tiefen Friedens an. Ruhe liegt auf seinen Zügen. Er starb still um Viertel nach acht.

Mein armes Herz brach in seinem letzten Augenblick, und eine Flut von Tränen übergoss sein Bett. Aber im tiefsten Innern war ich wirklich froh für sein Glück nach dem schrecklichen Martyrium, das er erduldet hat, und das wir mit ihm teilten.

Als ich letzte Nacht plötzlich aus einem angstbedrückten Schlaf erwachte, sah ich am Himmel etwas wie eine leuchtende Kugel. Und diese Kugel verschwand langsam in der Unermesslichkeit des Himmels.

Heute haben wir das Evangelium von den fünf klugen Jungfrauen. Es ist Sonntag, der Tag des Herrn. Papa wird bei uns bleiben bis zum 2. August, dem Fest Unserer Lieben Frau von den Engeln.

Eure Céline

P.S. Wir werden wahrscheinlich morgen in Lisieux ankommen.

Gestern Abend empfing Vater die Letzte Ölung, die Absolution und den vollkommenen Ablass. Mein Onkel sagte, er habe nie einen friedvolleren Tod gesehen.«

Unser Vater wurde in einem Eichensarg, der mit Blei ausgelegt war, aufgebahrt. Der Pfarrer von St. Sebastian verkündete mit großer Bewegung seinen Tod bei der heiligen Messe und hielt eine Lobrede auf den ehrwürdigen Patriarchen. Am Donnerstag, 2. August, wurde der Begräbnisgottesdienst in der Kathedrale St. Peter in Lisieux gehalten. Eine große und mitfühlende Menge folgte dem Leichenwagen zum Friedhofshügel. Nach so vielen demütigenden Prüfungen war Vaters Begräbnis in gewissem Sinne ein Triumph.

Bald danach wurde ein feierlicher Gottesdienst in der Kapelle des Karmel abgehalten, dem eine teilnahmsvolle Menge beiwohnte. Wir erhielten viele anrührende Zeichen des Mitgefühls. Die Leute erkannten besonders die Angemessenheit der wohlbekannten Lieder, die auf dem Harmonium gespielt wurden, wie des folgenden:

»O glückliche Seelen, die von Jugend an,
Gott gehorsam,
ihr Leben mit Unschuld schenken
und ihren Herzensfrieden nicht verlieren.«

Und wiederum dieses Lied, das eine Note der Freude in den Trauergottesdienst eintrug:

»Himmel – da ist mein Heim,
vom Erwählten kam ich.
Jesus ist der Name meines Bruders,
Maria, schön ist meine Mutter!«

Der Totenzettel, der zur Erinnerung gedruckt wurde, stellte das verehrte Heiligste Antlitz von Tours dar. Es waren Schriftworte angefügt, die Vaters Leben veranschaulichten. Dann folgten einige Gedanken von ihm selbst, eines seiner Lieblingsgebete und schließlich die Hochschätzung seiner Freunde bezüglich seiner Wohltätigkeit.

Am 30. Juli sandte Pater Pichon von Quebec aus den folgenden Brief an uns:

»Der Himmel hat den geliebten Patriarchen von uns weggelockt. Könnten wir es wagen zu weinen, da er selbst so glücklich ist? Nach einem solchen Leben musste er oben gut empfangen werden. Ich kann ihn lieblich vom ewigen Ufer her uns zulächeln sehen, wo wir ihn morgen in der Heimat wiedertreffen werden, wo er jene wiedergefunden hat, die auf ihn so lange warteten. Erblicken Sie ihn, liebste Kinder, erblicken Sie Ihren geliebten Vater, in den Armen Ihrer heiligmäßigen Mutter, umgeben von seiner himmlischen Familie. Sie müssen dann Jesus zulächeln, der ihn von Ihnen nur fortgenommen hat, um ihm die Seligkeit zu geben. Ich wage zu sagen, dass er nun mehr als jemals Ihnen gehört, o, mehr, viel mehr Ihnen als während jener sechs langen Jahre des Fegefeuers, als wir ihn für die Erde tot, aber noch nicht im Himmel lebend sahen.

Ich kann nicht ausdrücken, welch süße Bewegung mich gestern Abend erfüllte, als ich Ihren Kabelbericht erhielt. Ich warf mich auf die Knie, um für ihn zu beten, den heiligmäßigen alten Mann, und um ihn anzurufen. Heute Morgen habe ich das heilige Opfer in seinen Intentionen gefeiert. Morgen, wenn ich das Messopfer zu Ehren des heiligen Ignatius darbringe, das ich jedes Jahr für mich selbst feiere, verzichte ich zu seinen Gunsten auf meine eigene Intention. Die Gnaden des heiligen Opfers werden ganz für ihn sein, soweit ich darüber nur verfügen kann.

Ich segne jeden von Ihnen und Sie alle im Namen unseres Herrn, des ehrwürdigen Patriarchen und meiner selbst.

A.P.«

Theresia sollte später in ihrem Gedicht »Célines Lied« meine Gefühle für meinen geliebten Vater und hinsichtlich seines tröstlichen Todes zum Ausdruck bringen:

»Ich liebte es, mit Zärtlichkeit
mein Väterchen in seinem Alter zu überhäufen.
Er war mir alles – Glück, Kind, Reichtum!
O! Ich umarmte ihn zärtlich und oft« (PN 18).

In ihrem Brief vom 20. August 1894 tröstet Theresia wiederum Léonie:

»Papas Tod macht auf mich nicht den Eindruck eines Todes, sondern eines wahrhaftigen Lebens. Nach einer Abwesenheit von sechs Jahren finde ich ihn wieder. Ich spüre, wie er um mich herum ist, mich anschauend und beschützend« (LT 170).

Wir wissen, wie sehr Theresia den gerade von Gott Heimgerufenen in der Angelegenheit meines Eintritts in den Karmel anrief, in welcher es große Schwierigkeiten gab. Sie erklärt alles darüber in ihrem Manuskript.

»Ich trat wirklich am Freitag, dem 14. September 1894, in den Karmel ein. Ich nahm den Habit am folgenden 5. Februar. Bei dieser Gelegenheit fungierte Domherr Ducellier, Dechant von Trévières, als Prediger; ehemals war er Kaplan an St. Peter in Lisieux gewesen. Er hatte Papa sehr gut gekannt, und in der Predigt erinnerte er an diesen mit Verehrung – eine Tatsache, die Pater Pichon mit Fröhlichkeit ausrufen ließ: ›Der heiligmäßige Patriarch, verherrlicht nach seinen Demütigungen! Das ist eine jener Fügungen der Vorsehung, in denen das Herz Gottes sich offenbart.‹«

***

118

Die Erinnerung an unseren Vater wirkte nach. Während des Jahres, das auf seinen Tod folgte, sandte Marie Guérin mir zwei lange Briefe aus La Musse, aus denen ich gewisse Passagen entnehme:

»Sobald ich der Kutsche entstiegen war, machte ich meine kleine Wallfahrt zum Zimmer meines Onkels, das so viele Erinnerungen birgt. Ich ging im Geist wieder alle Ereignisse durch ... Ich war in Gedanken verloren, dass dort – in jenem Zimmer – er seine erste Schau Gottes hatte, und von Ihm gut empfangen worden war. Ich stellte mir vor, dass auch ich etwas Himmlisches sehen würde. Und mein Onkel gab mir diesen Gedanken ein, während ich über das persönliche Gericht nachdachte: Richtet nicht, und ihr werdet nicht gerichtet werden[6]. Ich verließ das Zimmer, und stets erfüllte mich seither jener Gedanke. Er ist eingeschrieben in meinem Herzen. Ich erinnere mich ebenso, mit gebrochenem Herzen, der tiefen Trauer meiner lieben Céline, die ich nicht trösten konnte. Vor meinem geistigen Auge ersteht wieder die Szene ihres letzten Kusses für ihren Vater und gegen meinen Willen fließen meine Tränen erneut.

Ich erinnere mich der kleinsten Einzelheiten der letzten Tage, während derer wir beide bei ihm waren.

So ist mein Aufenthalt hier vermischt mit Freude und Kummer. Ich höre scheinbar jeden Abend wieder den Klang des Rollstuhls auf den Treppenstufen vor der Haustür, der meinen guten Onkel zurückbringt, und ich bin ganz überrascht, wenn ich mich aus dem Fenster lehne, dass ich niemanden sehe.

---

[6] Vgl. Mt 7, 1.

Wie viele Erinnerungen! Wenn Du nur wüsstest! Sie sind süß, trotz ihrer Traurigkeit, weil alle Ereignisse in solcher Lieblichkeit geschahen, dass sie einen Wohlgeruch nach sich zogen.«

Am 28. Juli, dem Vorabend des ersten Jahrgedächtnisses des Heimgangs unseres Vaters, schrieb sie mir erneut diese Zeilen:

»Ich möchte, dass Du heute ein Wort von Deiner kleinen Marie erhältst, um Dir zu zeigen, dass ich in diesen Tagen viel an Dich denke. Ich vergesse nicht – das versichere ich Dir – all das, was letztes Jahr geschehen ist, und meine Wallfahrten zum Zimmer meines Onkels werden häufiger als je zuvor stattfinden. Wie ich Dir im Mai erzählte, kann ich nicht an jenem Zimmer vorbeigehen, ohne fast unbewusst durch ein Gefühl von ruhigem Ernst betroffen zu sein, das an die kommende Welt erinnert und meine ganze Seele erfüllt. Das geschieht mir oft und ohne jede Vorahnung – ich werde wie ergriffen, das ist das richtige Wort.

Ich weiß nicht, warum, aber dieses Jahrgedächtnis, das in sich ja traurig ist, lässt mich doch keine Trauer empfinden. Es ist so sicher, dass mein Onkel noch an jenem Tag in den Himmel eingetreten ist, dass ich eher ein Glücksgefühl wegen seiner Erlösung empfinde. Wie glücklich ist er jetzt und wie sehr hat er es verdient!

O, ich habe mich entschlossen, morgen viele Gnaden von ihm zu erbitten, und ich bin sicher, dass ich sie an jenem Tag erlangen werde. Wenn wir uns an seine schönen, ruhigen Gesichtszüge erinnern, die so sehr ein stilles Glück ausdrückten und die sich uns eingeprägt haben, ist es unmöglich, dass unsere Seele davon nicht erfüllt und zur Liebe des guten Gottes hingezogen wird.

Morgen wird eine heilige Messe zum Jahrgedächtnis in St. Sebastian gehalten. Das wurde heute im Hochamt verkündet.«

***

In den folgenden Jahren wurde der Besitz von La Musse mehrmals verkauft und wieder verkauft. Der erste Käufer war der Graf de la Bourdonnaye, und die Gräfin veränderte das Sterbezimmer unseres Vaters in ein Oratorium. Nun ist dieses vornehme Besitztum ein Sanatorium für Tuberkulosepatienten geworden. Einer der Chefärzte stellte auf der Esplanade vor dem Schloss eine Büste unseres verehrten Vaters und seiner heiligen Jüngsten auf, die sich an sein Herz lehnt.

Das liebliche Monument wird stets mit Blumen geschmückt. Einer der Ärzte des Instituts schrieb uns 1937:

»Als ich an Herrn Martin dachte, hatte ich den Eindruck, dass ich in ein Haus eintrat, das von einem Heiligen bewohnt gewesen war.«

Es sei auch bemerkt, dass für die Heiligsprechung der heiligen Theresia vom Kinde Jesus ein großes Gemälde an der Fassade des Bronzetors von St. Peter in Rom angebracht wurde, das die Heilige darstellte, wie sie die Erlaubnis unseres Vaters zum Eintritt in den Karmel erbat. Sie hüllte ihn so gleichsam in ihre eigene Aureole der Ehre ein. Unsere Heilige drückte, in dem sie sich der langen Leidensjahre erinnerte, die er erduldet hatte, ihre Dankbarkeit so aus:

»Sei gepriesen, o Herr, für die Gnadenzeit, die wir in diesen schweren Tagen vollbracht haben« (vgl. Ps 89,15).[7]

---

7 Dies Zitat findet sich im Text der von Mutter Agnes redigierten »Geschichte einer Seele« (vgl. Theresia Martin [wie Anm. 3], S. 114), aber nicht in Theresias Ms A (vgl. Ms A, 73r°/v°).

Man wird bemerken, dass es genau diese Worte *Pro annis quibus vidimus mala* (»… der Jahre, in denen du uns heimgesucht hast«) waren, die Papst Pius XI. auf dem päpstlichen Siegel, *Ruota* genannt, hatte eingravieren lassen, das zum ersten Mal benutzt wurde, um die Heiligsprechungsbulle der heiligen Theresia vom Kinde Jesus zu siegeln. Unser Herr hatte seinem Herzen den Gedanken eingegeben, der in unseren Herzen gegen Ende unserer sehr schmerzvollen Prüfung aufstieg. Im Hinblick auf dieses große Leid, das unser großer Reichtum bleibt, werde ich meiner heiligen kleinen Schwester und ihrem übernatürlichen Genius das letzte Wort lassen. Bezüglich des Segens Leos XIII. auf dem Haupt unseres unvergleichlichen Vaters schrieb sie in ihrer Autobiografie:

»O, nun ist er im Himmel, dieser Vater von vier Karmelitinnen!

Es ist nicht mehr die Hand des Pontifex, die auf seiner Stirn ruht und ihm das Martyrium vorhersagt. Es ist die Hand des Bräutigams der Jungfrauen, des Königs der Glorie, die das Haupt seines treuen Dieners leuchten lässt, und niemals mehr wird sich diese Hand vom Haupt zurückziehen, das er geehrt hat!« (Ms A, 63v°/64r°).

Anhang

Briefe Herrn Martins

Vorwort des Karmel von Lisieux

Wir haben die Korrespondenz von Frau Martin aufbewahrt, deren Fülle und deren Charme sehr dazu beigetragen haben, ihre bezaubernde Persönlichkeit darzustellen. Herr Martin liebte es im Gegensatz dazu nicht, die Feder in die Hand zu nehmen, außer für Geschäftsbriefe. Er überließ seiner Frau, später seinen Töchtern, die angenehme Pflicht, über Familienneuigkeiten zu berichten. Wenn er aus dem Karmel eine jener Mitteilungen erhielt, die so viel Echo in seiner eigenen Seele hervorriefen, antwortete er im Allgemeinen durch Geschenke oder kurze Notizen, die er persönlich an der Winde des Klosters abgab. Die geistlichen Gespräche im Sprechzimmer ersetzten ihm umständliche Briefe.

Wir haben jedoch einige Briefe entdeckt, die er an Frau Martin oder an seine Töchter geschrieben hat. Hauptsächlich datieren sie von einer Reise, die er durch Mitteleuropa und nach Konstantinopel 1885 unternahm. Auch ist eine Botschaft an einen Jugendfreund eingeschlossen und ein Brieffragment an dieselbe Person, in denen er den Eintritt Theresias in den Karmel meldet.

I

Im Laufe einer Geschäftsreise nach Paris zur Aufnahme von Bestellungen für Alençon-Spitze:

An Frau Martin – 8. Oktober 1863

Meine Liebste,

ich kann nicht vor Montag nach Alençon zurückkehren. Die Zeit erscheint mir lang, denn ich möchte so gern bei Dir sein.

Unnötig Dir zu sagen, dass Dein Brief mir großes Vergnügen bereitete – bis auf die Tatsache, dass ich daraus ersehe, dass Du Dich zu sehr abarbeitest. So empfehle ich Dir dringend Ruhe und Mäßigung, speziell bei Deiner Arbeit. Ich habe einige Aufträge von der Lyoner Gesellschaft. Erneut wiederhole ich: Sei nicht übermäßig besorgt. Mit Gottes Hilfe werden wir ein gutes kleines Geschäft aufbauen.

Ich hatte das Glück, in Notre-Dame-des-Victoires zur heiligen Kommunion zu gehen. Diese Kirche ist wie ein Paradies auf Erden. Ich habe auch eine Kerze für die ganze Familie entzündet.

Ich umarme Euch alle von ganzem Herzen, während ich die Freude erwarte, wieder bei Euch zu sein. Ich hoffe, dass Marie und Pauline sehr brav sind!

Dein Mann und wahrer Freund, der Dich für immer liebt.

II

Am Vorabend einer Wallfahrt zu Unserer Lieben Frau in Chartres an seine Tochter Pauline, Internatsschülerin im Heimsuchungskloster von Le Mans:

Meine liebe Pauline, Mai 1873

Deine Mutter erzählte mir, dass Du sehr gern einen Brief von mir hättest, selbst wenn es nur ein paar Zeilen seien. So will ich Dir die Freude machen.

Bete viel, meine liebe Pauline, für den Erfolg der Wallfahrt nach Chartres, an der ich teilnehme. Sie wird viele Pilger aus unserem ganzen geliebten Frankreich zu Füßen der Allerseligsten Jungfrau Maria zusammenführen, um die Gnaden zu erlangen, die unser Vaterland so nötig hat, um seiner Vergangenheit würdig zu sein.

Ich will für Dich, meine Pauline, und für Dein liebes Heimsuchungskloster in diesem bevorzugten Heiligtum der Himmelskönigin beten.

Und lass mich dies anfügen: Selbstverständlich freuen wir uns alle, unseren »kleinen Paulinus«[8] am Ende des Monats auf jeden Fall zu sehen.

Dein Vater, der Dich liebt

---

[8] Familienintern wurde Pauline des Öfteren liebevoll »Paulinus« genannt.

III

Vor dem Umzug zu seiner Familie in die »Buissonnets« nach Lisieux

Alençon, 25. November 1877

Meine lieben Kinder,

heute, am Sonntag, da ich weniger zu tun habe, beeile ich mich, Euch ein paar Worte zu senden. Ich will unbedingt bei Euch sein, und ich dränge die Frauen, die Alençon-Spitze fertigzustellen, die ich noch bei einigen Spitzenklöpplerinnen habe. Aber ich hoffe, dass wir am Donnerstag das Vergnügen haben werden, wieder vereint zu sein und für eine lange Zeit nicht wieder getrennt zu werden.

Meine liebe Marie, erzähle dem »kleinen Paulinus«, dass ihre Schalen mit Goldfarbe sie bis nächsten Dienstag nicht erreichen werden. Ich habe drei statt zwei bestellt. Was die Nadeln betrifft, glaube ich, dass es einfacher sein wird, sie in Lisieux zu bekommen. Das Moos, von dem Du berichtest, kann zu dieser Jahreszeit nicht gefunden werden, aber wir werden versuchen, später welches zu bekommen.

Liebe Kinder, achtet sehr auf alle Anweisungen Eures Onkels und Eurer guten Tante. Ihr kennt die großen Opfer, die ich gebracht habe, um Euch die Hilfe ihrer guten Führung zuteilwerden zu lassen. Lasst also keine einzige Gelegenheit vorübergehen, ohne davon zu profitieren.

Du weißt, meine Marie, mein »großes Mädchen«, »meine Erste«, wie sehr ich Dich liebe. Geh also weiter auf dem Weg, Dich mehr und mehr Deinen Schwestern zu widmen, sodass sie, wenn sie Dich sehen, immer ein gutes Beispiel haben, das sie nachahmen können.

Sag Léonie, dass, wenn sie weiterhin ein sehr braves Mädchen ist, ich ihr sicher etwas geben werde, das sie zu Neujahr froh macht.

Auf Wiedersehen, liebe Kinder. Ich drücke Euch liebend an mein Herz, das Euch liebt, und ich vertraue Euch Eurer heiligmäßigen Mutter an.

IV

Alençon, 29. November 1877

Meine lieben Kinder,

ich werde mein Bestes tun, um morgen, Freitag, gegen halb acht Uhr abends zu Hause zu sein.
Zum Glück habe ich all meine Geschäfte beendet, und ich will unbedingt zu Euch zurückkehren. Bis bald also! Die zwei Notizen, die ich bekommen habe, von Dir, meiner Marie, und von Dir, meiner Pauline, haben mich sehr glücklich gemacht, und die Bestellungen, die Ihr mir aufgetragen habt, werden, so hoffe ich, gut ausgeführt.

Tausend gute Wünsche an Herrn und Frau Guérin und einen großen Kuss für Euch fünf!

V

An einen seiner Jugendfreunde – einen Sohn seiner geliebten Bretagne:

Lisieux, 1883

Teuerster Freund,

Du siehst, dass ich mich beeile, auf Deinen lieben Brief zu antworten.

Ich will Dir wirklich gratulieren, oder eher mit Dir unserem Herrn von ganzem Herzen danken – und zwar für die Gnade, die er Dir im letzten Dezember geschenkt hat; ein Datum, das nie vergessen werden darf! Erst später wird jene Gnade ihrem wirklichen Wert gemäß geschätzt werden.

Wie Gott das Haus Aaron segnen wird (vgl. Ps 115,12), so hat er auch das Haus Nogrix gesegnet, denn die Familie »segelt mit Spitzengeschwindigkeit dahin«. Lass uns darauf vertrauen, dass der Wind sich nicht dreht, bis alle sicher den Hafen erreicht haben.

Dein Brief hat mir umso mehr Vergnügen bereitet, da ich nun hauptsächlich in Erinnerungen lebe. Jene Erinnerungen aus den alten Zeiten sind noch so genussreich, dass es trotz der Prüfungen, die ich zu tragen hatte, Momente gibt, in denen mein Herz vor Freude überfließt ...

Ich muss Dir erzählen, dass Theresia, meine kleine Königin – so nenne ich sie, denn sie ist ein liebliches Mädelchen, das versichere ich Dir – völlig gesund ist. Die zahlreichen Gebete haben den Himmel im Sturm genommen und Gott, der so gut ist, wollte sie gern erfüllen.

Kürzlich sprach ich Dir von meinen fünf Mädchen, aber ich vergaß Dir zu erzählen, dass ich vier weitere Kinder habe, die bei ihrer heiligmäßigen Mutter sind, wo wir hoffen, sie eines Tages wiederzutreffen. Dann will ich nicht mehr mit Chateaubriand sagen müssen: »Wer wird mir meine Hélène zurückgeben?« Bei Hélène sind zwei kleine Jungen mit Namen Joseph und eine hübsche kleine Theresia.

Am letzten Osterfest war ich mit meinen beiden ältesten Mädchen in Paris. Wir verbrachten fünf volle

Tage auf sehr angenehme Weise. Am 25. März nahm ich in Notre-Dame an einem großartigen Liebesfest teil. Wenigstens 8 000 Menschen gingen zur heiligen Kommunion – alles Männer! Monsignore Guibert teilte die heilige Kommunion aus und Pater Monsabré hielt eine Ansprache an die Gottesdienstgemeinde. Wir hatten Zimmer im Hotel der Katholischen Missionen in der Rue Chomel.

Also hattest Du die Gelegenheit, unseren Freund Aimé Mathey zu sehen! Das erinnert mich an einen kleinen Witz von meiner eigenen Sorte, den ich Dir erzählen muss.

Einmal, vielleicht vor 25 Jahren, hatte ich wie Du einige kleine geschäftliche Angelegenheiten in Paris erledigt. Da packte mich eine Idee:»Hallo, wie wäre es mit einem Überraschungsbesuch bei Mathey – würde das nicht lustig sein?«

Vom Gedanken bis zur Tat dauerte es nicht lange. Ich machte mich auf den Weg zum Bahnhof und nahm den Zug nach Straßburg. Als ich dort ankam, tat ich, was ich einst bei Dir tat. Ich gab vor, eine Aufziehschraube im Schaufenster seines Uhrmachergeschäfts zu untersuchen. Als ich mir meinen Scherz geleistet hatte, wurde ich mit offenen Armen empfangen. Ich gab seiner kleinen Tochter, die damals in ihrer Wiege schlief, eine Spielzeugrassel in Silber. Heute ist sie Frau Antonin.

Wie weit jene Zeit schon zurückliegt! Und wie gern hätte ich jene guten Leute zur Kirche zurückkehren sehen. Für einen, der den Glauben hat, ist es so traurig, einen feinen Kerl wie Mathey und so viele andere zu sehen, die sorglos ihren Weg gehen, ohne sich um das zu kümmern, was vor ihnen liegt.

Und Lange, der liebe, einfache Mann, Du erwähntest ihn nicht! Wie stieg er immer unsere Treppe hinauf, indem er vier Stufen auf einmal nahm! Hatten wir nicht gute Zeiten miteinander?

Habe ich lange genug forterzählt? Es ist lange her, dass ich eine solche Gelegenheit hatte. Trete ich vielleicht in meine zweite Kindheit ein?

Auf Wiedersehen, mein lieber alter Freund, den ich liebe wie einen Bruder. Richte Frau Nogrix und Deinen Kindern meine besten Wünsche aus.

VI

Bevor er Frankreich zu seiner Reise nach Konstantinopel verließ:

Sehr liebe Kinder,

Ihr seid wirklich sehr lieb, mich zu dieser kleinen Eskapade ausziehen zu lassen, und ich werde Euch stets dafür dankbar sein. Nebenbei gesagt, wird, wenn die Entfernung uns ein wenig trennt, doch mein Herz Euch stets nahe sein. Sorgt Euch nicht im Geringsten um mich und fühlt Euch wegen meiner Abwesenheit nicht einsam, Kinder. Wenn Ihr Euch aber traurig fühlt, schreibe mir freimütig darüber, meine Marie, und adressiere Deinen Brief nach München (Bayern), c/o Postamt, und ich lasse diesen guten Abbé Marie allein.

Ich übermittle Dir ein Dutzend Schalen mit Goldfarbe. Gib zwei Céline und zwei meiner kleinen Königin – mit einem dicken Kuss auf beide Wangen.

Was Dich selbst betrifft, mein »großes Mädchen«, hab – wieder einmal – Mut und Vertrauen. Ich versichere Dir, dass Du es nicht bedauern wirst, mir die Abreise erlaubt zu haben. So umarme ich Dich sehr warmherzig, genau wie Léonie.

Vergiss nicht, die acht Schalen mit Goldfarbe meiner »edlen Perle« im Karmel zu senden.

Ganz der Eure im Herrn!

P.S.: Viele gute Wünsche Deinem Onkel, Deiner Tante und Deinen Kusinen. Ich bin in Eile, weil ich um neun Uhr am Bahnhof sein muss, und ich habe nicht viel Zeit.

Tausend Küsse all den Meinen,
Euer Vater, der Euch liebt.

VII

München, Donnerstag,
27. August 1885

Marie, mein »großes Mädchen«,

ich will München nicht verlassen, ohne Dir ein Lebenszeichen gegeben zu haben.

Wir haben schon viele schöne Städte besucht. Gestern sind wir auf die »Bavaria« gestiegen. Das war merkwürdig genug. Stell Dir eine Bronzestatue von großen Ausmaßen vor, sodass eine Person leicht auf ihrer Nase sitzen konnte. Wir sahen auch die Museen, die sehr schön sind.

Ich habe Deinen Brief verschlungen, den ich immer noch vor mir habe. Und ich bin Gott so dankbar, dass er mir solch gute Kinder gegeben hat. Du hast recht daran getan, meinen Brief nicht Deinem Onkel zu zeigen, denn ich glaube, dass der gute Abbé Marie glücklich ist, mich bei sich zu haben. Wir verstehen uns gut.

Er ist sehr liebenswürdig und angenehm.

Anhand der Postkarte, die ich Dir sende, kannst Du sehen, dass wir nicht gerade das kleinste Hotel gewählt haben, und ich stelle mir auch vor, dass es uns diesmal mehr kosten wird. Aber was soll's, »Krieg ist Krieg!« Sage Mutter Maria von Gonzaga meinen herzlichen Dank und erzähle meinem »kleinen Paulinus«, dass ich viel an sie denke. Und sag dasselbe Léonie, Céline und Theresia.

Nun muss ich aufhören, um meinen Gefährten wieder zu treffen. Ich versichere Dir, dass ich Euch fünf liebend gern bei mir hätte. Ohne Euch fehlt mir der größte Teil meines Glücks. Betet inzwischen weiter für mich.

Dein Vater, der sein »großes Mädchen« noch mehr liebt, seitdem er von ihr entfernt ist, und der sie wieder und wieder umarmt, genauso wie die vier anderen aus demselben netten Nest. Macht Euch vor allem meinetwegen keine Sorgen.

VIII

Wien, 30. August 1885

Liebe Marie,

Du musst einen Brief aus München erhalten haben, der Dir erzählte, dass alles gut geht, und dass ich sehr zufrieden mit Euch allen bin. Aber ich bin ziemlich überrascht, dass Du die Schalen und meine Schlüssel nicht bekommen hast. Du würdest gut daran tun, auf dem Postamt in Lisieux Nachforschungen anzustellen, denn Herr Merlier, Rue St.-Martin 211, Paris, muss das Paket gesandt haben.

Nun, was werde ich Dir als Nächstes sagen? Dass alles weiter verläuft »wie beim seligen Herrn Nicolet – der stärker und stärker wurde«. Abbé Marie strahlt immer. Er ist fast unermüdlich. Ich finde es schwierig, mit ihm mitzuhalten.

Gestern haben wir das Kloster St. Norbert besucht, wo wir nicht besser hätten empfangen werden können. Abbé Marie legte einen Brief des hochwürdigen Herrn Pater Godefroy vor, den wir bei St. Jacques (in Lisieux) getroffen haben.

Die Stadt ist großartig – mit Brücken, wie ich noch nie ähnliche gesehen habe, nicht einmal in Paris. Hier gibt es auch Karmelitinnen, aber diese haben kein solch gutes Menü, wie wir es bei den Prämonstraten-sern bekamen, denn, stell Dir vor, uns wurde jedem eine ganze Taube oder ein Rebhuhn serviert und enorme Stücke Hasenfleisch! Diese guten Ordensleute haben den Ruf, höchst großzügig zu sein, und wir haben es wahrlich erfahren.

All die reizenden Briefe, die ich in Wien erhielt, machten mir ungeheures Vergnügen. Danke bitte Léonie, Céline und Theresia, sowie meiner »edlen Perle« im Karmel für ihre Festtagsglückwünsche.

Ich stellte mir vor, ich könnte Euch alle um mich herum im »Belvedere« sehen und meine »kleine Königin« mit ihrer süßen, sympathischen Stimme ihren kleinen Glückwunsch trällern hören. Ich war so berührt von alldem, dass ich gern zurück in Lisieux gewesen wäre, aber vor allem Euch alle so warmherzig umarmt hätte, wie ich Euch liebe.

Warum wolltest Du nicht die Einladung Deiner Tante annehmen, sie in Trouville zu treffen? Es scheint mir, dass Du einen Fehler gemacht hast. Tu jedenfalls, was immer Du möchtest.

Kümmere Dich gut um Félicité und vergiss nicht, ihr den Lohn für die drei Monate zu geben. Wenn Du irgendwelche Briefe für mich erhältst, öffne sie, wenn Du willst, und hebe sie für mich auf.

Schließlich, Marie, mein »großes Mädchen«, »meine Erste«, führe Deine kleine Schar weiter, so gut Du kannst. Und sei klüger als Dein alter Vater, der schon müde genug von allen irdischen Schönheiten ist und vom Himmel und dem Unendlichen träumt. »Eitelkeit der Eitelkeiten – und alles ist Eitelkeit, außer Gott zu lieben und ihm zu dienen.«[9]

> Einer, der Euch alle liebt und Euch in seinem Herzen trägt.

IX

An Bord des Schiffes auf dem Schwarzen Meer:

7. September 1885

Meine liebe Marie,

Du musst Neuigkeiten von uns durch Herrn Retout erhalten haben. Ich halte mich weiter sehr gut, ebenso Abbé Marie. Wir haben noch drei Tage, bevor wir Konstantinopel erreichen.

Das Land ist großartig. Aber bisher finde ich nicht, was Pater Baudry beschreibt als »einen Winkel vom

---

[9] »Nachfolge Christi« I, 1. Zum ersten Teil des Zitats, vgl. Koh 1,2.

Himmel, der hier auf Erden zurückgelassen wurde«. Es ist unzweifelhaft sehr schön, aber ich teile den Enthusiasmus meines guten Gefährten nicht völlig.

Vor allem sorgt Euch nicht um mich. Wenn Du mir einige Zeilen schreiben könntest, c/o Postamt in Neapel, würde mich das sehr freuen. Denn ich denke oft an Euch alle und sage mir wiederholt:»O, wenn ich sie doch bei mir haben könnte, wie herrlich wäre das!« Aber weil das nicht möglich ist, umgibt mich ein Schatten. In kurzer Zeit jedoch werden wir wieder vereint sein und uns nicht wieder trennen.

Gestern Abend trafen wir den Pfarrer von Verna, einen ziemlich jungen Priester, der acht Sprachen spricht. Er empfing uns so liebenswürdig, dass ich mich mein ganzes Leben lang der wunderbaren Augenblicke erinnern werde, die wir mit ihm verbrachten. Wie viel werde ich zu erzählen haben! Aber wir müssen warten.

Wir waren nicht seekrank. Das Meer war ruhig und majestätisch, obwohl uns gesagt worden war, dass es sehr rau sein werde.

Erzähle mir in Deinem nächsten Brief, ob Du das Paket aus Paris mit meinen Schlüsseln erhalten hast.

Gib meine Liebe an meine »Perle«, ebenso an Léonie, auch an meine »Tapfere«, Céline, und an die »Königin meines Herzens« weiter und übermittle meine besten Wünsche allen Mitgliedern der Familie Guérin.

Sag meinem »kleinen Paulinus«, dass ich stets an sie denke und dass ich froh wäre, ihr all die großen Fische, die ich von unserem Deck aus im Schwarzen Meer herumschwimmen sehe, schicken zu können. Wie viele von ihnen würden den Weg zum Karmel von Lisieux nehmen!

Wir werden uns bald zu Tisch setzen, denn ich sehe die Stewards, wie sie Tische für uns herrichten, während ich mein Gekritzel beende.

Auf Wiedersehen, geliebtes Kind, bete ein Ave Maria für uns.

X

Konstantinopel,
11. September 1885

Mein armes »großes Mädchen«,

ich sehe, dass Du zu viele und zu große Sorgen um mich hast, denn ich kann Dir versichern, wie in meinen anderen Briefen, dass ich mich nicht besser fühlen könnte.

Dein wunderbarer und sehr erwünschter Brief wurde mir von einem Lazaristen ausgehändigt, während wir noch auf dem Landungsboot waren. Ich denke oft an Euch alle, und kürzlich hatte ich einen schönen Traum, in dem ich Dich so klar sah, dass es fast wirklich schien. Wenn ich Euch doch nur all das übermitteln könnte, das ich fühle, während ich die großartigen Dinge bewundere, die ich um mich herum sehe! O Gott, wie wunderbar sind Deine Werke!

Konstantinopel ist großartig und entschädigt wahrlich für die Schwierigkeiten, es zu Gesicht zu bekommen. Aber es ist so weit weg! Wir haben gerade den Galata-Turm bestiegen, von dem aus man eine Sicht über die ganze Stadt hat. Es ist ein in der ganzen Welt einzigartiges Schauspiel.

Wir haben schon den Sultan und seine drei Söhne gesehen; der älteste scheint etwa 18 Jahre alt zu sein.

Wir sahen ebenso tanzende Derwische, arme Kreaturen, die einem wirklich Mitleid einflößen, mit ihrer teuflischen Art und ihren ebensolchen Gesten. Wir wohnen hier bei einer Familie, einer Frau Matich, die sich sehr gut an Pater Baudrys Besuch vor drei Jahren erinnert.

Du erzählst mir, dass Mutter Maria von Gonzaga und alle Schwestern mich mit Gebeten »durchlöchern« (wie mit Schüssen auf eine Zielscheibe). Ich würde sie gern zum Ausgleich mit großen Kisten Thunfisch bombardieren. Ich bitte Dich, ihnen auf dem bestmöglichen Weg den Ausdruck meiner höchsten Wertschätzung zu Füßen zu legen.

Tausend liebende Wünsche meiner lieben kleinen Perle, die auf so kluge Weise alle Hindernisse und Unzuträglichkeiten für meine Reise aus dem Weg räumte. Sag ihr, dass ich sie mehr als jemals liebe – wenn das möglich ist.

Sag auch der guten Léonie, die ihr Bestes tat, Dich zu beruhigen und Dich zu bewegen, mich gehen zu lassen, dass ich gern wüsste, was ihr als Souvenir aus Rom gefallen würde.

Sag Céline, der »Furchtlosen«, und meiner »Königin von Frankreich und Navarra«, sie mögen mich auch wissen lassen, was sie am liebsten hätten.

In meinem letzten Brief erwähnte ich, dass ich gern die Nachrichten von zu Hause in Neapel in Empfang nähme. Ich hoffe, dass Du, weil ich ein paar Tage länger in Konstantinopel bleibe, die Zeit haben wirst (indem Du mir sofort schreibst), mir ein Wort von Dir nach hier zu senden.

Sag Deinem Onkel, er solle sich überhaupt keine Sorge um den Geldschrank machen. Da gibt es nichts zu fürchten, weil keiner weiß, wo er ist. Schließ also nur die Tür des Wandschranks, bewahre den Schlüssel sicher auf, und mit Gottes Hilfe wird alles gut gehen.

Du hast nicht erwähnt, dass Du das kleine Paket erhalten hast, das ich Dir aus Wien schickte.

Ich sehe im Moment so viele schöne Dinge, dass ich auszurufen geneigt bin: »Herr, es ist zu viel; Du bist zu gut zu mir!«

In ein paar Wochen werde ich nicht nur von Dir träumen. Wir werden wieder vereint sein, für so lange, wie Gott in seiner Güte wünscht, dass wir beieinander bleiben.

Ich umarme Dich, liebe Marie, Pauline, Léonie, Céline und Theresia.

Du siehst, dass ich Dir Freude machen will, denn wir sind erst heute Morgen angekommen, und schon antworte ich auf Deine Zeilen. Zum Ausgleich bereite Du mir das süßeste Vergnügen, das Du mir geben kannst, indem Du mir schreibst.

Dein Vater, der seine Älteste so sehr liebt

XI

Konstantinopel,
16. September 1885

Meine liebe Marie,

ich habe gerade einen Augenblick zur Verfügung und ich benutze ihn, Dir ein paar Zeilen zu senden, während Abbé Marie einen Spaziergang nach Skutari macht. Wir fühlen uns sehr gut; und wir sind wunderbar in diesem privaten Haus untergebracht, das die Vinzentinerpatres empfahlen.

Wir wären heute nach Smyrna abgefahren, aber im Moment stockt der Schiffsverkehr. Wir müssen bis Donnerstag oder Freitag warten.

Was kann ich Dir nun über diese schöne Stadt Konstantinopel sagen? Ich habe Streifzüge durch sie nach allen Richtungen unternommen, und je mehr ich von ihr sehe, umso mehr bewundere ich sie. Da sind großartige Dinge zu sehen. Wir besuchten mehrere Moscheen, von denen die schönste sicherlich die Hagia Sophia in Stambul ist. Sie wurde durch Konstantin 325 errichtet. Diese Basilika wurde 532 durch Feuer gänzlich zerstört. Justinian I. baute sie wieder auf, und ihre heutige Form geht auf ihn zurück. Er wollte, dass sie das dauerhafteste und schönste Monument aller Zeiten sein sollte. Das ganze Reich wurde vollständig ausgepresst, um seine Restaurierung zu bezahlen.

Der Große Basar von Konstantinopel ist eine höchst merkwürdige Sache. Dies unentwirrbare Labyrinth mit seinen Straßen, Gassen, Durchgängen und Plätzen bildet eine Stadt in der Stadt. Jede Straße hat ihre eigene Besonderheit. Der Große Basar wird jeden Abend vor Sonnenuntergang geschlossen und am Morgen gegen neun Uhr geöffnet.

An Freitagen sind die türkischen Geschäfte geschlossen, am Samstag sind die Juden mit der Schließung an der Reihe. Sonntag ist der Ruhetag für die Christen.

Wir besuchten auch die Zisterne von Asparis. Sie ruht auf 64 Säulen und wurde unter Leo dem Großen erbaut.

Nun, meine »Erste«, mein »großes Mädchen«, mein »Diamant«, lass uns über unsere eigenen kleinen Angelegenheiten sprechen. Ich sehe, wenn ich Deinen letzten Brief erneut lese, dass Du die Dinge glänzend im Griff hast – man könnte es sich nicht besser wünschen –, während ich fort bin. Mach weiter so, und Du wirst mich glücklich machen. Armes »großes Mädchen«, wie gern hätte ich Dich bei mir auf meiner ganzen schönen Reise!

Sag meinem lieben »kleinen Paulinus«, dass ich auch oft an sie denke und Gott danke, dass er ihr eine solch erhabene Berufung gegeben hat.

Danke ihr in meinem Namen für ihren guten Brief und vergiss auch nicht, Mutter Maria von Gonzaga den Ausdruck meiner demütigen Hochachtung zu überbringen.

Wir hoffen, nächsten Sonntag in Athen zu sein, und von dort werden wir nach Neapel reisen. Dort, ich bin sicher, werde ich Neuigkeiten von Euch allen bekommen. Umarme herzlich Léonie, Céline und meine Königin; leider ist es unmöglich, dass Du das auch an meiner schönen »Perle« durch das Gitter hindurch tust. Übermittle endlich viele schöne Grüße Deinem Onkel und Deiner Tante, ebenso Jeanne und Marie. Und gib Tom, dem guten, treuen Hund, einen freundlichen Klaps auf den Kopf. »Weint« er immer noch um mich?

Dein Vater, der Dich liebt

PS: Du hast völlig richtig gehandelt, die Birnen zu verschenken. Gib, gib immer und mach die Menschen glücklich.

XII

Mein liebes »großes Mädchen«,

ich habe gerade einen sehr feinen Vormittag verbracht.
Ich besuchte viele großartige Kirchen. Und alle waren
voll großartiger Mosaiken; alle sehr schön und sehr
reich.

Neapel ist eine entzückende Stadt, aber man wird
dort durch alle Arten von Bettlern belästigt. Selbst die
Fliegen dort klammern sich an einen wie die Bettler
und werden zu einer gelinden Plage. Aber wir fühlen
uns gut, und ich sehe mit Dankbarkeit, wie Gott darin
fortfährt, seine Gnaden auf uns auszugießen.

Gestern besuchten wir Pompeji. Es ist sehr interessant. Später werde ich alles in Einzelheiten erklären.

… Entschuldige mich, ich muss jetzt Abbé Marie folgen; und ich schreibe diese Zeilen an Dich in großer
Eile. Es ist nur, um Euch eine Freude zu machen und
Euch zu zeigen, dass wir noch leben. Du musst das
einsehen! Bald, wenn wir nach Rom kommen, werde
ich Euch einen längeren Brief schreiben.

Nun, liebe Mädchen, seid stets meine Freude und
mein Trost auf Erden, und fahrt fort darin, dem Herrn
gut zu dienen; er ist so groß und wunderbar in seinen
Werken!

Noch einmal auf Wiedersehen, liebe Kinder, tausend Dank für die wertvollen Gebete, die für die Reisenden aufgeopfert werden.

Abbé Marie wartet auf mich, und ich muss einfach
schließen. Ich umarme Euch von ganzem Herzen.

XIII

Rom,
Sonntag, 27. September 1885

Meine liebe Marie,

da sind wir nun endlich in Rom, um 6.30 Uhr morgens. St. Peter ist für mich das Schönste auf der Welt. Ich betete dort für Euch, die ich so sehr liebe. Es ist so wunderbar, dort zu beten!

Aber wie traurig zu denken, dass der Heilige Vater da in Gefangenschaft ist. Das ist ein Schandfleck auf dem Bild, und jener Schatten macht einen trotz allem traurig.

Abbé Marie war ziemlich berührt durch das kleine Wort des Karmel, das im Brief meiner »edlen Perle« vermeldet wird. Welchen Trost spüre ich, wenn ich sehe, dass sie so völlig glücklich ist, und dass Jesus selbst hienieden ihr so nahe ist und sie besucht, wie nur er es versteht!

Lass uns Gott dankbar sein, mein »großes Mädchen«, und ihn von ganzem Herzen bitten, er möge seine Gnaden auch auf unsere arme, liebe Léonie ausgießen.

Sag Céline und meiner kleinen Königin, dass ich an sie sehr oft denke, und dass, wenn Du damit zufrieden bist, ich sie belohnen werde.

Ich ging mit Abbé Marie zum Postamt, und da war nichts für uns.

Abbé Marie war recht enttäuscht, denn er erwartete wenigstens einen Brief von seinem Pfarrer. Da wir hoffen, am Dienstag nächster Woche in Mailand zu sein, schreibe mir die Neuigkeiten nach dort, wenn Du kannst. Ich wäre froh, auch zu hören, ob Du meine beiden Briefe aus Konstantinopel erhalten hast.

Ich bin in Eile, denn der gute Abbé kommt bald, um mich wieder mitzunehmen, all die Schönheiten Roms zu sehen. Es ist sicher hier, dass ich das größte Vergnügen empfinde. Sag meiner »edlen Perle«, dass ich zu glücklich bin und dass »ich meinen Rücken für die Bürde anbiete«, denn dieser Zustand kann nicht andauern. Wie freue ich mich, dass ich sie bald wiedersehen werde!

Was Dich betrifft, mein liebes »großes Mädchen«, so nehme ich die Freude vorweg, Dich auf beide Wangen zu küssen – mit einem klingenden Kuss. Denn ich liebe Dich so sehr! Einen Kuss auch an Léonie, Céline und meine kleine Königin.

Dein Vater, der Dich sehr, sehr liebt.

PS: Nach dem Mittagessen haben wir geplant, die St.-Agnes-Katakomben zu besuchen. Ich übergebe Euch alle der Gnade Gottes, und ich bete jeden Tag für Euch in St. Peter. Der Gedanke an Eure Mutter begleitet mich beständig.

XIV

Mailand,
6. Oktober 1885

Mein liebes »großes Mädchen«, meine »Erste«,

ich schreibe Dir in Eile, denn wir sind dabei (aufzubrechen), und der Abbé treibt mich an.

Ich habe Deinen lieben Brief erhalten, und ebenso einen von meiner »Perle«. Sie haben mir ein solches Vergnügen bereitet! Ich brauchte es, denn als ich Rom verließ, war ich »wie eine einäugige schwarze Katze,

die in einer Ecke des Zauns an einem nassen Tag drauf-
los schnurrt«.

Ich frage mich, wann ich zu Hause sein werde? Ich
hoffe, es wird am Samstagabend um halb zehn sein.
Aber Du kannst einplanen, dass ich von Alençon aus
zurückkehre, denn ich muss dorthin nächsten Dienstag reisen.

Ich habe an Euch in all den Heiligtümern gedacht,
die wir besuchten. Aber es war keine Gelegenheit, den
Heiligen Vater zu sehen. Ich werde Euch alles darüber
berichten.

Alles, was ich sehe, ist glänzend, aber es ist immer
eine irdische Schönheit, und unser Herz ist mit nichts
zufrieden, solange es nicht die unendliche Schönheit
sieht, die Gott selbst ist.

Bald werden wir die vertraute Familienfreude erfahren; das ist die Schönheit, die uns – wahrhaftiger als
alles andere – näher zu Gott bringt.

Ich umarme Euch fünf von ganzem Herzen.

Euer Vater, der Euch liebt

XV

An seine Töchter im Karmel: 1888

Ich muss Euch sagen, meine lieben Kinder, wie dringend ich das Bedürfnis fühle, Gott zu danken und
Euch mit mir in dieser Danksagung verbunden zu sehen. Denn ich spüre, dass unsere Familie (obwohl sehr
demütig) die Ehre hat, unter die Auserwählten unseres anbetungswürdigen Schöpfers gezählt zu werden.

XVI

... Theresia, meine kleine Königin, ist gestern in den Karmel eingetreten.

Gott allein kann ein solches Opfer verlangen. Aber er hilft mir so machtvoll, dass inmitten meiner Tränen mein Herz vor Freude überfließt.

Einer, der Sie liebt, Louis Martin

Gebet des Kindes eines Heiligen

Erinnere dich, dass einst auf Erden
dein einziges Glück es war, uns zu lieben.
Erhöre das Gebet deiner Kinder,
schütze uns, segne uns aufs Neue.
Du findest dort oben unsere geliebte Mutter wieder,
die dir ins ewige Vaterland vorausging.
    Nun herrscht ihr in den Himmeln
    alle beide!
    Wachet über uns!

Erinnere dich, dass deine geliebte Marie,
deine älteste Tochter, die deinem Herzen am liebsten war.
Erinnere dich, dass sie dein Leben erfüllte
mit Liebe, Charme und Glück.
Um Gottes willen hast du auf ihre süße Gegenwart verzichtet
und du segnest die Hand, die dir das Leiden brachte.
    O, dein Diamant,
    der immer mehr leuchtet,
    erinnere dich!

Erinnere dich deiner feinen Perle,
die du als schwaches und furchtsames Lamm kanntest,
sieh sie, erfüllt von göttlicher Kraft,
die Herde des Karmels führen.
Sie ist die Mutter deiner anderen Kinder geworden.
O Papa! Führe sie, die dir so lieb ist.
    Und ohne den Himmel zu verlassen,
    an deinen kleinen Karmel,
    erinnere dich!

Erinnere dich des glühenden Gebetes,
das du für dein drittes Kind sprachst.
Gott hat dich erhört, denn sie ist auf Erden
wie ihre Schwestern, eine schöne, leuchtende Lilie.
Das Heimsuchungskloster verbirgt sie
vor den Augen der Welt,
aber sie liebt Jesus, sein Friede überflutet sie.
Ihrer glühenden Wünsche
und all ihrer Seufzer,
erinnere dich!

Erinnere dich deiner lieben Céline,
die für dich wie ein Engel vom Himmel war,
als ein Blick des göttlichen Antlitzes
dich prüfte nach glorreichem Ratschluss.
Du herrschest nun im Himmel, ihre Aufgabe ist erfüllt.
Jetzt schenkt sie Jesus ihr Leben.
Schütze dein Kind,
das sehr oft wiederholt:
Erinnere dich!

Erinnere dich deiner kleinen Königin,
des Waisenkindes der Beresina.
Erinnere dich ihres unsicheren Ganges,
es war stets deine Hand, die sie führte.
O Papa, erinnere dich, dass in den Tagen ihrer Kindheit
du ihre Unschuld allein für Gott bewahren wolltest.
Und ihrer blonden Haare,
die deine Augen hinrissen,
erinnere dich!

Erinnere dich, dass du sie im Belvedere
immer auf deine Knie setztest.
Und während du dann ein Gebet murmeltest,
hast du sie in süßem Refrain gewiegt.
Sie sah den Widerschein des Himmels auf deinem Gesicht.
Wenn dein tiefer Blick über Zeit und Raum sich verlor.
Und du besangst
die Ewigkeit.
Erinnere dich!

Erinnere dich des strahlenden Sonntags,
an dem du sie an dein väterliches Herz drücktest,
ihr eine kleine weiße Blume schenktest
und ihr erlaubtest, in den Karmel zu entfliegen.
O Papa, erinnere dich, dass du in ihren großen Prüfungen
ihr Beweise deiner aufrichtigen Liebe gabst.
In Rom und in Bayeux
hast du ihr den Himmel gezeigt.
Erinnere dich!

Erinnere dich, dass sich die Hand des Heiligen Vaters
im Vatikan auf deine Stirn legte.
Aber du konntest das Geheimnis des göttlichen Siegels
nicht verstehen, dass sich dir einprägte.
Nun richten deine Kinder ihr Gebet an dich,
sie segnen dein Kreuz und deinen bitteren Schmerz.
Um deine glorreiche Stirn
strahlen im Himmel
neun blühende Lilien!

(PN 8)

»Eine tüchtige Frau,
wer findet sie?
Sie übertrifft alle Perlen an Wert.
Das Herz ihres Mannes vertraut auf sie,
und es fehlt ihm nicht an Gewinn
Ihre Kinder stehen auf und preisen sie glücklich …«
vgl. Spr. 31,10–11.28

»Unsere Mutter war die Selbstverleugnung in Person, mit großem Mut begabt, ein außergewöhnlich energischer Charakter. Sie hatte ein sehr feinfühliges und gütiges Herz und lebte in ständiger Hinwendung zu Gott, in den sie ein wahrhaft heldenhaftes Vertrauen setzte.«

Die Schwestern der heiligen Theresia

Bayeux, 3. Mai 1954

Meine liebe Tochter in Jesus Christus,

Ihre Mutter Priorin hat sie gebeten, aufs Neue die Feder zu ergreifen um uns, gleichsam als Diptychon, nach dem Porträt ihres »bewundernswerten Vaters« nun dasjenige ihrer »unvergleichlichen Mutter« zu geben.

Von ganzem Herzen gebe ich meinen Segen zu dieser Unternehmung, die das Werk vervollständigt, das ich Ihnen und Ihren Schwestern stets seit meiner Ankunft in der Diözese Bayeux ans Herz gelegt habe. Ich war stets überzeugt, dass sie allein die qualifizierten Zeuginnen für eine Charakteristik der Tugenden Ihrer Eltern waren. Diese mögen als von der Vorsehung geschenkte Vorbilder hochgehalten werden, die unseren modernen Vätern und Müttern zur Nachahmung dienen. Die Aufgaben und Pflichten der Letzteren sind so schwer und mühevoll, dass es richtig ist, sie durch das Aufzeigen solcher Vorbilder zu ermutigen. Wir haben kein Recht, sie verborgen zu halten.

Zweifellos hat Frau Martins höchst lebendige und unterhaltsame Korrespondenz manche Aspekte ihrer Tugend schon bekannt gemacht. Sie hat ihr viele begeisterte Bewunderer gewonnen, aber verbirgt nicht ihre Demut verschiedene andere edle Charakterzüge? Ihren persönlichen Erinnerungen, zusammen mit jenen Ihrer älteren Schwestern, wird es gelingen, uns ihre ganze Persönlichkeit gänzlich zu enthüllen.

Ich übermittle Ihnen daher, meine liebe Tochter, meine väterlichen guten Wünsche für eine weite Verbreitung Ihres töchterlichen Zeugnisses über Ihren Vater und Ihre Mutter. Es wird Gott Ehre bereiten und gleichzeitig Ihrer heiligen Schwester, der gesegneten Gnadenfrucht der keuschen Gemeinschaft Ihrer Eltern,

+ François-Marie [Picaud]
Bischof von Bayeux und Lisieux

.

Vorbemerkung

Das Lebensbild des Vaters der heiligen Theresia vom Kinde Jesus, umrissen durch unsere liebe Schwester Genoveva vom Heiligsten Antlitz, hat bei vielen Lesern und Freunden den Wunsch nach einem ähnlichen Zeugnis bezüglich der Mutter unserer Heiligen erweckt. Wir selbst empfinden es sehr stark, wie angemessen und richtig es ist, all diese kostbaren Erinnerungen des letzten überlebenden Mitglieds dieser gesegneten Familie zu sammeln, und wir sind von Herzen einverstanden mit einem solch berechtigten Verlangen. Keiner dieser Schätze darf verloren gehen, weil das Gute, das sie den Seelen erweisen, immer auffälliger wird. Wir sind uns besonders einer wachsenden Bewegung bewusst, deren Echo uns aus allen Teilen der Welt erreicht, deren Charakteristika die Verehrung für und das Vertrauen auf die heiligmäßigen Eltern der heiligen Theresia vom Kinde Jesus sind.

Das erklärt den Zweck dieses Büchleins, in welchem Schwester Genoveva vom Heiligsten Antlitz mit ihrer Feder die Beschreibung ihrer heldenhaften Mutter vollendet, die uns geholfen hat, das künstlerische Talent der Tochter kennenzulernen und zu lieben.

Die Karmelitinnen von Lisieux

155

Ich war erst acht Jahre und vier Monate alt, als meine Mutter starb. Deswegen sind meine Erinnerungen an sie notwendigerweise begrenzt. Aber zur Zeit der Veröffentlichung der »Geschichte einer Seele« und der »Geschichte einer Familie«[10] habe ich sehr oft meine älteren Schwestern über unsere Mutter befragt. So habe ich manche Zeugnisse sammeln können, die sie betreffen.

Diese Sammlung von Zeugnissen und Fakten, die Mutter Agnes von Jesus und ich zusammenstellten, bildete die Grundlage zur »Geschichte einer Familie«. Hieraus kann ersehen werden, dass die »Geschichte einer Familie« vollständig von uns inspiriert war. Sie ist authentisch.

In dieser besonderen Sammlung nun, die sich speziell mit meiner Mutter beschäftigt, werde ich im Interesse größerer Klarheit meine Erinnerungen und die unseres Familienarchivs unter verschiedene Überschriften setzen. Der begrenzte Raum, der für dieses Büchlein zur Verfügung steht, erlaubt nicht die Veröffentlichung ihrer vielen Briefe (etwa 200 Briefe sind abgedruckt worden). Aber ich werde Auszüge aus Mutters Korrespondenz bringen, die, besser als jede andere Interpretation, ihre mit reichen Gaben gesegnete Persönlichkeit offenbaren. Daneben werde ich in weitem Umfang die Briefe ihrer älteren Schwester, einer Ordensfrau in der Genossenschaft von der Heimsuchung in Le Mans verwerten, die ihre innige Vertraute war. Ich werde ebenso die Briefe meiner leiblichen Schwester Marie zitieren, die während der letzten beiden Jahre des Lebens meiner Mutter mit ihr unter einem Dach lebte.

---

[10] Theresia Martins »Geschichte einer Seele« erschien erstmals ein Jahr nach dem Tod der Heiligen im Herbst 1898. Die andere genannte Veröffentlichung ist: Stéphane Piat, Histoire d'une famille (Lisieux 1948).

Wenn ich im Laufe meiner Erinnerungen den Begriff »heilig« im Hinblick auf meine Mutter verwende, oder wenn ich andere Zeugnisse zitiere, die diesen Begriff verwenden, dann beabsichtige ich nicht, diesem Ausdruck eine andere als eine rein persönliche und private Bedeutung beizulegen.

Und zuallererst, als Überschrift für alle Zeugnisse, möchte ich, gleichsam als eine umfassende Beschreibung, den Charakterzug unserer Mutter nennen, der von meinen Schwestern beim Selig- und Heiligsprechungsprozess der Dienerin Gottes, der heiligen Theresia vom Kinde Jesus, aufgezeigt wurde. So lautet ihr Zeugnis:

»Unsere Mutter war die Selbstverleugnung in Person, mit großem Mut begabt, ein außergewöhnlich energischer Charakter. Sie hatte ein sehr feinfühliges und gütiges Herz und lebte in ständiger Hinwendung zu Gott, in den sie ein wahrhaft heldenhaftes Vertrauen setzte.«[11]

Schwester Genoveva vom Heiligsten Antlitz
und von der heiligen Theresia OCD
Karmel von Lisieux, 2. Januar 1954

---

[11] In diesem Zitat, das als solches in den Akten des Seligsprechungsprozesses nicht nachzuweisen ist, finden sich unter anderem Elemente der Aussagen von Mutter Agnes von Jesus (II, S. 137) und Schwester Maria vom Heiligsten Herzen (I, 226).

Lebensbild meiner Mutter

Jugend

Zélie Guérin, meine Mutter, wurde am 23. Dezember 1831 im Städtchen Gandelain bei Alençon geboren, wo ihr Vater, Veteran der Kaiserlichen Armee, Dienst bei der Polizei tat. Sie wurde am folgenden Tag in der örtlichen Kirche getauft und erhielt den Namen Marie Azélia. Trotzdem wurde sie stets Zélie gerufen.

Ihre Mutter, eine Frau mit starkem Glauben, aber eher *zu* streng, verstand sie nicht und behandelte ihre hochsensible Tochter so harsch, dass diese später schrieb, ihre Jugend sei so traurig gewesen wie ein Leichentuch.

Ein einziges Detail kann uns hier schon ein klares Bild vermitteln: Obwohl sie als Kind alles dafür gegeben hätte, besaß Zélie niemals eine Puppe, auch nicht die kleinste. Sie litt an häufigen Kopfschmerzen, und dies trug noch zu der ganzen beklemmenden Atmosphäre bei.

Zusammen mit ihrer älteren Schwester, die Ordensfrau von der Heimsuchung werden sollte, und zwar unter dem Namen Schwester Marie-Dosithée, wurde Zélie Tagesschülerin im Internat von der Ewigen Anbetung in Alençon, das von den Schwestern der Picpus-Kongregation geleitet wurde. Sie war eine sehr begabte Schülerin und entwickelte in dieser gläubigen Atmosphäre eine zarte und solide Frömmigkeit. Ein kleiner Bruder, Isidore, zehn Jahre jünger, stand damals noch in seiner frühen Kindheit.

Wie ihre Schwester wollte meine Mutter zuallererst ihr Leben Gott weihen und mit diesem Vorsatz ging sie zu den Vinzentinerinnen am Allgemeinen Krankenhaus in Alençon. Aber die Schwester Oberin hielt sie vom entscheidenden Schritt zurück, vielleicht in Anbetracht ihrer Gesundheit. So sprach Mutter das folgende Gebet:

»Mein Gott, da ich nicht würdig bin, Deine Braut zu sein wie meine Schwester, werde ich in den Ehestand eintreten, um Deinen heiligen Willen zu erfüllen. Ich bitte dich also, lass mich viele Kinder haben, und mögen sie alle Dir geweiht sein, mein Gott.«

Nachdem sie die Allerseligste Jungfrau Maria gebeten hatte, ihr zu zeigen, wie sie in finanzieller Hinsicht für ihre Zukunft sorgen könne, geschah es am 8. Dezember 1851, mitten in einer Beschäftigung, die sie ganz erfüllte, dass sie deutlich die Worte hörte, als seien sie von einer inneren Stimme gesprochen: Fertige Alençon-Spitze an! So ging sie auf eine entsprechende Schule, aber noch bevor sie den Kursus beendet hatte, verließ sie sie wieder, um den unsensiblen Aufmerksamkeiten des dortigen Direktors zu entfliehen.

Gegen Ende 1853 begann sie auf eigene Verantwortung und Gefahr den Aufbau eines Zentrums für die Anfertigung der kostbaren Spitze.

Wie meine älteren Schwestern herausgestellt haben, war meine Mutter im Geschäftlichen so gewandt wie sie schnell und intelligent war. Ihre Energie war außergewöhnlich und schnell wurde sie erfolgreich in ihren Unternehmungen.

Eine einflussreiche Weltdame, die Mutters Schönheit und Talente bewunderte, wollte sie mit nach Paris nehmen, vielleicht um ihr dort zu einer vorteilhaften Ehe zu verhelfen; sie lehnte den Vorschlag kategorisch ab. Sie erzählte gern lächelnd von diesem Vorgang. Die große Welt hatte absolut keine Anziehungskraft für sie. Bald griff der Himmel ein, um ihr den richtigen Weg durchs Leben zu zeigen.

Eines Tages, als sie die St.-Leonhards-Brücke in Alençon überquerte, ließ wiederum eine Eingebung sie innerlich spüren, als sie einen jungen Mann traf, der ihr auf dem Weg begegnete: Das ist der, den ich für dich ausgewählt habe.

Die zwei Familien waren einander unbekannt, aber meiner Großmutter Martin waren die auffallenden Fähigkeiten von Zélie Martin auf der Spitzenklöppelschule aufgefallen. Sie wünschte sie sich als Schwiegertochter, und ihr mütterlicher Blick erkannte in Zélie einen wahren Schatz.

Am 13. Juli 1858 heiratete Zélie Louis Martin, Sohn eines Hauptmanns außer Dienst. Sie zogen in sein Haus in der Rue du Pont Neuf in Alençon, wo Vater ein Uhrmacher- und Juweliergeschäft eröffnet hatte. Er war damals 36 Jahre alt, während Mutter am Ende des Jahres 27 wurde.

Familienleben

In ihren Briefen stellt Mutter fest, dass sie vor ihrer Heirat unwissend bezüglich der Geheimnisse des Lebens und – als sie sie erfuhr – betrübt gewesen sei, bis hin zu Tränen. Vater kam dieser Umstand gelegen; so konnte er ihr seine Idee vorschlagen, wie Bruder und Schwester zusammenzuleben. Sie stimmte dem zu, trotz ihres früheren Wunsches, Kinder zu haben.

Aber Gott hatte andere Pläne für sie. Diese sind klar ausgesprochen in folgender Widmung eines Buches über das Leben ihres neunten Kindes, des letzten und hellsten Edelsteins ihrer Krone:

»Dem heiligen und unsterblichen Andenken von Louis-Joseph-Stanislas Martin und von Marie Zélie Guérin, den gesegneten Eltern der heiligen Theresia, als einem Beispiel für alle christlichen Eltern« (portugiesische Erstausgabe der »Geschichte einer Seele«).

Und noch früher, anlässlich der Heiligsprechung der heiligen Theresia, wurde dieses andere Zeugnis abgelegt:

> »Mehr als jemals zuvor musste unserer modernen Gesellschaft durch ein lebendes und vor aller Augen großartig leuchtendes Beispiel die Heiligkeit des Ehestandes und die Beachtung des Gesetzes der ehelichen Sitte ins Gedächtnis zurückgerufen werden.
>
> Wer sähe nicht, dass die Wirkung dieser Heiligsprechung im Plan der göttlichen Vorsehung weit über die Heilige hinausgeht. In der Erhebung des neunten Kindes von Louis Martin und Zélie Guérin krönt die Kirche durch die Ehrung der Tochter die erhabenen Tugenden der Eltern, die der Lebensquell einer zahlreichen und heiligen Familie und erlesene Vorbilder christlicher Eheleute waren.«[12]

Tatsächlich stimmten beide viele Monate später auf den Rat ihres Beichtvaters zu, viele Kinder zu haben, um sie Gott zu weihen. Sie sandten dann einen kleinen Jungen zu seiner Familie zurück, den sie nach ihrer ursprünglichen Übereinkunft bei sich aufgenommen hatten; dieses Übereinkommen hatte auf einer völligen Einheit der Meinungen, des christlichen Glaubens und der Frömmigkeit beruht.

Es ist deshalb völlig richtig, wenn unsere heilige Theresia, als sie später die Geschichte ihres Lebens schrieb, Gott danksagte, der sie das Licht auf heiligem Boden, duftend vom Wohlgeruch der Reinheit, hatte erblicken lassen.

***

---

[12] Aus einem Werk von Croegaert über die »Hochzeitsliturgie«, das uns nicht zugänglich war.

Allzeit prinzipientreu, hatte Mutter keine Angst, Kinder zu haben. Als eine Frau in der Nachbarschaft Drillinge bekam, rief sie aus:»Was für eine glückliche Mutter! Wenn ich bloß Zwillinge hätte. Aber dieses Glück werde ich nie haben! Ich habe Kinder schrecklich gern. Es ist eine so süße Arbeit, für Babys zu sorgen.« Ihre Korrespondenz ist voll mit Ausdrücken mütterlicher Freude. Nach der Geburt ihrer kleinen Hélène – die jung sterben sollte – schrieb sie ihrem Bruder, Herrn Guérin, am 23. April 1865:

»... Vor 14 Tagen besuchte ich die Kleine bei der Amme; ich erinnere mich nicht, je ein solches Glücksgefühl empfunden zu haben wie in dem Augenblick, da ich sie in meine Arme nahm und sie mir so reizend zulächelte, dass ich glaubte, einen Engel zu sehen. Es ist unaussprechlich für mich. Ich glaube, dass man noch nie ein so reizendes Kind gesehen hat noch sehen wird. Wann werde ich endlich das Glück haben, meine kleine Hélène ganz zu besitzen? Ich kann mir kaum vorstellen, Mutter eines solch lieblichen Geschöpfes zu sein ...« (Br., S. 20).

Weit entfernt, Sorgen oder Müdigkeit in Betracht zu ziehen, veranlasste sie ihr übernatürliches Vertrauen, ihrer Schwägerin, Frau Guérin, gegenüber zu erklären, die bei schlechter Gesundheit war und ein Baby erwartete:

»[Gott] schickt ... nie mehr, als unsere Kräfte tragen können. Ich habe oft gesehen, wie sehr mein Mann sich deswegen um mich sorgte, obwohl ich nicht ruhiger sein konnte. Ich sagte ihm: ›Habe keine Angst, Gott ist mit uns.‹ Ich war indes bedrückt von Sorgen und Arbeit aller Art, hatte aber das feste Vertrauen, von oben gestützt zu werden« (Br., S. 90 [5.5.1871]).

Dennoch gesteht sie in einer anderen vertraulichen Bemerkung ihrer Familie in Lisieux ein, indem sie ihrer Schwägerin Folgendes schreibt:

>>Hättest Du so viele [Kinder] wie ich, es bedürfte vieler Selbstverleugnung, wenn man den Wunsch hat, den Himmel mit Auserwählten zu bereichern<< (Br., S. 64 [8.2.1870]).

Und bei jeder Geburt war sie gewohnt, folgendermaßen zu beten:

>>Herr, schenke mir die Gnade, dass dieses Kind Dir geweiht sei und dass nichts die Reinheit seiner Seele beflecke. Bevor es jemals Dir verloren geht, würde ich es bevorzugen, dass Du es unverzüglich zu Dir nimmst.<<

Ihre Vereinigung mit Gott und die Kraft ihrer Gebete waren in den Monaten ihrer Schwangerschaft so groß, dass sie erstaunt war, diese fromme Gesinnung nicht sofort bei ihren Kindern zum Vorschein kommen zu sehen, als deren Intelligenz sich regte. Bevor ihr ältestes Kind, Marie, vier Jahre und Pauline noch nicht zwei Jahre alt waren, brachte sie ihrer Schwester in der Heimsuchungsgenossenschaft gegenüber ihre Enttäuschung zum Ausdruck, dass es beiden offenbar an der Frömmigkeit fehle. Ihre Schwester schrieb an ihren Bruder Isidor:

>>Zélie ist schon bekümmert, dass ihre Kinder kein Zeichen von Frömmigkeit zeigen.<<

Sobald es geboren war, hatte ein Kind bei Mutter unverzüglich getauft zu werden. Stets erkundigte sie sich, ob die Nachbarskinder schon getauft seien. Was ihre eigenen Kinder betraf, war es noch der Tag ihrer Geburt oder der nächste Morgen, falls sie nachts geboren wurden, dass ihnen das Sakrament gespendet wurde.

Bei Theresias Geburt musste man zwei Tage warten, bevor sie die sakramentale Gnade empfing. Mutter Agnes antwortete, als sie im Seligsprechungsprozess nach dem Grund für die Verzögerung gefragt wurde:

»Weil man auf ihren Paten wartete. In dieser Zwischenzeit war unsere fromme Mutter in ständiger Angst ... und fürchtete, dem Kind könnte etwas zustoßen. Sie glaubte unablässig, dass das Kind in Gefahr sei« (I, S. 131).

Mutter hatte neun Kinder, von denen vier im Kindesalter starben. Mit Zustimmung meines Vaters wollte sie jedem neben einem weiteren den Namen »Marie« geben beziehungsweise zusätzlich den beiden kleinen Jungen den Namen »Joseph«.

Am 8. Dezember 1860 hatte sie die Unbefleckte Jungfrau gebeten, ihr ein zweites Kind zu schicken, und neun Monate später wurde Pauline geboren, um ihrer Schwester Marie eine Gefährtin zu sein.

Später schrieb sie an Pauline, welche Liebe sie selbst und unser Vater ihren Kindern entgegenbrachten:

»Wir lebten nur noch für sie, und das war unser ganzes Glück, und wir fanden es nur noch in ihnen. Nichts wurde uns mehr schwer; die Welt lastete nicht mehr auf uns. Für mich waren die Kinder der schönste Lebensinhalt, darum wollte ich auch viele bekommen, um sie für den Himmel zu erziehen« (Br., S. 316 [4.3. 1877]).

Ich sagte, dass zwischen unseren Eltern ein vollkommenes Verstehen herrschte, selbst wenn zunächst in einem bestimmten Punkt ihre Meinungen auseinandergingen. Mama brachte Vater genauso viel Bewunderung wie Liebe entgegen; sie erlaubte ihm, eine wirklich patriarchalische

Autorität auszuüben. Meine Schwestern haben oft bestätigt, dass die Einheit zwischen unseren Eltern nie durch Missverständnisse umwölkt war. Meine Mutter gibt in ihrer Korrespondenz immer wieder Zeugnis davon.

Es ist offensichtlich, dass Mutter ohne Vater nicht einmal für wenige Tage leben konnte. Die Briefe, die sie schreibt, schließen allgemein mit solchen Aussagen wie dieser – dem treuen Ausdruck ihrer Gefühle: »Deine Frau, die Dich mehr als ihr eigenes Leben liebt.«

Domherr Dumaine, Generalvikar von Séez, der Theresia taufte, als er Kaplan an der Kirche Unserer Lieben Frau in Alençon war und unsere Familie gut kannte, legt dies Zeugnis ab:

> »In der Familie herrschte eine auffallende Einigkeit, sowohl zwischen den Ehegatten wie zwischen Eltern und Kindern« (I, S. 312).

Die Erziehung ihrer Kinder

Mutter nahm aktiven Anteil an unserer Erziehung. Ich erinnere mich, wie sie uns immer unsere Morgen- und Abendgebete sagen ließ und uns die folgende Tagesweihe lehrte:

> »Mein Gott, ich schenke Dir mein Herz. Bitte gib, dass keine Kreatur, sondern allein Du, mein guter Jesus, es besitze.«

Sie gewöhnte uns daran, aus Liebe zu gehorchen, dem geliebten Jesus Freude zu bereiten, ihm kleine Opfer zu bringen. Wir hatten eine Art »Rosenkranz«, um diese Akte zu zählen; er war zusammengesetzt aus beweglichen Perlen, die man auf einer Schnur verschieben konnte.

Diese ins Kleine hineinreichende Kindererziehung wurde frühzeitig begonnen. Mutter schrieb ihrem Bruder, der über die Rastlosigkeit seiner ältesten Tochter beängstigt war:

>»Beunruhige Dich nicht, weil Deine kleine Jeanne sehr lebhaft ist; das wird sie nicht hindern, später ein ausgezeichnetes Kind ... und Dein Trost zu werden. Ich erinnere mich, dass Pauline bis zu zwei Jahren genauso war; ich war untröstlich deswegen, und jetzt ist sie meine Beste. Ich muss Dir wohl sagen, dass ich sie nicht verwöhnte; so klein sie auch war, ich ließ ihr nichts durchgehen, ohne sie jedoch zu drangsalieren; sie musste nachgeben« (Br., S. 56 [3.2.1869]).

Über dasselbe Thema finden wir einen Brief von Schwester Marie-Dosithée an ihren Bruder Isidor:

>»Zélie schrieb mir anderntags neulich über ihre kleinen Mädchen. Sie fragte Marie, ob sie nicht einen bestimmten Fehler begangen habe. Marie dachte einen Augenblick nach, um ihr Gewissen zu erforschen und antwortete: ›Nein, Mama, das habe ich nicht getan.‹ Sie wurde dann zu Bett geschickt, glücklich mit der Versicherung, ›dass unser Herr in ihrem Herzen ist‹ und ihr kleines Gesicht strahlte vor Freude.« Was die kleine Pauline angeht, sagt ihre Mutter, wenn deren Schwestern ihre Sachen nehmen wollen: ›Gib es dahin, mein kleines Mädchen, und du wirst eine weitere Perle in deiner Krone haben‹! Pauline gibt das Verlangte dann sofort.«

Mutter wachte sorgfältig über uns und hielt selbst den Schatten des Übels von uns fern. Einige Zeit nach Theresias Geburt spielten alle Mädchen »Taufe« im Garten. Das Hausmädchen Louise hatte die Idee, mich zu einem Paten zu machen und verkleidete mich als kleinen Jungen. Ich war damals etwa vier Jahre alt. Die »Prozession« war gerade unterwegs, als Mutter kam und dem Spiel ein Ende bereitete, indem sie Louise für meine »maskuline« Darstellung schalt.

Sie war sehr genau in Bezug auf geziemendes Verhalten, und unsere Kleider reichten immer bis unter die Knie.

Eines Tages kam ein Mädchen, das älter war als wir alle, um an unseren Spielen teilzuhaben. Mutter bemerkte ihre ungehörigen Vertraulichkeiten und ihr geheimnisvolles Wispern. Sie rief mich und warnte mich in Gegenwart des anderen Mädchens vor solchen geheimniskrämerischen und deplatzierten Verhaltensweisen. Um alle Gefahr oder jeden Verdacht abzuwenden, schickte sie das Mädchen heim. Man lasse mich hinzufügen: Dieses Mädchen zog Gewinn aus der Lektion, die es erhalten hat, und trat später in eine religiöse Gemeinschaft ein.

Mutter pflegte mich auf ihre Knie zu setzen und mir zu helfen, mich auf die heilige Beichte vorzubereiten. Sie strebte immer danach, das Vertrauen ihrer Kinder zu gewinnen. Weil sie sehr mitfühlend und überzeugend war, war es schwierig, etwas vor ihr zu verheimlichen. Auf dieselbe Weise half sie Marie, weniger ichbezogen und selbstsicher zu werden.

Marie hat erzählt, wie sie, obwohl sehr jung, während ihrer Schulzeit auf einer von Schwestern geleiteten Lehranstalt ein kleines Mädchen in einer unschönen Weise handeln sah. Sie war davon peinlich berührt und erzählte es ihrer Mama sofort. Letztere lobte sie für ihre Offenheit und ermutigte sie, bei der Beichte dieselbe Offenheit in Bezug auf sich selbst zu haben. Gleichzeitig warnte Mutter sie, holte Marie von dieser Schule und schickte sie mit Pauline als Internatsschülerin zu den Heimsuchungsschwestern in Le Mans.

Mutters stille Festigkeit war mit freundlichem Verstehen verbunden. Ich will ein Beispiel im Hinblick auf mich selbst zitieren, das sich in ihrer Korrespondenz mit Pauline findet.

»Die kleine Céline ist sehr lieb; sie macht viele ›Übungen‹, um die Heilung ihrer Tante zu erlangen; doch fehlt es ihr dabei manchmal an Beständigkeit. Gestern wollte sie irgendetwas – ich weiß nicht mehr was – ihrem Schwesterchen nicht geben, obwohl man sie darum gebeten hatte. Marie ist böse geworden und hat ihr vorgeworfen, sie mache nur die Übungen, die ihr bequem seien; unter diesen Umständen sei es besser, sie mache gar keine. Ich habe Marie gesagt, sie dürfe Céline nicht so entmutigen; ein kleines Kind könne nicht plötzlich heilig sein, und man müsse auch etwas übersehen können« (Br., S. 271 [8.11.1876]).

In ihrer Autobiografie kommt Theresia auf die Art zu sprechen, in der Mama ihren Charakter formte. Sie erlaubte auch solche kindischen Verhaltensweisen oder ein Schmollen nicht, was erwachsene Leute an Kindern amüsiert. Ein missbilligender Blick von Mutter genügte, um Theresia zu einem richtigen Verhalten zu veranlassen.

Hier ist ein Moment, das sich auf Theresia bezieht und das meine Mutter in einem Brief an Pauline berichtet hat:

»Eines Tages wollte ich sie an mich drücken, ehe ich nach unten ging. Sie schien aber fest zu schlafen, und ich wollte sie nicht wecken, als Marie merkte: ›Mama, ich bin sicher, dass sie nur so tut, als schliefe sie.‹ Da neigte ich mich über ihre Stirn, um ihr einen Kuss zu geben. Sie kuschelte sich rasch unter ihre Decke und sagte wie ein verwöhntes Kind: ›Ich will nicht gesehen werden.‹ Ich war mehr als unzufrieden und ließ es sie fühlen.

Zwei Minuten später hörte ich sie weinen, und bald danach bemerkte ich sie zu meiner großen Überraschung neben mir. Sie war ganz allein aus ihrem Bettchen und die Treppe hinabgestiegen, sehr behindert durch ihr langes Nachtkleid. Ihr Gesichtchen war tränennass; sie warf sich mir zu Füßen und rief: ›Mama, Mama, ich war böse; verzeihe mir!‹ Die Verzeihung war schnell gewährt. Ich nahm meinen Cherubin in die Arme, drückte ihn an mein Herz und bedeckte ihn mit Küsschen.

Als sie sich so gut empfangen sah, meinte sie: ›Ach, Mama, wenn Du mich doch wickeln könntest wie damals, als ich noch klein war! Ich esse meine Schokolade hier unten am Tisch.‹ Ich habe mir die Mühe gemacht, ihre Decke zu holen und sie ›eingewickelt wie früher, als sie noch klein war‹. Es war genauso, als spielte ich mit einer Puppe!« (Br., S. 309/310 [13.2.1877]).

Diese Episode offenbart ihre Erziehungsmethode, in der sich Strenge in Zärtlichkeit hüllte.

Ich berichte von einer anderen Geschichte, die mich betrifft und über die Mama ebenfalls Pauline nach Le Mans schrieb, um sie in Verbindung mit all den häuslichen Neuigkeiten ihrer Schwestern zu halten:

»Céline lernt sehr gut lesen; aber sie wird böse wie ein Teufelchen. Man muss bedenken, dass sie erst vier Jahre ist; so werde ich leicht damit fertig, Gott sei Dank! Hier eine kleine Geschichte von ihr. Gestern Abend sagte sie: ›Ich mag die Armen nicht.‹ Ich habe ihr geantwortet, dass das dem lieben Heiland nicht gefalle und er sie deswegen nicht mehr lieb habe. Sie erwiderte: ›Ich liebe den Heiland sehr, aber die Armen werde ich nicht lieben, im Leben nicht. Und dann, ich will sie nicht lieben. Was macht das dem Heiland schon aus? Er ist ja der Herr; aber ich auch, ich bin die Herrin.‹

Du kannst Dir nicht vorstellen, wie aufgeregt sie war; kein Mensch konnte ihr Vernunft beibringen. Aber es gibt eine Erklärung für den Hass gegen die Armen. Vor einigen Tagen saß sie mit einer Freundin auf der Haustürschwelle, als ein armes Kind vorbeikam, das sie mit einem frechen und spöttischen Blick ansah. Das gefiel Céline nicht, die sagte: ›Du, mach, dass Du wegkommst.‹ Ehe sie ging, gab sie Céline wütend eine Ohrfeige, die saß: Eine Stunde später hatte sie noch ein rotes Gesicht davon.

Ich habe sie aufgemuntert, der kleinen Armen zu verzeihen; aber sie hat den Vorfall keinen Augenblick vergessen und mir gestern erklärt: ›Mama, Du willst, dass ich die Armen liebe, die mich ohrfeigen, sodass ich die Backe ganz entzündet habe? Nein, nein, ich werde sie nicht lieben.‹

Aber sie musste erst darüber schlafen; das erste Wort, das sie mir heute morgen sagte, kündigte mir an, sie haben einen schönen Strauß für die Allerseligste Jungfrau und den Heiland; dann fügte sie hinzu: ›Jetzt habe ich die Armen gern‹« (Br., S. 141/142 [9.7. 1873]).

Stufenweise und methodisch lehrte Mutter uns die Selbstüberwindung.

***

Doch speziell mit Léonie hatte Mama die größte Schwierigkeit. Sie konnte ihr Vertrauen nicht gewinnen. Ihre Starrköpfigkeit und ihre Hemmungen, mit abwechselnden Gefühlsausbrüchen, hatten etwas Geheimnisvolles. Mutter betete sehr viel für dieses Kind, das sie oft krank, schmollend und langsam im Verstehen erlebte.

Sie versuchte bei zwei verschiedenen Gelegenheiten, Léonie als Internatsschülerin an der Schule der Heimsuchung in Le Mans unterzubringen, wo ihre beiden Schwestern Marie und Pauline ihre Ausbildung erhielten. Doch die Ordensfrauen konnten sie nicht aufnehmen. Schwester Marie-Dosithée schrieb ihrem Bruder und ihrer Schwägerin am 6. April 1874:

>Ich erwarte Zélie morgen. Es wird kein erfreulicher Besuch, das versichere ich Euch. Sie wird Léonie mit sich nach Hause nehmen müssen. Wie ich sie bedauere, die arme, liebe Schwester.«

Wenige Tage später fügte sie in einem anderen Brief hinzu (am 10. April):

>Ich sah Zélie. Sie war sehr resigniert. Sie sieht ein, dass, wenn Kinder nicht ganz normal sind, die Eltern die Sorge für sie übernehmen müssen.«

In ihrem sicheren Urteilsvermögen schrieb Mutter an Pauline:

>Indes bitte ich nicht gern um Vergünstigungen, die gegen die allgemeine Ordnung verstoßen« (Br., S. 220 [November 1875]).

>Man ist schon in diesem Leben viel glücklicher, wenn man tapfer seine Pflicht erfüllt hat« (Br., S. 222 [5.12. 1875]).

Am 1. Juni desselben Jahres 1874 schrieb Mutter an ihre Schwägerin:

>Nun habe ich nur noch Glauben an ein Wunder, das diese Natur ändern könnte. Gewiss verdiene ich kein Wunder, und doch hoffe ich gegen alle Hoffnung. Je schwieriger sie ist, umso mehr bin ich davon über-

zeugt, dass Gott nicht zulassen wird, dass sie so bleibt« (Br., S. 160).

Als unsere liebe Tante im Kloster starb, vertraute Mutter Léonie deren himmlischen Schutz ganz besonders an. Kurz darauf entdeckte sie den Schlüssel des ganzen Rätsels. Es war das Hausmädchen, das Léonie beherrschte (freilich mehr aus Dummheit als aus Boshaftigkeit), das sie heimlich terrorisierte und sie davor zurückhielt, ihr Herz zu öffnen.

Mama brachte die Dinge schnell in Ordnung, indem sie Léonie sofort aus diesem verderblichen Einflussfeld herausnahm. Dann mühte sie sich, Léonies Vertrauen zu gewinnen. Als sie fühlte, dass sie nicht lange zu leben hatte, waren all ihre Ängste auf dieses Kind zentriert. Wir finden in ihrer Korrespondenz Passagen, die diese Besorgnis zum Ausdruck bringen. So gestand sie unserer Tante Guérin ein:

»Ihre Zukunft beunruhigt mich am meisten. Ich sage mir: ›Was soll aus ihr [Léonie] werden, wenn ich ihr fehle?‹ Ich wage gar nicht, daran zu denken. ... Wenn nur das Opfer meines Lebens nötig wäre, um aus diesem Kind eine Heilige zu machen, ich brächte es von Herzen« (Br., S. 299 [18.1.1877]).

Der Wunsch, dass all ihre Kinder heilig werden, wird von der Mutter beständig ins Wort gebracht. Wir lesen in einem an ihre beiden ältesten Töchter im Internat der Heimsuchung zu Le Mans zum Allerheiligentag gerichteten Brief.

»Inzwischen heißt es, eifrig Gott dienen, meine lieben Mädelchen, und zu verdienen suchen, eines Tages der Zahl der Heiligen anzugehören, deren Fest wir heute feiern« (Br., S. 148/149 [1.11.1873]).

Später, im Oktober 1875, schrieb sie an Pauline:

>Sage ihr [der Tante] auch, ich wäre sehr zufrieden mit Dir, weil Du ein gutes Mädchen bist, sehr lieb und sanft; kurz und gut: wie man Dich möchte, nur noch nicht fromm genug« (Br., S. 210 [10.10.1875]).

Im folgenden Jahr sagte sie zu ihr:

>Fahre fort, ein gutes und frommes Kind zu werden; wenn Du die letzte gute Eigenschaft noch nicht hast, versuche, sie zu erwerben!« (Br., S. 230 [Januar 1876]).

Einen Monat später, bezugnehmend auf ihre Schwester Marie, sagte sie:

>Ich hoffe sehr, dass sie sich gut entwickelt; aber ich möchte, dass sie eine Heilige werde, und das wünsche ich auch für Dich, meine Pauline« (Br., S. 234 [26.2. 1876]).

Die liebe Schwester in der Heimsuchung hatte ihr geschrieben, Pauline werde ein frommes Leben führen. »O«, rief Mama aus, »wie glücklich hat mich das gemacht!« Dann, anlässlich ihrer Pilgerfahrt nach Lourdes, kam sie wieder auf Leonie zurück:

>Wenn nicht ich geheilt werde, so möchte ich die Seligste Jungfrau anflehen, wenigstens dieses Kind zu heilen, seinen Verstand zu wecken und eine Heilige aus ihm zu machen« (Br., S. 353 [11.6.1877]).

Nach ihrer Rückkehr, als ihr allgemeiner Gesundheitszustand sich verschlechtert hatte, wie ich später erzählen werde, hoffte sie doch noch auf Heilung, um die Erziehung ihrer Kinder vollenden zu können. Daher haben wir den flehentlichen Akt des Glaubens, den sie an Pauline sandte:

»Nun, ich persönlich erwarte das Wunder immer noch von der Allmacht und Güte Gottes durch die Fürsprache der Seligsten Jungfrau. Nicht, dass ich ihn bitte, meine Krankheit ganz von mir zu nehmen, sondern nur, mich noch einige Jahre leben zu lassen, um Zeit für die Erziehung meiner Kinder zu haben. Léonie braucht mich ja noch besonders, und ich habe solches Mitleid mit ihr. Sie hat weniger natürliche Gaben als Du, aber doch ein Herz, das liebt und sich nach Gegenliebe sehnt. Die Zärtlichkeit, nach der sie so verlangt, kann nur eine Mutter ihr schenken. Sie allein ist auch imstande, ihr immer nachzugehen, um zu helfen« (Br., S. 366 [25.6. 1877]).

Mutter brachte sich mit einer so beständigen Liebenswürdigkeit ein, dass Léonie sich schließlich ganz und blind von ihr anziehen ließ – bis zu dem Punkt, dass Mama verlegen wurde. Trotzdem war Léonie, wenn kleine Opfer von ihr verlangt wurden, nicht sehr erfreut. Um sie dahin zu bringen, sich schrittweise selbst zu überwinden, appellierte Mutter freundlich und liebevoll an sie, indem sie verschieden Mittel der Ermutigung verwandte. Eines bestand darin, Léonie eine Nuss für jeden Akt der Selbstverleugnung in eine bestimmte Schublade legen zu lassen. Mutter ging dann jeden Abend angstvoll zu der Schublade, um hineinzuschauen – um oft nur enttäuscht zu werden.

Aber Léonie hatte ein äußerst gutes Herz. Schon 1875 schrieb meine Mutter ihrer Schwägerin:

»Mit Léonie bin ich unzufrieden; wenn man ihren Eigensinn besiegen und ihren Charakter etwas biegsamer machen könnte, hätte man ein gutes Kind: hingabefähig und keine Mühe scheuend. Sie besitzt einen eisernen Willen; wenn sie etwas will, überwindet sie alle Hindernisse, um ans Ziel zu kommen« (Br., 204 [7.9.1875]).

Léonie hatte ein gutes Urteil und zu ihrer Demut kam eine natürliche Sanftheit hinzu. Aber ganz besonders hatte sie ein goldenes Herz, auf das Mutter in ihren Briefen oft zu sprechen kam. Unter anderen Punkten erwähne ich den folgenden: Léonie verzichtete gewöhnlich freiwillig darauf, nach Lisieux zu unseren Verwandten zu fahren. Einmal, als sie verpflichtet war, selbst zu fahren und Theresia und mich zu Hause zurückzulassen, sagte sie zu Theresia: »Ach, meine liebe kleine Schwester, ich werde dir all die Kuchen mitbringen, die ich dort bekomme.«

Ich kehre zu Mutters Brief zurück:

>»Heute Nachmittag habe ich sie zu mir kommen lassen und ein paar Gebete mit ihr gelesen. Wenn ich das tue, hat sie bald genug davon und sagt: ›Mama, erzähle mir das Leben Christi.‹ Ich wollte nicht recht. Das Erzählen macht mich sehr müde, ich habe immer Halsschmerzen. Aber ich gebe mir schließlich einen Ruck und erzähle ihr das Leben Jesu. Bei der Leidensgeschichte sind ihr die Tränen gekommen. Solche Empfindungen an ihr zu entdecken, macht mir Freude« (Br., S. 204 [7.9.1875]).

Die Zukunft sollte die Hoffnungen und das unbesiegbare Vertrauen unserer Mutter krönen. So wurde auch die Voraussage unserer Tante vom Kloster der Heimsuchung bestätigt, die prophezeit hatte, dass dieses Kind, der Grund so vieler Tränen, eine Heilige werde.

Tatsächlich besserte Léonie sich nach dem Tod unserer Mutter völlig. Sie lebte mehr als vierzig Jahre im Kloster, wo sie alle durch ihre Tugenden erbaute und wo sie eines heiligmäßigen Todes starb.

Einige haben diese erfolgreiche Wandlung sogar als das erzieherische Meisterstück unserer Mutter angesehen, zumal es sich bei Léonie um eine so komplizierte und im Vergleich zu ihren Schwestern weniger begabte Natur handelte.

***

Obwohl Mutter an uns das geringste Anzeichen von Fehlern tadelte, liebte sie es doch auch, uns fröhlich und voller Leben zu sehen. Sie war auch gern bereit, mit uns zu spielen, indem sie selbst das Risiko in Kauf nahm, ihr eigenes Tagewerk deshalb bis Mitternacht oder darüber hinaus zu verlängern.

Obwohl sie selbst in Fragen ihrer Kleidung einfach dachte, genoss Mama es, große Sorge auf die Kleidung ihrer Kinder zu entfalten. Ihre Korrespondenz vermittelt uns flüchtige Blicke auf ihren natürlichen guten Geschmack und ihre einfache Würde.

Unsere Schwester Marie berichtet ein typisches Beispiel:

»Ich war damals etwa sieben Jahre alt. Eines Tages sollten wir zum ersten Mal unsere dunkelblauen Seidenwollkleider anziehen. Meine Mutter wollte uns vier sehen, bevor wir zu einem Spaziergang gingen. Sie schaute uns mehrere Minuten mit einem zärtlichen, mütterlichen Blick der Zufriedenheit an. Dann sagte sie einfach: ›Lauft nun, meine kleinen Mädchen.‹ Aber sie vermied sorgfältig alle Komplimente über unsere äußere Erscheinung oder die Kleidung, die ich so hübsch fand, damit sie nicht irgendeine Eitelkeit in uns auslöste.«

Mama war ebenso sehr sorgfältig darum bemüht, uns von Versuchungen fernzuhalten, beim Anblick reicher Personen in uns Neidgefühle aufkommen zu lassen. Viel später wies sie Pauline auf eine gewisse Neigung ihrer älteren Schwester hin, sich dieser Versuchung auszusetzen. Es war im Januar 1876, und der Vorfall stand mit einem Spaziergang in Verbindung:

>>Marie beschäftigte sich damit, die kleinen Mädchen im Alter von Céline und Thérèse anzuschauen und mich anzuflehen, sie auch so anzuziehen. Sie sind anders angezogen, als ihr es je gewesen seid; aber das genügt nicht, weil man Besseres sieht. Aber das ist wieder ein Beispiel für Maries Unzufriedenheit. Ich habe keine Lust, höher hinaufzuwollen; es ist eine richtige Sklaverei; man wird nämlich zum Sklaven der Mode! Und doch verachtet Deine Schwester für sich selbst jede Eitelkeit, wie Du wohl weißt<< (Br., S. 230).

Mutter war nicht engherzig und folgte den Regeln des guten Geschmacks. Sie bekannte jedoch aufrichtig: >>Ich kann mich nicht sehen in großer Toilette<< (Br., S. 275 [12.11.1876]. Zugleich aber gesteht sie Pauline ein, dass sie >>darum besorgt ist, gut, wenn auch immer einfach angezogene Kinder zu haben<< (November 1875).[13]

Als Marie das Internat verließ, wünschte Mutter nicht, sie in gesellschaftliche Angelegenheiten hineinzuziehen, und sie lehnte es ab, dass sie an häuslichen Tanzgesellschaften teilnahm. Nachdem sie zu ihrer Schwägerin über ihre Entscheidung gesprochen hatte, erklärte sie Pauline:

---

[13] Dies Zitat ist in dem genannten Brief an Pauline nicht nachzuweisen. Dafür findet sich in jenem Schreiben eine auf Marie bezogene (und dann in gewisser Weise auf Pauline angewandte) Äußerung, die wie folgt lautet: >>Ich bemühe mich, sie gut, aber einfach zu kleiden<< (Br., S. 220).

»Ich weiß, dass Marie im Kreise dieser jungen Mädchen nichts zu fürchten braucht; aber ich sehe sie nicht gern bei so reichen Leuten. Das weckt ungesunde Wünsche. Ich möchte überhaupt keinen Besuch machen« (Br., S. 273, [8.11.1876]).

Ein paar Monate vorher schrieb sie in demselben Stil:

»Wir sind alle ein bisschen so, wünschen, was wir nicht haben können, *und wenn wir es haben können, passt es uns nicht!*« (Br., S. 249 [21.5.1876]).

Als sie an Pauline schreibt, bezieht sie sich scherzhaft auf dieselbe Tendenz, die sie bei Marie feststellt:

»Marie träumt davon, in einem schönen Haus in der Rue de la Demie-Lune, dem Klarissenkloster gegenüber, zu wohnen. Gestern hat sie den ganzen Abend davon gesprochen. Man hätte meinen können, sie fände den Himmel dort ….« (Br., S. 227 [16.1.1876]).

***

Mutter führte den Haushalt ausgezeichnet und sie leitete Marie so gut in der Übung der häuslichen Pflichten an, dass die Letztere vollkommen in der Lage war, Mutters Platz in dieser Hinsicht auszufüllen, als diese von uns genommen war.

Obwohl sie keine Dinge vergeudete, ließ sie es an nichts mangeln, wenn es um unsere Erziehung und unser geistliches Wohlergehen ging.

»Aber Geld spielt keine Rolle, wenn es sich um die Heiligung und Vervollkommnung einer Seele handelt« (Br., S. 340 [10.5.1877]).

Diese Zeilen wurden geschrieben, während Marie im Konvent von der Heimsuchung in Le Mans Einkehrtage hatte. Die geistliche Frucht ihrer mütterlichen Erziehung reifte offenbar, wenn sie schreiben konnte:

»Marie denkt, wie es mir gefällt ... Die irdischen Dinge dringen bei ihr nicht so tief ein wie die geistigen; doch hat sie noch einen guten Weg vor sich, ehe sie ganz und gar den Weg der Vollkommenheit betritt. Wohl zeigt sie eine starke Neigung dafür« (Br.., S. 245 [14.5.1876]).

Mutter konnte ebenso über Léonie schreiben:

»Sie hört so viel vom anderen Leben, dass sie ebenfalls davon spricht« (Br.., S. 245 [14.5.1876]).

***

Die verschiedenen Zitate, die ich Mutters Brief entnommen habe, zeigen sowohl ihren Charme wie ihren erzieherischen Einfluss. Marie erzählte uns oft von diesen Briefen, die sie als Hilfe zur Vorbereitung auf ihre Erste heilige Kommunion empfangen hatte. Meine Schwester ging, abweichend vom gewöhnlichen Brauch, mit neun Jahren zum ersten Mal zum Tisch des Herrn. Unglücklicherweise wurden diese Schriftstücke durch das Dienstmädchen zerstört, die sie gedankenlos verbrannte. Marie brach es das Herz, dieser Briefe beraubt zu sein, die sie stets in den Ferien mit nach Hause gebracht hatte, um sie sicher aufzubewahren.

Die zahlreicheren Briefe an Pauline, die zwei Jahre länger allein im Internat war, wurden aufbewahrt. Sie waren die Freude nicht nur der Empfängerin, sondern auch ihrer Lehrer, die ihr erklärten: »Keine andere Schülerin bekommt von ihren Eltern Briefe wie diese.« Und die Ordensfrauen reichten sie in ihrer Kommunität herum.

Es wäre unmöglich auszudrücken, wie zärtlich und respektvoll wir alle unsere Eltern liebten. Zu Hause hörte ich nie eine von uns ihnen ein unehrerbietiges Wort sagen oder selbst etwas, das nur ein wenig danach geklungen hätte, als seien wir der Ansicht, wir bewegten uns mit den Eltern auf einer Ebene. Keiner von uns, außer Leonie vor ihrer inneren Umwandlung, hätte jemals eine Anordnung von ihnen erörtert. Das wäre uns nie in den Sinn gekommen; wir gehorchten vollständig aus Liebe.

In ihren Gebeten für ihre Eltern, pflegten Marie und Pauline den Ausdruck »Papa und Mama« abzuwechseln mit »Mama und Papa«, um so keine Vorliebe für den einen oder anderen zu zeigen!

Beide erklärten im Seligsprechungsprozess für Theresia:

»Wir wurden niemals verwöhnt. Meine Mutter wachte mit großer Sorgfalt über die Seelen ihrer Kinder, und sie ließ auch den kleinsten Fehler nie ungerügt (II, S. 220). Die Erziehung in unserer Familie war sehr liebevoll, aber keineswegs weichlich« (I, S. 226).[14]

Mutter hatte eine Art Vorliebe für Pauline, aber wir waren alle so sehr geliebt, dass keine von uns irgendwie eifersüchtig gewesen wäre. Es war Mutter mit ihren entzückenden Geschichten, die in Paulines Seele das Verlangen nach einem jungfräulichen Leben aussäte. Mutter Agnes bezeugte im Seligsprechungsprozess:

»Meine Eltern sind mir immer wie Heilige erschienen. Wir waren voll Ehrfurcht und Bewunderung für sie.

---

[14] Der erste Satz kann in den Aussagen des Bischöflichen Informativprozesses wie des Apostolischen Prozesses in dieser Formulierung nicht nachgewiesen werden. Die beiden folgenden Sätze finden sich in den Aussagen von Sr. Maria vom Heiligsten Herzen (Marie Martin).

Ich fragte mich manchmal, ob es ähnliche auf Erden geben könne. Um mich herum sah ich nichts dergleichen« (II, S. 137).

Die Ordensfrauen vom Kloster der Heimsuchung waren derselben Meinung. Sie versicherten meiner älteren Schwester:»Keine eurer Internatsmitschülerinnen kann sich rühmen, eine Mutter wie eure zu haben. Eine solche gibt es nicht noch einmal.«

Was mich anbelangt, so kannte ich meinen verehrungswürdigen Vater besser. Aber ich habe stets eine bewegende Erinnerung an diese unvergleichliche Mutter behalten.

Ein Leben der Arbeit

Es gab viele, die bezeugten, dass Mutter die personifizierte Arbeit war. Sie oblag mit beständigem Fleiß ihrer Spitzenklöppelei, der Führung ihres Haushaltes und ihrer Korrespondenz. Vater mühte sich, so gut er konnte, sie zu unterstützen, indem er sie überzeugte, Hilfskräfte anzunehmen. Aber sie dachte niemals an sich selbst – sie vergaß sich selbst völlig.

Ihr früheres Hausmädchen, Louise, schrieb an den Karmel viele Jahre später:

»Wie viele Dinge kamen mir seit ihrem Tod in den Sinn! Für sie selbst war ihr alles gut genug, aber für andere galt das gerade Gegenteil!«

Ich selbst kann mich noch genau daran erinnern, wie sie jeden Morgen ein ausgezeichnetes Frühstück für alle im Haus bereitete. Dagegen war sie stets mit ein wenig Suppe zufrieden, die sie hastig schluckte, während sie umherging.

Sie war immer die Letzte, die sich – gegen 23 Uhr – zurückzog, und sie stand oft um 5.30 Uhr auf. Sie kam manchmal mit gutem Humor auf ihre »elende« Alençon-Spitze zu sprechen, deren Ausführung für sie eine beständige Sorge war.

Auf der einen Seite wollte sie ihre Arbeiterinnen nicht müßig sein lassen, auf der anderen Seite strebte sie durch diese fleißige Beschäftigung danach, die Mitgift ihrer Kinder sicherzustellen.

Sie erklärt Madame Guérin ihre Position:

> »Ich habe noch eine andere Sorge, unter der ich sehr leide: Ich beunruhige mich darüber, dass mein Geschäft nicht mehr gut geht. Ich bin sicher, dass Du darüber lachen und sagen wirst: ›Umso besser!‹ –, weil ich genug gearbeitet habe. Du hast recht, ich würde an Deiner Stelle auch so sprechen, aber etwas anderes hindert mich daran.

Es drängt mich nicht der Wunsch, ein großes Vermögen anzuhäufen. Ich habe an Vermögen mehr, als ich gewünscht habe; aber ich meine, es wäre unverantwortlich von mir, das Unternehmen aufzulösen, weil ich fünf Kinder zu versorgen habe. Ich muss für sie so viel tun wie möglich und befinde mich in der großen Verlegenheit, den Arbeiterinnen Arbeit zu verschaffen und es nicht zu können, während es bei anderen sehr gut geht. Das ist mein größter Kummer. Die arme Marie ist ganz traurig deswegen; sie schimpft auf die Spitze von Alençon und erklärt, sie wolle lieber in einer Mansarde leben, als ihr Geld so mühsam zu verdienen wie ich. Ich finde, dass sie nicht unrecht hat. Wenn ich allein wäre und noch einmal anfangen müsste zu leiden, was ich 24 Jahre deswegen gelitten habe, würde ich lieber vor Hunger sterben. Der Gedanke daran allein bringt mich zum Zittern.

Ich sage mir oft, wenn ich die Hälfte von alldem getan hätte, um in den Himmel zu kommen, könnte man mich heiligsprechen! Ich denke auch an meinen Bruder; wenn er dieselben Sorgen hat wie ich, so bedaure ich ihn deswegen von ganzem Herzen, weil ich weiß, was eine Unze davon kostet« (Br., S. 231 [6.2.1876]).

In all diesen Belästigungen und Enttäuschungen trug unser Vater die Hälfte der Bürde. Wir finden dies in einem Brief von Mutter an Pauline ausgedrückt:

»Vater fährt demnächst nach Paris wegen der Spitze von Alençon, die bei mir nicht mehr geht ... Er spricht davon, Marie mitzunehmen ... Er glaubt, *bessere Geschäfte zu machen, wenn Marie ihn begleitet*« (Br., S. 228 [16.1.1876]).

Im Ganzen gesehen – und häufiger – beklagt sie sich darüber, dass die Spitzenklöppelei *zu* gut geht. Sie kann nicht alle Aufträge ausführen, die sie empfängt. Daher finden wir diesen Seufzer des Bedauerns nach einer erholsamen Reise nach Lisieux, wo die beiden ältesten Mädchen noch geblieben waren:

»Wenn sie [Marie und Pauline] wieder zu Hause sind, wo es weder Feste noch Vergnügen gibt, wird ihnen das sehr hart vorkommen. Was mich betrifft, so war es mir schwer, mich wieder umzugewöhnen; die Arbeit erschien mir härter als gewöhnlich« (Br., S. 199 [22.8.1875]).

Im folgenden Jahr vertraute sie Pauline an:

»Darum sehne ich mich auch nach Ruhe; es fehlt mir sogar der Mut weiterzukämpfen. Ich fühle das Bedürfnis, mich zu sammeln und an mein Heil zu denken, das der Wirrwarr des Tages mich vergessen lässt.

Ich müsste mir jedoch das Wort der ›Nachfolge Christi‹ ins Gedächtnis rufen: ›... Warum suchst du Ruhe, da du zur Arbeit geboren bist?‹ Wenn diese Arbeit uns aber zu sehr absorbiert, wenn man die jugendliche Energie nicht mehr hat, dann wünscht man, davon frei zu sein, wenigstens teilweise. Nun, ich lebe aus dieser Hoffnung ...« (Br., S. 270/271 [8.11.1876]).

Wie auch immer, wenn Mutter mit Sorge überlastet war, nahm sie ihre Zuflucht zum Gebet, um ihren Mut zu erneuern. Mit von Herzen kommender Überzeugung pflegte sie zu sagen:»Der gute Gott, der Vater ist, sendet seinen Kindern niemals mehr, als sie ertragen können.«

Oft erfuhr sie diese direkte Hilfe. Früher hatte sie ihren Bruder gestärkt, als er Prüfungen und Verluste in seinem Geschäft hatte. Dies zeigt, dass sie in ihrem offensichtlichen persönlichen Kleinmut durch eine übernatürliche Kraft gestärkt wurde. So schrieb sie am 14. Februar 1868 an ihren Bruder:

»Inzwischen musst Du den Mut bewahren und Dich nicht herumquälen. Es ging mir wie Dir, als ich den Spitzenhandel anfing; ich machte mich krank damit. Jetzt bin ich viel vernünftiger, sorge mich viel weniger und nehme die ärgerlichen Ereignisse, die kommen und kommen werden, hin. Ich sage mir, dass Gott alles zulässt, und dann denke ich nicht mehr daran« (Br., S. 37 [14.2.1868]).

Einige Zeit später schrieb sie:

»Die Kleinigkeiten setzen mir oft am meisten zu. Wenn es sich um ein wirkliches Unglück handelt, bin ich ganz ergeben und warte mit Vertrauen auf Gottes Hilfe« (Br., S. 205 [29.9.1875]).

Einige Monate vor ihrem Tod drückte sich ihr optimistischer Charakter in folgenden Zeilen aus:

»[Ich habe] keinen Grund, mich darüber zu freuen, dass die Zeit vergeht. Aber ich bin wie die Kinder, die sich um das Morgen nicht kümmern; ich erhoffe immer das Glück« (Br., S. 291 [31.12.1876]).

Ein letztes Wort über ihre eigene Arbeit kann in diesen Worten von ihr zusammengefasst werden:

»Du fragst, ob wir viele Ausflüge während der Ferien gemacht haben. Wir waren zur ›Butte de Chaumont‹, wo ich mich ganz schön gelangweilt habe. Wenn ich die Wahrheit sagen soll, so gefällt es mir kaum besser, als wenn ich am Fenster sitze und meine Spitze fertigstelle« (Br., S. 111 [29.9.1872]).

Bei ihrer eigenen, persönlichen Erfahrung der täglichen Arbeit waren die Dienstleute Gegenstand ihrer besonderen Zuwendung. Als Ergebnis dessen blieben sie lange in ihrem Dienst. Die Dienstboten waren für uns ein Teil der Familie. Daher kam es, dass, als entschieden worden war, das Hausmädchen, das Léonie so falsch behandelt hatte, zu entlassen, und dieses arme Ding sehr weinte, sie dennoch bleiben durfte. Sie sollte nun für Mama sorgen, deren Krankheit so fürchterlich voranschritt.

In einem Brief an Onkel Guérin fasste meine Mutter ihre sozialen Gedanken im Hinblick auf die Behandlung der Dienstboten zusammen:

»Es ist nicht immer ein hoher Lohn, der die Dienstboten ans Haus fesselt; sie müssen spüren, dass man sie liebt, man muss ihnen Teilnahme zeigen und darf nicht zu steif mit ihnen umgehen. Wenn die Leute gut veranlagt sind, kann man sicher sein, dass sie mit Liebe und Hingabe dienen. Du weißt, dass ich sehr lebhaft bin, und doch mochten mich alle Dienstboten, die ich hatte, gern, und ich behalte sie, solange ich will. Das Mädchen, das ich jetzt habe, würde krank, wenn sie weggehen müsste; ich bin sicher, dass sie uns nicht verlassen würde, böte man ihr anderswo auch 200 frs mehr. Es stimmt, dass ich meine Dienstboten nicht weniger gut behandle als meine Kinder« (Br., S. 40/41 [2.3. 1868]).

Ihre weiblichen Mitarbeiter empfingen dieselbe herzliche Sorge und Aufmerksamkeit. Sonntagsnachmittags, nach der Vesper, pflegte sie jene zu besuchen, die krank waren, um ihnen sowohl materielle Hilfe wie moralische Unterstützung zu bringen.

Geist des Glaubens und christlichen Lebens

Mutters gesamte Korrespondenz zeigt ihre große Sorge, allzeit Gott den ersten Platz einzuräumen, ihn als Vater zu betrachten und auf alle Ereignisse vom Standpunkt des Glaubens aus zu blicken.

Auf sehr gute Freunde von ihr bezugnehmend, die sehr wohltätig waren, aber Gott als zu mächtig und weltenthoben ansahen, als dass er ein besonderes Interesse an unserem kleinen Leben haben könnte, schrieb sie:

»Es tut mir leid, wenn so gute Freunde derartige Ansichten haben. Ich persönlich weiß, dass Gott für uns sorgt; ich habe es schon sehr oft in meinem Leben erfahren, und wie viele Erinnerungen daran werden nie aus meinem Gedächtnis entschwinden« (Br., S. 239 [12.3.1876]).

Sie war völlig losgeschält von allen irdischen Gütern, und es war für sie natürlich, auf die Dinge dieser Welt hinabzusehen. Ihre Seele hing nur an den Wirklichkeiten des ewigen Lebens. Ich höre sie noch Passagen aus Gedichten rezitieren, die sie gelernt hatte. Es war stets eine Dichtkunst mit einem melancholischen Ton, denn für sie war dieses Leben eine Verbannung.

In einem Brief an ihren Bruder finden wir ein Echo ihrer vertraulichen Gespräche mit ihrer Schwester im Orden:

»Wir unterhalten uns über die geheimnisvolle Welt der Engel« (Br., S. 19 [5.3.1865]).

Als ihre Schwester ihrem ewigen Lohn entgegengegangen war, schrieb Mutter an Pauline:

»Heute weilt mein Geist nicht mehr auf Erden; er schwebt in höheren Sphären, und ich werde mit Dir nicht von den Dingen hienieden sprechen« (Br., S. 321/ 322 [12.3.1877]).

Im Seligsprechungsprozess bezeugte Marie:

»Mein Vater und meine Mutter hatten einen tiefen Glauben; wenn man sie zusammen über die Ewigkeit reden hörte, fühlten wir uns geneigt, so jung wir auch waren, die Dinge dieser Welt als reine Eitelkeit anzusehen« (II, S. 219/220).

Mama pflegte mit voller Überzeugung zu wiederholen:

»Das wahre Glück ist nicht von dieser Erde; es ist Zeitverlust, es hier zu suchen« (Br., S. 43 [14.4.1868]).

Oder wiederum:

>Mit welchen Illusionen lebt doch die Mehrheit der Menschen! Wenn sie Gesundheit haben, wollen sie auch noch Ehren dazu. Und wenn sie auch diese erlangen, sind sie immer noch unglücklich, denn das Herz, das irgendetwas anderes als Gott sucht, ist nie zufrieden. Es ist wirklich wahr, dass man in dieser Welt niemals glücklich wird; ich kenne Menschen, die zu Reichtum gekommen, aber gerade dadurch unglücklich sind.«[15]

So hatte sie keine Wertschätzung für die Güter dieser Welt und betrachtete jene, die sie besaßen, nicht als solche, die es deswegen besser hätten. Einmal sprach sie von einer jungen Frau, von der sie geliebt worden war, die aber nach einer reichen Heirat sie nicht mehr kennen wollte. Mutter fügte hinzu:

>All das löst mich mehr und mehr von dieser falschen Welt los; ich werde mich mit niemandem mehr anfreunden außer mit Gott und meiner Familie« (Br., S. 109 [21.7.1872]).

Ich könnte die Briefzitate bezüglich dieser Thematik vervielfältigen. Ich werde mich auf einige wenige beschränken, die ihre Gedanken mehr zum Ausdruck bringen.

Als sie ihrem Bruder zu der Zeit, als dieser ein junger Mann war, von dem tragischen Tod eines jungen Ehepaares berichtete, das sich als die glücklichsten Geschöpfe in dieser Welt betrachtete, schloss sie:

---

15 Das Zitat findet sich ab »Es ist wirklich wahr« im Brief der sel. Zélie Martin an Frau Guérin vom 12. November 1876 (Br., S. 276). Die vorhergehenden Sätze sind nicht nachzuweisen.

»Ich habe immer gehört: ›Unglück, dreimal Unglück dem, der so reden kann!‹ Lieber, davon bin ich so sehr überzeugt, dass ich zu bestimmten Zeiten meines Lebens, nicht ohne zu zittern, dieses Zeugnis gab; denn es ist durch Erfahrung gewiss und erwiesen, dass das Glück nicht von dieser Erde ist ... Nein, auf Erden kann man kein Glück finden, und es ist ein schlechtes Zeichen, wenn alles gut vorangeht. Gott hat es in seiner Weisheit so gewollt, um uns daran zu erinnern, dass die Erde nicht unsere wahre Heimat ist« (Br., S. 12/13 [28.3.1864]).

Erschöpft durch ihre äußerst drückenden Pflichten, sieht sie voraus, dass sie dabei ist, ihre Tage zu verkürzen. Sie gesteht ihrem Bruder ein:

»Wenn Gott mich nicht auf besondere Weise beschützt, lebe ich, so scheint mir, nicht lange. Ich würde mich leicht damit abfinden, hätte ich keine Kinder zu erziehen; ich würde den Tod freudig begrüßen, wie man den ›sanften und lauteren Sonnenaufgang eines schönen Tages begrüßt‹« (Br., S. 30 [23.12.1866]).

Mutter hatte ins Ordensleben eintreten wollen, wie ich schon gesagt habe. Manchmal fühlte sie Heimweh danach. Aber dadurch verlor sie nie den Blick für ihre Standespflichten.

»Ich denke oft an meine heiligmäßige Schwester, an ihr stilles und ruhiges Leben. Sie arbeitet nicht, um vergängliche Schätze zu gewinnen, sie sammelt nur für den Himmel, dem ihre ganze Sehnsucht gilt. Und ich, ich sehe mich zur Erde geneigt, um mit äußerster Mühe Geld zusammenzuraffen, das ich nicht mitnehmen werde, noch mitnehmen möchte. Was soll ich da oben damit machen?

Manchmal bedaure ich, nicht wie sie gewählt zu haben; aber sogleich sage ich mir: ›Hätte ich nicht meine vier kleinen Töchter, meinen reizenden kleinen Joseph ... Nein, es ist noch besser, mich hier abzumühen, wo ich mit ihnen bin.‹ Wenn ich mit meinem lieben Louis nur in den Himmel komme und sie alle dort an einem viel besseren Platz sehe als meiner ist, dann bin ich glücklich und verlange nichts mehr« (Br., S. 30/31 [23.12.1866]).

Viele Jahre später schrieb sie Pauline in demselben Sinne:

»Ich träume auch nur von Kloster und Einsamkeit. Dann verstehe ich wirklich nicht – bei den Gedanken, die ich habe –, dass es nicht meine Berufung war, entweder als alte Jungfer zu leben oder mich in ein Kloster einzuschließen. Jetzt möchte ich ganz alt werden und mich in die Einsamkeit zurückziehen, wenn alle Kinder groß sind.

Aber ich spüre, dass das alles Wunschträume sind, und halte mich nicht dabei auf; es ist besser, die Gegenwart gut zu nutzen, als so viel an die Zukunft zu denken« (Br., S. 227/228 [16.1.1876]).

In den lange zurückliegenden Tagen ihrer Heirat hatten dieselben Gedanken sie viele Tränen vergießen lassen. Wieder an Pauline schrieb sie, auf diese zurückkommend und mit dem Versuch, sie zu entschuldigen, indem sie ihre innersten Gedanken offenbarte:

»Du, meine liebe Pauline, hast Deinen Vater so gern. Nun wirst Du denken, dass ich ihn damit betrübt habe, sogar an seinem Hochzeitstag. Nein, er verstand und tröstete mich, wie er nur konnte; denn er hatte ein ähnliches Verlangen wie ich. Ich glaube sogar, dass unsere gegenseitige Liebe dadurch größer wurde; unsere Empfindungen stimmten immer überein, und er war mir stets ein Tröster und eine Stütze« (Br., S. 316 [4.3.1877]).

So war allzeit die Haltung meiner Eltern zueinander.

Daher verstehen wir das Glück unserer Mutter, wenn sie mit ihrer lieben Schwester im Orden über Übernatürliches sprach, entweder bei ihren Besuchen im Sprechzimmer oder brieflich, wobei in letzterer Hinsicht leider manches verloren gegangen ist. Was für glückliche Momente waren das, die ihre geistliche Stärke erneuerten! Es ist leicht verständlich, welch große Leere der Tod ihrer geliebten Schwester in ihrem Herzen zurückließ.

Bevor dieses schmerzliche Ereignis eintrat, versuchte Mutter, die kleine Internatsschülerin in Le Mans darauf vorzubereiten, indem sie ihr tröstliche Gedanken ans Herz legte, die sie selbst aufrechterhielten:

»Sei tapfer, meine liebe Pauline; was Gott uns auch schickt, wir müssen uns ihm unterwerfen. Ich verliere meine liebe Schwester, aber ich werde nicht über sie weinen, sondern über mich. Sie wird selig sein, während wir trauern. Die Trauer wird jedoch gemildert durch die Sicherheit, dass sie das Glück besitzt« (Br., S. 268 [29.10.1876]).

Sie betont diesen Gedanken, wenn sie an ihre Schwägerin schreibt.

»All das ist sehr traurig; aber wir werden immer den Trost haben, sie im Himmel zu wissen; für mich ist das die Hauptsache« (Br., S. 284 [7.12.1876]).

Mutter war sehr demütig. In ihren Briefen klagte sie sich selbst oft wegen ihrer Unvollkommenheit an:

»Ich sage oft am Tag: ›Mein Gott, wie sehr wünsche ich, heilig zu werden.‹ Und dann tue ich doch nichts dazu« (Br., S. 234 [26.2.1876]).

An einem Allerheiligentag bestand sie mit reizender Einfachheit darauf:

»Ich will eine Heilige werden, und das wird nicht leicht sein, es gibt viel abzuhauen, und das Holz ist steinhart. Es wäre besser gewesen, früher damit anzufangen, als es noch leichter war; aber ›besser spät als gar nicht‹« (Br., S. 150 [1.11.1873]).

Sie hat denselben Ehrgeiz in Bezug auf alle, die ihr lieb sind. Sie schreibt an ihren Bruder:

»Es macht mir Freude zu wissen, dass Du in Lisieux sehr angesehen bist. Du wirst ein verdienstvoller Mann werden; darüber bin ich sehr froh, aber ich wünsche vor allem, dass Du ein Heiliger wirst. Indes täte ich gut daran, selbst den Weg der Heiligkeit einzuschlagen, ehe ich sie anderen wünsche; nun, man muss hoffen, dass noch etwas daraus wird« (Br., S. 159 [29.3. 1874]).

Obwohl sie sich selbst für eine armselige Kreatur hielt, führte sie ein abgetötetes Leben und war den Fast- und Abstinenzgeboten rigoros treu (die damals viel strenger waren, als sie es heute sind). Sie war vielleicht sogar zu rigoros – oder ihre Schwester im Orden und auch ihre Kinder dachten wenigstens so. Schwester Marie-Dosithée schrieb ihrem Bruder und ihrer Schwägerin am 8. Februar 1874 im Blick auf Mutter:

»Keiner aus dieser Familie ist widerstandsfähig, auch selbst die Mutter nicht. Sie hat Schmerzen im Rücken und in der Brust und hat den ganzen Winter gehustet.

Sie wäre ein sehr großer Verlust für die Familie. Ich wollte, dass sie vor der Fastenzeit, die sie einhalten möchte, einen Arzt konsultierte.«

Mutter beobachtete diese Bußübungen streng, selbst in ihrer letzten Krankheit. Einige Monate vor ihrem Tod, im Dezember 1876, fuhr sie nach Lisieux, um einen bekannten Chirurgen zu konsultieren. Sie schreibt an ihren Bruder, um ihn daran zu erinnern, dass Quatemberwoche ist und dass sie die Regeln der Kirche (bezüglich Fasten und Abstinenz) zu befolgen wünscht.

Sie kommt seiner Entscheidung für sie zuvor, wenn sie schreibt:

»Du weißt, dass Fasttag ist, und ich faste; denn ich bin nicht so krank, dass ich mich davon dispensieren könnte. Also bereitet diesmal, bitte, nichts vor für mich« (Br., S. 289 [Dezember 1876]).

Ihr Verdienst ist umso größer, insofern sie im Vertrauen eingesteht, wie viel das Fasten sie kostet. In einem Brief an Herr Guérin während der Fastenzeit lesen wir:

»Wir stehen mitten in der Fastenzeit. Glücklicherweise ist sie bald vorbei; ich leide so unter dem Fasten und der Abstinenz! Es ist zwar keine so harte Abtötung, aber mein Magen erträgt es schwer, und es macht mich sehr schwach, sodass ich – wenn ich meiner Natur folge – überhaupt nicht fasten möchte …!« (Br., S. 189/190 [14.3.1875]).

Im folgenden Jahr schrieb Mutter an Pauline:

»Es dauert nur noch 21 Tage, aber 21 Tage, die langsam vorübergehen, weil wir fasten müssen. Es macht sehr müde. Ich muss den Brief schließen, denn es ist schon sehr spät, und ich stehe früh auf. Das fällt mir jetzt wegen des Fastens sehr schwer, ich sehne mich nach Ostern« ([1. + 2. Satz]: Br., S. 243 [26.3.1876]; [3. + 4. Satz]: Br., S. 239 [12.3.1876]).

Nichts konnte unsere Eltern davon abhalten, die Fasten- und Abstinenzgebote zu halten, selbst wenn Fremde anwesend waren. Bei der unerwarteten Ankunft eines Freundes war Mutter sehr angetan davon, dass er eingeladen wurde, woanders zu wohnen. Sie schreibt:

»Er konnte heute Mittag nicht bei uns essen, das war mir unangenehm. Aber gestern Abend war ich wegen des Fastens fast froh darüber; er hätte allein essen müssen und wäre sicher ebenso verlegen gewesen wie wir« (Br., S. 191 [14.3.1875].

Mutters Leben war von tiefer Frömmigkeit geprägt. Jeden Morgen wohnte sie mit meinem Vater der heiligen Messe um 5.30 Uhr bei. Beide gingen so oft zur heiligen Kommunion, wie der Brauch der damaligen Zeit es erlaubte. Zusätzlich gingen beide an Sonntagen zum feierlichen Hochamt und zur Vesper.

Für die Sonntagsvesper, so oft von vielen Christen vernachlässigt, beendete Mutter kurze Besuche und andere Beschäftigungen konsequent. Ihre Briefe geben häufig Zeugnis von ihrer Treue in diesem Punkt.

Ein paar Sonntage vor ihrem Tod schleppte sie sich immer noch in die Kirche, auf den Arm eines Familienangehörigen gestützt.

Sie unterließ niemals die heilige Kommunion am Herz-Jesu-Freitag. Wie später berichtet wird, ging sie mit Vater zum letzten Mal zu einer solchen im August 1877, obwohl die Kräfte durch ihr Leiden aufgebraucht waren und sie bei jedem Schritt anhalten musste. Morgen- und Abendgebete wurden gemeinschaftlich verrichtet, ebenso wie die Gebete vor und nach Tisch. Alle Feste wurden in familiärer Verbundenheit begangen.

Damit verbunden, möchte ich gern der Feier desjenigen Festes besondere Aufmerksamkeit schenken, das jede Woche wiederkehrt: des Sonntags. Meine Mutter pflegte Vater für seine strikte Einhaltung dieses heiligen Tages zu loben und schrieb dieser Tatsache den Wohlstand der Familie zu. Sie sagte dasselbe ihrem Bruder und ihrer Schwägerin voraus, die damals unter einem finanziellen Rückschlag litten:

»... habe ich die feste Hoffnung, dass die Zeit Eurer Prüfung nicht andauern wird. Dieses unerschütterliche Vertrauen, das nichts mir nehmen kann, schöpfe ich vor allem aus der Art, mit der Ihr den Sonntag heiligt; alle, die den Tag des Herrn treu beobachten – seien es nun vollkommene oder unvollkommene Menschen –, haben Erfolg in ihren Unternehmen; und schließlich werden sie durch dieses oder jenes Mittel reich« (Br., S. 205 [29.9.1875]).

Mutter selbst hing an der genauesten Einhaltung des Sonntags. Bezüglich einer Reise schrieb sie am 26. November 1871:

»Ich nehme den Zug nach Lisieux am Sonntag um 3.30 Uhr morgens. ... Es ist mir dieses Mal unmöglich, am Samstag zu fahren, und am Sonntag kann ich nicht den ganzen Morgen unterwegs sein; das entspricht nicht meinen Grundsätzen; ich finde, dass man sehr achtgeben muss auf die Sonntagsheiligung« (Br., S. 101).

Später, während ihrer ernsten Erkrankung, musste sie die Lourdes-Pilgerfahrt an einem Sonntag beginnen. Sie schrieb:

»Gott weiß, dass wir es diesmal nicht anders einrichten können. Wir nehmen einen Zug am Nachmittag, damit wir alle Gottesdienste am Morgen mitfeiern können« (Br., S. 348 [Mai 1877]).

Mutter suchte regelmäßig den Pfarrer von Montsort zur Beichte und Seelenführung auf. Sie nahm an allen Treffen des Dritten Ordens des heiligen Franziskus teil, in dem sie Mitglied war. Diese Treffen fanden bei den Armen Klarissinnen statt. Sie besuchte diese Schwestern, um sich selbst mit ihren Problemen und Leiden deren Gebet zu empfehlen. Sie war auch in die Erzbruderschaft vom Leidenden Herzen Jesu eingeschrieben, ebenso wie in anderen religiösen Gemeinschaften.

Trotzdem wählte sie auch aus: Sie mochte bestimmte Praktiken frommer Personen nicht, die mit ihren Subtilitäten und Kompliziertheiten dem Geist des Evangeliums in seiner strengen, männlichen Einfachheit zuwiderliefen.

Mutter nahm nicht nur an den Pfarrgottesdiensten teil, die sie vor allem und zuoberst an den verpflichtenden Tagen besuchte. In einem Brief, der zwei Monate vor ihrem Tod geschrieben wurde, heißt es in diesem Sinne:»Die Glocke ruft zum Segen, und ich will in die Kirche gehen.« Aber sie hätte sich niemals vom Besuch von Predigten, selbst während der Woche, entschuldigt.

Oft war für eine solche Haltung ein wirkliches Heldentum notwendig. In einem ihrer Briefe fügt sie hinzu, nachdem sie gesagt hat, dass sie»trotz eines Fieber, das mich während sechs Wochen geschwächt hat«, und während sie in Umständen war, all ihre Arbeit wie gewöhnlich tue:»Ich bin sogar die letzten beiden Wochen jeden Morgen um 5.30 Uhr aufgestanden um nach St. Leonhard zu gehen und an der Mission teilzunehmen, die von den Kapuzinern gehalten wird.

Bei einer anderen Gelegenheit bekennt sie aufrichtig, dass sie »aus Pflichtgefühl« manche Predigten anhört.

Sie genoss den Kirchengesang sehr, besonders wenn er einfach war. Sie machte sich nichts aus Kirchenliedern oder aus einer musikalischen Messgestaltung, die kunstvoll oder theatralisch schienen.

***

Mutter verehrte die Allerseligste Jungfrau Maria innig. Sie gestand, dass sie häufig bemerkenswerte Gnaden durch ihre Fürsprache empfangen habe. Sie bat ihren Bruder, der sich damals in Paris seinem Medizinstudium widmete, Votivkerzen in ihrem Anliegen in Notre-Dames-des-Victoires anzuzünden, einem Marienheiligtum, das unserer Familie sehr lieb war. Da sie wusste, dass er den Verlockungen der Hauptstadt sehr stark ausgesetzt war, gab sie ihm folgenden Rat:

»Wenn Du nur einwilligen wolltest in das, was ich Dir vorschlage, wenn Du es mir als Neujahrsgeschenk machen wolltest, so wäre ich glücklicher, als wenn Du mir ganz Paris schenktest. Also: Du wohnst ganz nahe bei der Kirche Notre-Dame-des-Victoires. Geh nur einmal am Tag hinein und bete ein Ave Maria zur heiligen Jungfrau. Du wirst sehen, dass sie Dich auf ganz besondere Weise beschützen wird; dass sie Dir in dieser Welt Erfolg und danach ewige Glückseligkeit gibt. Was ich Dir da sage, ist meinerseits keine übertriebene Frömmigkeit, entbehrt auch nicht jeglicher Grundlage. Ich habe alle Ursache, der Heiligsten Jungfrau zu vertrauen: Durch sie empfing ich Gnaden, die mir allein bekannt sind« (Br., S. 8 [1.1.1863]).

Deswegen wurde die Statue Unserer Lieben Frau, die Theresia als Kind einst zulächeln sollte, stets von ihr mit Liebe verehrt. Eines Tages sagte Marie, unsere älteste Schwester, die dachte, dass die Statue zu groß für den Raum sei, in dem sie aufgestellt war:»Sie sieht aus wie eine Statue in der Schule«, und sie hätte sie gern ausgetauscht. Mama protestierte sofort:

>Wenn ich einmal tot bin, Kind, kannst du machen, was du willst, aber solange ich lebe, wird diese heilige Jungfrau ihren Platz nicht verlassen.«

Zu den Füßen dieser Statue ließ sie uns unsere Gebete sagen und wir pflegten das Standbild zu küssen, so oft, bis seine Finger alle gebrochen waren, und es war nötig, mehr als ein Paar Hände für die Figur in Reserve zu halten! Während des Maienmonats pflegten wir, den Maiandachten in der Kirche beizuwohnen. Daneben wollte Mutter zu Hause einen besonderen Marienmonat halten. Der Maialtar sollte so schön sein, dass meine Schwester liebevoll darüber lächelte und sagte,»dass er mit dem Schmuck der Pfarrkirche konkurriere«, der Kirche Unserer Lieben Frau in Alençon.

Er war wahrhaft prächtig, denn neben den Spitzen, die über einen blauen Untergrund gelegt wurden, stellte Mama eine arme Frau an, um ganze Arme voll Blumen und Blüten vom Land zu bringen, dazu Weißdornzweige. Diese wurden in Vasen gestellt und reichten bis zur Decke, zur großen Freude der kleinen Theresia, die fröhlich in die Hände klatschte.

Unter den außergewöhnlichen Gnaden, die diesem Bild zugeschrieben wurden – jetzt kennt man sie als *Unsere Liebe Frau vom Lächeln* – muss ich eine erwähnen, von der ich meine Mutter oft erzählen hörte.

Nach dem Tod der kleinen Hélène, die im Alter von fünf Jahren gestorben war, erinnerte sich meine Mutter einer kleinen Unwahrheit, die dieses Kind gesagt hatte. Mutter machte sich selbst dafür verantwortlich, dass sie keinen Priester geholt hatte, um die Beichte des sterbenden Kindes zu hören, damit Hélène den Fehler nicht im Fegefeuer würde büßen müssen. Als sie vor der Madonna betete und ihre eigene Nachlässigkeit mit einer gewissen Angst ansah, flüsterte eine himmlische Stimme Mutter mit wundervoller Süßigkeit zu: »Sie ist bei mir« (im Himmel). Bei dieser Antwort der himmlischen Mutter trat eine unaussprechliche Freude an die Stelle der Furcht.

Es sollte auch betont werden, dass es das Gnadenprivileg der Unbefleckten Empfängnis der Allerseligsten Jungfrau Maria war, das unsere Mutter stets besonders ehrte. Jedes Jahr wurde das entsprechende Fest am 8. Dezember mit einer tief von Herzen kommenden Frömmigkeit gefeiert. An diesem Morgen war Mutter die Erste in der Kirche. Sie entzündete eine Votivkerze zu Füßen Mariens und brachte der Mutter Gottes all ihre Bitten und Wünsche mit vertrauender Dankbarkeit.

So war es am 8. Dezember 1860, auf den ich bereits zu sprechen kam. Als sie die reinste Jungfrau bat, ihr ein zweites Mädchen zu schenken, flehte sie sie an – nach ihrem eigenen Wort – »wie ein kleines Mädchen ihre Mutter um eine Puppe anbettelt«. Diese lebendige Puppe war das Baby Pauline, die am folgenden 7. September geboren wurde. Später, als sie Pauline diese lange zurückliegende Erinnerung berichtete, schrieb Mutter:

>»Dieses Jahr gehe ich wieder zur Heiligsten Jungfrau, ganz früh, ich will als Erste bei ihr sein. Ich gebe ihr wie gewöhnlich meine Kerze, aber ich bitte sie nicht mehr um kleine Mädchen. Ich bete nur, dass die, die sie mir gegeben hat, heilig werden, und dass ich gleich nach ihnen kommen möge; aber sie müssen viel besser sein als ich« (Br., S. 222 [5.12.1875]).

Ihr Vertrauen in die Wunderkraft Unserer Lieben Frau von Lourdes war bemerkenswert. Sie schloss sich ernstlich im Geist den Pilgerfahrten an, die Vater nach dort unternahm, obwohl die Reisen für sie persönlich keine Anziehungskraft hatten.

So vertraute sie ihrer Schwägerin an:

»Mir persönlich sagen Reisen nichts. Es gibt nur eine, die mich interessiert: ein Besuch im Heiligen Land« (Br., S. 204 [7.9.1875]).

Nichtsdestoweniger fuhr sie am Ende ihres Lebens nach Lourdes, in der Hoffnung, dort Heilung zu erlangen.

Allzeit zeigte sie ein großes Interesse an den Eingriffen der Allerseligsten Jungfrau in die Geschichte. Während der dunkelsten Tage des Krieges von 1870 las sie mit großem Interesse in der katholischen Presse über die Erscheinungen der himmlischen Mutter vor den Kindern von Pontmain. Ihr Glaube fühlte sich aber im Allgemeinen nicht zu Berichten über Wunder und außergewöhnliche Dinge hingezogen. In jener Zeit gab es viele Gerüchte und behauptete Prophezeiungen. Aber sie war eher geneigt, sich über diese Dinge lustig zu machen.

***

Ich kann nicht auf die Frömmigkeit eingehen, die unsere Mutter der Königin des Himmels entgegenbrachte, ohne jene Frömmigkeit ebenso zu nennen, die sie dem heiligen Joseph weihte: Die eine führte zur anderen. Diesem großen Heiligen vertraute sie die Heilung Theresias an, als sie ein Baby von erst einigen Wochen war. Dies zeigt ihre Korrespondenz.

Trotz entgegenstehender Vorschläge oder Wünsche hätte sie den Namen Joseph dem dritten Jungen gegeben, wenn ihr diese Freude geschenkt worden wäre. Nach der

Geburt Theresias schrieb Mutter ihrem Bruder, nicht ohne einen Anflug von Humor:

>>Noch ehe das Kind geboren war, hatte sie [Sr. Marie-Dosithée] mir geschrieben – im Glauben, es werde ein Junge –, ihm nicht den Namen Joseph, sondern François zu geben, gerade so, als verdächtige sie den heiligen Joseph, mir meine Kinder genommen zu haben.

Ich habe ihr geantwortet, dass er Joseph heißen werde, gleichviel, ob er lebe oder sterbe<< (Br., S. 117 [1.3. 1873]).

Im Leben meiner Mutter mögen Gnaden aufscheinen, die fast greifbar waren, aber auf ihre vertrauensvollen Gebete hin finden wir kaum ein außergewöhnliches Phänomen. Man kann die inneren Inspirationen hinsichtlich ihrer Berufswahl und ihrer Ehe, von denen ich schon gesprochen habe, nicht als solche bezeichnen. Die Gnaden, die sie durch ihre inbrünstigen Gebete zur himmlischen Mutter erlangt hatte, können genauso wenig als außerordentlich bewertet werden.

Mama hat nichtsdestoweniger einen Vorfall geschildert, der ihr eines Tages zustieß, als sie eine geistliche Lesung beendete, in der von teuflischen Belästigungen die Rede war. >>Solche schändlichen Dinge werden mir nicht zustoßen<<, seufzte sie erleichtert. >>Nur Heilige haben so etwas zu fürchten.<< Genau in diesem Moment packte sie ein fürchterlicher Griff an der Schulter, doch sofort kam ein vertrauensvolles Gebet über ihre Lippen und sie gewann ihre gewöhnliche Gelassenheit zurück.

Es muss bemerkt werden, dass sie zu der Zeit die Geburt derjenigen erwartete, die die heilige Theresia werden sollte. Übrigens legte sie dem Vorfall keine besondere Bedeutung bei; vielmehr lebte sie im reinen, einfachen Glauben, in kindlicher Geborgenheit.

**

Mit solch übernatürlicher Gewissheit wurden die Erfahrungen des Lebens betrachtet. Ihr Bruder, der im Geschäftsleben in Lisieux stand, erlebte häufig Verluste in seiner beruflichen Existenz. Dies war vor allem am Anfang der Fall, als er seiner Apotheke eine Drogerie hinzufügen wollte. Mutter fühlte sich so betroffen und betrübt, als wenn es um ihre persönlichen Interessen gegangen wäre. Zugleich ermutigte sie ihn mit übernatürlichen Gedanken wie den folgenden:

»Meine Schwester hat viel von Deinen Geschäften gesprochen ... Ich habe ihr gesagt, sie solle sich deswegen den Kopf nicht zerbrechen; man könne nur eins machen: Gott um Hilfe bitten; denn weder sie noch ich können Dir auf andere Weise helfen.

Aber ER, der nicht um Hilfe verlegen ist, wird uns heraushelfen, wenn er der Ansicht ist, dass wir genug gelitten haben. Dann wirst Du zugeben, dass Du weder Deinen Fähigkeiten noch Deiner Intelligenz den Erfolg verdankst, sondern Gott allein, wie ich mit meiner Spitze. Diese Überzeugung ist sehr heilsam, das habe ich persönlich erfahren.

Du weißt, dass wir alle zum Stolz neigen, und ich habe oft bemerkt, dass die Menschen, die ihr Glück gemacht haben, von unerträglicher Selbstzufriedenheit sind. Ich sage nicht, dass wir beide dahin gekommen wären; aber wir haben mehr oder weniger von diesem Stolz mitbekommen. Außerdem ist es sicher, dass ständiger Wohlstand von Gott entfernt. Seine Auserwählten hat er niemals diesen Weg geführt; sie mussten zuvor durch die Prüfung des Leidens, um sich zu läutern« (Br., S. 110 [Juli 1872]).

Nach einem Brand, der großen Kummer bei ihren Lieben in Lisieux verursachte, schrieb Mama an ihre Schwägerin:

»Man muss großen Glauben und große Ergebung haben, um diese Widerwärtigkeiten ohne Murren mit Unterwerfung unter den Willen Gottes zu ertragen … Ich weiß, dass Ihr Vertrauen auf Gott habt, und das gibt mir die Überzeugung, dass Ihr besser aus dieser schlechten Lage herauskommt, als Ihr glaubt. Mme Y. scheint viel glücklicher zu sein als Du; sie lebt nur für den Luxus und das Vergnügen. Am Mitt-Fasten gibt sie Bälle; und doch, glaubt mir, ich sehe Euch lieber in der Widerwärtigkeit, als glauben zu müssen, Ihr vergäßet den Himmel über den kurzen Vergnügungen der Erde« (Br., S. 122/123 [30.3.1873]).

Liebe zur Kirche – Kraft des Gebetes

Mutter hatte eine große Liebe zur Kirche, wirkliche Verehrung für den Papst und für das Priestertum im Allgemeinen. Es war eine Quelle der Trauer für sie, dass der Heilige Vater der Verfolgung ausgesetzt war und im Geist als Gefangener im Vatikan lebte. Wegen ihrer Liebe zur Kirche war sie völlig niedergeschlagen, als von den Exzessen der Pariser Kommune berichtet wurde, mit dem Massaker an den Geiseln. Ihre Gebete für die Wohlfahrt der Kirche und Frankreichs waren zu jener Zeit äußerst glühend.

Niemals hätte unsere Mutter den Klerus kritisiert. Es kam bei uns niemals vor, dass wir von Fehlern von Priestern gesprochen hätten.

Wie ich bereits sagte, befolgte Mutter die Weisungen der Kirche strikt und soweit es zu vermeiden war, an Sonntagen etwas zu kaufen oder Eisenbahnreisen zu unternehmen. Sie hatte eine herzliche Liebe zur leidenden Kirche und sorgte für die Zelebration von heiligen Messen für die Armen Seelen. Als ihr Vater starb, richtete sie es ein, dass zügig 150 heilige Messen für ihn gefeiert wurden; ein wenig später wurden weitere gefeiert.

Beim Tod von Schwester Marie-Dosithée sandte sie sofort eine Spende an das Kloster von der Heimsuchung, damit unverzüglich heilige Messen gelesen wurden.

Ihre Liebe zur Kirche führte sie zu einem von Herzen kommenden Interesse für die Glaubensverbreitung. Mit Vaters Zustimmung gab sie jedes Jahr eine großzügige Spende für das entsprechende Werk. Alle Kundgebungen des katholischen Glaubens lösten Mutters Begeisterung aus, während die Anstrengungen der Freimaurerei, die Seelen vom Christentum loszureißen, sie mit leidenschaftlichem Unwillen erfüllten.

Ihr größter Wunsch und ihre größte Hoffnung wäre es gewesen, Mutter eines Priesters, besonders eines Missionars, zu sein. Deshalb war ihre Freude sehr groß, als Marie-Joseph-Louis am 20. September 1866 zur Welt kam! Sie schrieb: »Ich glaube, mein Glück ist voll« (Br., S. 29 [18.11. 1866]); sie wies Vater darauf hin: »Schau, wie schön seine kleinen Hände sind! Was für ein glorreicher Tag wird es sein, wenn er zum Altar hinaufsteigt oder von einer Kanzel predigt!«

Sie träumte in ihrem mütterlichen Stolz schon von der Albe in Alençon-Spitze, die sie ihm sticken würde.

Das Kind starb. Mama gedachte durch seine Fürsprache die Heilung seiner Schwester Hélène zu erlangen, die damals von einer scheinbar unheilbaren Entzündung des Inneren der Ohren litt. Das Gebet wurde erhört, wie Mutter ihrer Schwägerin fünf Jahre nach dem Ereignis berichtete:

»Als ich eines Tages vom Arzt zurückkam, der mir nichts Gutes gesagt hatte, und die Ohnmacht aller erkannte, kam mir der Gedanke, mich an meinen kleinen Joseph zu wenden, der vor fünf Wochen gestorben war. Ich nehme also das Kind und lasse es ein Gebet zu seinem kleinen Bruder sprechen. Am anderen Morgen war das Ohr vollständig geheilt, der Ausfluss hatte plötzlich aufgehört, und die Kleine hat niemals mehr das Geringste gespürt. Ich habe noch mehrere andere, aber weniger auffallende Gnaden empfangen« (Br., S. 99/100 [17.10.1871]).

Nach dem Tod ihres ersten Sohnes hielt Mutter eine Novene zum heiligen Joseph, um einen anderen Aspiranten für das Priestertum zu bekommen. Genau neun Monate später wurden ihre Gebete erhört, aber wiederum musste sie bald das Opfer bringen, ihn zum Himmel gehen zu sehen. In ihren persönlichen Aufzeichnungen berichtet Marie:

»Wenn Mutter Pauline und mich zum Internat nach Le Mans begleitete, hatte sie die Gewohnheit, wenn der Zug am Friedhof vorüberkam, aufzustehen und nach dem Grab ihrer kleinen Engel Ausschau zu halten. Wenn kein Fremder im Eisenbahnwagen war, sprach sie laut betend zu ihnen.«

Es gab eine andere Gnade, die vom Himmel erlangt wurde, die nicht weniger überraschend war als Hélènes Heilung, obwohl sie von anderer Art war. Mutter erlebte ihre letzten Wirkungen nicht mehr. 1873 schrieb sie an ihre ältesten Töchter:

»Ich zähle darauf, dass Ihr beide am 8. Dezember kommuniziert, am Fest der Unbefleckten Empfängnis; vergesst nicht, für Léonie zu beten« (Br., S. 154 [30.11.1873]).

Wir wissen, wie das Leben dieses Kindes schließlich endete und wie die bitteren Kämpfe durch einen großartigen Sieg gekrönt wurden.

Trotz der großen Enttäuschungen ihres eigenen Lebens, die sie Gott mit heldenhafter Gleichförmigkeit mit seinem Willen aufopferte, wünschte Mutter wenigstens, ihre Kinder Gott zu einem ihm geweihten Leben zu schenken. Als sie die Biografie der Frau Acarie las, deren drei Töchter Karmelitinnen geworden waren, rief sie aus: »Alle Töchter Karmelitinnen! Kann eine Mutter so viel Ehre haben?«

Aber sie war auf der Hut, kein Wort zu sagen, das als indiskreter Druck in Bezug auf Berufungen angesehen werden konnte. Trotzdem strebte sie nach einer häuslichen Atmosphäre der Frömmigkeit und der Ehrfurcht vor allem, was mit Gott in Beziehung stand. Die Seelen wurden von selbst auf ihn hingelenkt.

Sie sprach freier und vertraulicher mit Pauline, wie mit einer erwachsenen Schwester.

Die Letztere war beeindruckt von Mutters Erklärung der – weißen – Krone: der Jungfrauen, die dem Lamme folgen, wohin immer es geht, und sozusagen ein neues Lied singen, das die anderen nicht singen können (vgl. Offb 14,3–4).

Einmal dachte Mutter, sie sähe Anzeichen einer geistlichen Berufung bei Marie, und sie schrieb darüber an Pauline:

> »Sag ihr das nicht! Sie würde sich einbilden, ich wünschte es, und in Wirklichkeit würde ich es nur wünschen, wenn es Gottes Wille wäre. Wenn sie nur der Berufung folgt, die er ihr gibt! Dann bin ich zufrieden« (Br., S. 224 [5.12.1875]).

Ein Brief an ihre Schwägerin hilft uns, in die Tiefen ihrer Gefühle einzutreten:

>Trotz meines großen Wunsches, sie Gott zu schenken, könnte ich nicht ohne Schmerz schon jetzt diese beiden Opfer bringen, so gern ich es auch tue« (Br., S. 256/257 [9.7.1876]).

Nächstenliebe

Wie ich schon sagte, war Mutter nach jedermanns Einschätzung völlig selbstlos und selbstvergessen. Deswegen konnte sie an andere denken und sich selbst ganz dem Dienst an ihnen hingeben.

Als Tochter eines Offiziers flog ihr die Tapferkeit zu und Furchtsamkeit stieß sie ab. Pflicht war die erste der Obliegenheiten, Pflicht, nicht nur einfach Gott gegenüber, sondern auch dem Nachbarn und dem Land gegenüber. Im Krieg von 1870, während der Mobilmachung, hörte sie von einer Dame in der Stadt, die ihren Ehemann erfolgreich verborgen hatte. »Ist es möglich, dass jemand so etwas tut?«, rief sie mit Widerwillen aus.

Aber wenn Egoismus sie unwillig machte, so hatte sie nur ein mitleidiges Lächeln für unausweichlich zum Ausdruck gebrachte Klassenunterschiede. Pauline empfing aus ihrer scharfsinnigen Feder ein Beispiel ihres klaren Urteils. Es war bezüglich einer Gala-Vorführung im katholischen Zirkel, dass sie schrieb:

>Man hatte für >die schönen Damen< 20 Einladungen und für die >weniger schönen< Karten verteilt und zum Überfluss beide Kategorien sorgfältig voneinander getrennt.

Darunter befand sich eine Frau, deren Sohn einer der Hauptdarsteller war; und sie besaß nur eine Karte. Da hat sie erklärt: ›Wenn man mich nicht bei denen lässt, die Einladungsbriefe haben, gehe ich meinen Sohn holen, er wird nicht auftreten.‹

Doch sie kam nicht durch. Sie wagte auch nicht, ihren Sohn mitzunehmen; aber daraus ist eine allgemeine Unzufriedenheit bei denen entstanden, die nur Karten hatten.

Um einem Übergriff vorzubeugen, wird heute ein kleines Fest veranstaltet, bei dem kein Unterschied gemacht wird. Diese Herren haben es wirklich nicht leicht, es allen recht zu machen. Es ist sicher, dass die hochgestellten Damen nicht kämen, wenn man ihnen nicht die ersten Plätze reservieren würde; andererseits missfällt es den Müttern, die ihre Kinder zum Auftritt hergeben, sich in den letzten Reihen zu sehen. Man kann noch so gut organisieren, die Armen werden erst im Himmel die Ersten sein; auf Erden kann man damit nicht rechnen« (Br., S. 334/335 [29.4.1877]).

Sie war von Natur aus mitleidig, besonders jenen gegenüber, die leiden. Katastrophen bewegten ihr Herz tief und riefen ihre Großherzigkeit heraus. So sandte sie im Juli 1875 ihre Spende für die überfluteten Bezirke von Lisieux.

Sie bevorzugte die Übung der Barmherzigkeit in direkter und umgehender Weise. Das bedeutete, dass sie jenen tägliche Hilfe zuteilwerden ließ, die in ihrer Umgebung in Not schienen, und Mutters Glauben ließ sie zuallererst an deren Seelen denken. Daher schärfte sie uns das Gebet für die Sünder ein, für jene in der Nachbarschaft, die in Todesgefahr waren. Diese besuchte sie und half materiell, wenn diese dessen bedurften. Sie leitete taktvoll die Gedanken dieser Menschen auf Gott hin und rief den Priester, wenn die Spendung der Sterbesakramente nötig war. Ihre Briefe enthalten viele Beispiele dieser geistlichen Form der Nächstenliebe.

In einem ihrer Briefe, indem sie einen armen Mann Paulines Gebeten empfahl, der starb, nachdem er vierzig Jahre lang die religiöse Praxis vernachlässigt hatte, schloss sie:

>Vater tut alles, um ihn zu bekehren; aber er hält sich für einen Heiligen. Er findet, dass er – genau wie der heilige Paulus! – nichts anderes zu tun habe, als die Krone der Gerechtigkeit in Empfang zu nehmen. Es stimmt, dass er ein braver Mensch ist; aber es fällt schwerer, ihn zu bekehren, als einen schlechten. Es müsste ein Wunder der Gnade geschehen, damit der dichte Schleier vor seinen Augen fällt« (Br., S. 248 [14.5.1876]).

Ein Brief ihres Bruders hatte von der Rückkehr eines seiner Freunde zu Gott berichtet. Mutter schreibt:

>Sein Heil war mir ein Herzensanliegen, ich habe gebetet, so gut ich konnte, und eine regelrechte Novene für ihn gehalten; ich erhoffte mir seine Bekehrung vom heiligen Joseph, darum bin ich so froh, dass sein Leben christlich endet« (Br., S. 158 [19.3.1874]).

In einem Brief an Pauline kommt sie auf eine ihrer Spitzenklöpplerinnen zu sprechen, die plötzlich gestorben war:

>Der Gedanke an sie verfolgt mich überall; ich sehe sie ständig vor mir. Aber das Schlimmste für mich ist der Gedanke, dass sie nicht praktizierte; sie ging nur zwei- oder dreimal im Jahr zur Messe« (Br., S. 234 [26.2.1876]).

In einem anderen Brief an Pauline kritisiert sie die Ängstlichkeit Louises, des Hausmädchens:

>Das Mädchen war eine Woche zu Hause … Ihr Vater geht mit großen Schritten dem Tode entgegen, will aber nichts vom Beichten hören …

Ich hatte seiner Tochter sehr anempfohlen, dem Priester zeitig Bescheid zu geben, damit er ihn besuche und nach und nach ihn vorbereite. Aber sie hat es nicht gewollt. Sie ist wie die Mutter, die sagt: ›Es ist noch Zeit, er ist noch nicht krank genug.‹ Das empört mich aufs Höchste und macht mich sehr böse über sie« (Br., S. 333/334 [29.4.1877]).

Aus ihrer brennenden Seele, verzehrt für die Rettung der Sünder, steigt folgender kummervoller Ausruf auf:

»Mein Gott, wie traurig ist doch ein Haus ohne Religion! Wie schrecklich erscheint dort der Tod!« (Br., S. 215 [7.11.1875]).

Um Seelen zu Gott zurückzuführen, vertraute sie zuerst und vor allem auf die Kraft der Gnade Gottes, die durch das Gebet erfleht wird. Aber zugleich ist sichtbar, dass sie das taktvolle Eingreifen des Menschen nicht verachtete. Ihre persönliche Methode war strahlende Güte, die sich zuerst den Mitgliedern ihres eigenen Hauses manifestierte.

In seinem Alter nahm sie ihren Vater in ihrem eigenen Haus auf. Er war schwer zufriedenzustellen, aber sie sorgte für ihn in unermüdlicher Hingabe, indem sie alles in ihrer Kraft stehende für ein angenehmes Leben für ihn unternahm. Sie wollte für ihn sogar ins Fegefeuer gehen und hatte den heroischen Akt um seinetwillen gemacht.

Mutter zeigte ebenso eine unbegrenzte Sorge für ihren Bruder Isidore Guérin. Zuerst, als er in Paris studierte, wachte sie von fern über ihn. Wie ich schon sagte, gab sie ihm Wegweisung und schalt ihn manchmal, aber mit einem solchen Taktgefühl, dass er nicht verletzt war. Später, als er verheiratet war, erstreckte sich ihr Interesse an ihm auf alle Mitglieder seiner Familie. Sie teilte mit lebhafter Betroffenheit ihren Kummer wie ihre Freuden, indem sie zugleich ihre Herzen durch Unterwerfung und Dankbarkeit der göttlichen Vorsehung gegenüber zu erheben versuchte.

Als Herr Guérin sein drittes Kind, Paul, verlor, schrieb sie ihm:

>»Und doch, mein lieber Freund, wir wollen nicht murren; Gott ist der Herr. Er kann uns zu unserem Besten noch so leiden lassen; seine Hilfe und seine Gnade werden uns aber nie fehlen« (Br., S. 98 [17.10.1871]).

Mehrere Jahre zuvor, zu der Zeit, als Herr Guérin seine Apotheke in Lisieux gekauft hatte, drückte sie ihr Bedauern darüber aus, dass er nun so weit von Alençon entfernt lebte, aber dasselbe heldenhafte Vertrauen in diesen Zeilen vermittelt:

>»Ich übergab alles dem Willen und der Gnade Gottes« (Br., S. 27 [22.4.1866]).

Wenn ihr Bruder anstelle von Ermutigung oder Sympathie bei Erfolgen einen Glückwunsch oder eine frohe Bemerkung verdiente, freute sie sich mit ihm. In dem Jahr noch, als sie starb, als ihre Familie ein Opfer der schmerzhaften Besorgnis war, sandte sie diese spontane Gefühlsäußerung:

>»Diese gute Nachricht hat uns alle gefreut, sogar meinen Mann, der wegen meiner Krankheit so traurig ist« (Br., S. 292 [5.1.1877]).

Die Freundlichkeit und Aufmerksamkeit ihres Herzens zeigte sie auch Fremden gegenüber.

Während des Krieges von 1870, als meine Mutter verpflichtet war, neun deutsche Soldaten in ihrem Heim aufzunehmen, stellte sie fest, dass einer von ihnen traurig zu sein schien und offenbar Heimweh nach seiner Familie hatte. Sie zögerte nicht, mit ihm zu sprechen, und gab ihm im

Stillen einige Leckerbissen, für welche er sich äußerst dankbar zeigte.

Wenn sie selbst nicht gehen konnte, sandte Mama oft Louise, das Hausmädchen, um Familien in Not zu helfen. In späteren Jahren bezeugte Louise über diese Akte der Nächstenliebe:

>Ich allein weiß, wie viel Zwei-Francs-Geldstücke und wie viel Schalen Eintopf sie durch mich armen Leuten um Alençon herum sandte.«

Aber besonders ihren eigenen Kindern trug sie auf, barmherzig zu den leidenden Armen zu sein und ihnen Respekt zu bezeigen. Ich sah solche oft zu unserem Haus kommen und Essen und Kleidung empfangen. Mutter vergoss oft Tränen, wenn sie deren Erzählungen von ihrem Leid hörte.

Zu Léonies Erster heiliger Kommunion wählte Mutter ein armes Mädchen in ihrer Klasse aus, kleidete sie ebenso in Weiß zur Erstkommunion und lud sie ein, bei dieser Gelegenheit den Ehrenplatz beim Festmahl einzunehmen.

Während sie eines Tages reiste, wies sie eine andere Dame im Eisenbahnwagen zurecht, die ihr Missvergnügen beim Einstieg einer armen Frau mit ihren zwei Babys zeigte. Als sie Alençon erreichten, half sie der Frau, mit ihren Kindern und Paketen nach Hause zu kommen. Vater, der am Bahnhof gewartet hatte, half ebenfalls. Und es war schon Mitternacht, als die Eltern zu Hause ankamen.

Ein anderes Beispiel von Vaters und Mutters Nächstenliebe ist mir immer lebendig im Gedächtnis geblieben. Ich war damals sieben Jahre alt und ich entsinne mich seiner, als wäre es gestern gewesen. Meine eigene Beschreibung des Vorfalls würde viel weniger interessant sein, als davon aus einem Brief zu erfahren, den Mutter an Pauline schrieb:

»Wir haben einen langen Spaziergang durch die Felder gemacht. ... Auf dem Rückweg begegnete uns ein armer Greis, der einen guten Eindruck machte. Ich habe Thérèse mit einem kleinen Almosen zu ihm geschickt; er sah so gerührt aus und hat uns derart gedankt, dass ich erkannte, wie unglücklich er war. Ich habe ihn aufgefordert, mit uns zu gehen; ich wolle ihm Schuhe geben. Er ist gekommen. Wir haben ihm ein gutes Essen gegeben; er starb fast vor Hunger. Ich könnte Dir all das Elend, das er in seinem Leben erfährt, nicht erzählen. Im letzten Winter waren ihm die Füße erfroren; er schläft in einem verlassenen Verschlag; es fehlt ihm alles. Er kauert sich bei den Kasernen hin, um etwas Suppe zu bekommen. Ich habe ihm gesagt, er könne kommen, wann er wolle, ich gäbe ihm dann etwas Brot. Ich möchte, dass Vater versucht, ihn im Altersheim unterzubringen; er möchte es sehr gern. Wir wollen über die Angelegenheit verhandeln.

Ich bin durch diese Begegnung ganz traurig geworden. Ich denke nur an diesen armen Mann, der so glücklich aussah wegen der paar Pfennige, die ich ihm hatte geben lassen. ›Davon werde ich Suppe essen; morgen gehe ich zum *Sparsamen Herd*; dann kaufe ich Tabak und lasse mich rasieren‹, sagte er. Mit einem Wort: Er war selig wie ein Kind. Ganz mit dem Essen beschäftigt, nahm er doch die Schuhe, betrachtete sie voller Glück und lächelte ihnen zu« (Br., S. 246/247 [14.5.1876]).

Schließlich hatte Vater ihm Einlass verschafft zum Heim der Unheilbaren. Der alte Mann weinte vor Freude.

Ich muss ebenso die Hilfsmaßnahmen meiner Mutter für ein armes Mädchen erwähnen, das von zwei heuchlerischen, zänkischen Weibern ausgebeutet wurde. Die ganze

Angelegenheit musste vor Gericht gebracht werden. Sie verfolgte den Fall, trotz vieler Ungelegenheiten und sehr viel Kummer, selbst wenn sie traurig zugab:

»Wenn man nicht für Gott arbeitet, könnte man ... den Mut verlieren, Gutes zu tun« (Br., S. 221 [November 1875]).

Ihrem großen Herzen war die Fähigkeit zur Vergebung von Ungerechtigkeiten ebenso gegeben wie der Drang, den sie fühlte, Personen rings um sich glücklich zu machen. Ein unangenehmer Nachbar hatte rechtliche Schritte gegen meine Eltern eingeleitet, und zwar wegen des Zusammenbruchs der Grenzmauer.

Mutter berichtet Pauline in den folgenden Zeilen einen Teil des Vorfalls:

»M. M. hat eine Vorladung vom Friedensrichter erwirkt und Vater hat sich vergangenen Freitag bei ihm vorgestellt.

Er hat seine Angelegenheit so gut dargestellt, dass alle, auch der Schiedsmann, über unsere Nachbarn empört waren ...

Da stehen wir nun; ich weiß nicht, wann das erledigt sein wird. Ich sorge mich nicht sonderlich darum. Wir müssen Widerwärtigkeiten geduldig ertragen, weil auf Erden das Leid unser Anteil ist. Wenn es uns nur ein wenig vom Fegefeuer erspart, so werden wir im Jenseits M. M. danken, der uns einen Teil auf Erden abbüßen half. Es ist mir lieber, dass er uns unrecht tut, als wenn wir uns vorwerfen müssten, ihm nur ein Viertel davon angetan zu haben« (Br., S. 242/243 [26.3. 1876]).

Bei einer anderen Gelegenheit ging es um eine Schneiderin, auf deren Dienste wir verzichten mussten. Ihre Arbeit war ohne Sorgfalt gewesen, und, um die Dinge noch zu verschlimmern, hielt sie nicht nur keine Kritik aus, sondern wollte nicht einmal einen Vorschlag oder einen Ratschlag annehmen. Mutter schrieb an Pauline:

>Ich traf sie am Mittwoch …, als ich von M. Romet kam. Dort hatte ich den Stoff für die Kinderkleider gekauft. Das arme Fräulein hat weinend um Verzeihung gebeten; sie drückte meine Hände mit so viel Zuneigung, dass ich nicht widerstehen konnte. So viel war gar nicht nötig, um mich meinen Unwillen vergessen zu lassen; wir haben uns gleich ausgesöhnt« (Br., S. 238 [12.3.1876]).

Ich habe bereits davon gesprochen, wie gut Mutter zu den Hausangestellten war, eingeschlossen die zeitweise beschäftigten Arbeitskräfte, die Gärtner, Dachdecker oder Maurer. Ihr erstes Anliegen war es, ihnen in geistlicher Hinsicht Gutes zu erweisen, indem sie ihnen half, die Wahrheiten des Glaubens anzunehmen und zu verstehen und die Liebe Gottes besser wertzuschätzen.

Wenn das Hausmädchen krank war, sorgte Mutter für sie, als wäre es eine ihrer Töchter. Einmal verbrachte sie drei Wochen, Tag und Nacht, an Louises Bett, die an einer schweren Attacke von Gelenkrheumatismus litt und die sie nicht ins Krankenhaus schicken wollte.

Wie mein Vater pflegte sie stets eine freundliche Barmherzigkeit in ihrem Urteil und kritisierte nie andere in deren Abwesenheit. Über diesen Punkt wachte sie fast skrupulös und manchmal klagte sie sich selbst mit viel Demut wegen der geistreichen Bemerkungen an, die ihr so spontan einfielen, aber die Liebe verletzt haben könnten. Bei ihrem Tod fiel auf, dass sie nur Freunde hatte. Wirklich zahlreich waren jene, die in ihr ihre Wohltäterin beweinten.

In einem Brief an ihre Schwägerin, einige Wochen vor ihrem Tod, legte sie selbst Zeugnis ab über die Liebe, die ihr entgegengebracht wurde. Sie schreibt über eine ihrer Spitzenklöpplerinnen aus der Nähe von Alençon:

>Sobald sie erfahren hatte, ich sei krank – ohne zu wissen, was mir fehlte –, besuchte sie mich vor etwa zwei Monaten. Ich habe ihr alles erzählt. Sie brach in Tränen aus und bewies mir so viel Teilnahme, als sei sie meine Schwester« (Br., S. 370 [8.7.1877]).

Hingabe an Gott, Geduld in Prüfungen

Von Passagen aus den Briefen meiner Mutter, die ich bereits zitiert habe, kann man sehen, dass ihr Hauptcharakteristikum die Sicherheit war, dass Gott alle Dinge lenkt, dass er eine besondere Liebe zu uns hat und das alles, was er tut, wohlgetan ist. Sie kam immerzu auf diese Wahrheit zurück.

Ihr ganzes Erziehungssystem gründete auf der Überzeugung, dass wir von Gott geliebt sind, eine Überzeugung, die ihrer Seele so tief eingeprägt war, dass sie gleichsam dadurch lebte. Bezugnehmend auf ihre Krankheit schrieb sie ihrer Schwägerin:

>Ich muss noch auf den Gedanken meines Bruders eingehen, dass Gott mich nicht zu seiner Verherrlichung heilen werde. Was mich betrifft, so denke ich, dass alles zur Ehre Gottes gereicht, dass Gott aber nicht unbedingt daran denkt. Er würde schon ein Wunder wirken an mir, auch wenn kein Mensch in der Welt es erführe« (Br., S. 351 [7.6.1877]).

Diese Gefühle waren stets in ihrer Seele vorhanden gewesen. In einem Brief vom 1. Januar 1863 finden wir diesen Ausbruch der Dankbarkeit und der Hoffnung:

>Wenn ich bedenke, was der gute Gott, dem ich ganz vertraue und in dessen Hände ich die Sorge für all meine Geschäfte übergeben habe, für mich und meinen Gatten getan hat, kann ich nicht daran zweifeln, dass seine göttliche Vorsehung mit besonderer Sorge über seine Kinder wacht« (Br., S. 7).

Es war diese Sicherheit von unbesiegbarem, sogar kühnem Vertrauen unserem Vater im Himmel gegenüber, die sie in ihren vielen Prüfungen aufrechthielt.

Und wirklich erlitt sie wahrhafte Pein in den Zeiten der Krankheit ihrer Kinder und beim Tod von vier von ihnen. Sie nahm alles mit bewundernswerter Ergebung auf, ungeachtet einer sehr starken Empfindsamkeit, die sie sehr unter Besorgnissen und Trennungen leiden ließ.

Besorgnisse! Sie hatte derer viele. Nach dem Tod ihrer zwei kleinen Söhne schrieb sie im Hinblick auf eine neue Geburt, der sie entgegensah:

>Du kannst Dir nicht vorstellen, wie sehr ich die Zukunft des kleinen Wesens wegen fürchte, das ich erwarte; mir scheint, dass es das Schicksal der beiden letzten teilen wird. Das lastet ständig wie ein Albdruck auf mir. Ich glaube, dass die Furcht schlimmer ist als das Unglück. Wenn es da ist, ergebe ich mich ziemlich rasch; die Angst dagegen bedeutet eine Qual für mich. Heute Morgen während der Messe kamen mir so düstere Gedanken, dass ich ganz erschüttert war. Das Beste ist, alles in Gottes Hände zu legen und die Ereignisse in Ruhe und Hingabe an seinen Willen zu erwarten. Ich will mich bemühen, es so zu machen« (Br., S. 58 [28.2.1869]).

Und nach der Geburt ihres fünften Mädchens schrieb sie:

»Ich hoffe immer noch auf einen kleinen Jungen; aber wenn Gott nicht will, nehme ich seinen Willen an« (Br., S. 59 [1869]).

Dieser Kehrvers der kompletten Hingabe wurde ständig wiederholt, mündlich und in ihren Briefen, ohne Rücksicht auf die Prüfungen, die sie erfuhr.

Ich glaube, der beste Weg zu zeigen, wie ihre Gemütsstimmung beim Tod ihrer Kinder war, ist es, einige Briefe ihrer Schwester im Orden zu zitieren. Der geschriebene Ausdruck, voller Emotionen, zeigt uns auch gewisse bezeichnende Einzelheiten in Bezug auf die Gefühle meiner Mutter, wenn sie Gott um ein Kind zu bitten pflegte und während sie das Kind unter ihrem Herzen trug.

Beim Tod des ersten kleinen Joseph, der schon nach weniger als fünf Monaten in den Himmel ging, schrieb Schwester Marie-Dosithée am 15. Februar 1867:

»Liebste Schwester,

als ich Dein Telegramm gestern Abend um 17.30 Uhr erhielt, war unser kleiner Engel schon im Himmel! Wie kann ich Dich trösten, liebe Schwester? Ich selbst brauche Trost; meine Hand zittert noch immer, und doch habe ich mich dem Willen Gottes schon sehr unterworfen. Er gab ihn uns. Er nahm ihn von uns fort. Sein heiliger Name sei gepriesen!

Ich muss Dir eingestehen, dass ich stets, seit er geboren war, ein solch beständiges Vorgefühl dessen hatte, was gerade eingetreten ist. Du hattest ihn von Gott unter solchen Bedingungen erfleht, dass in dem jetzigen Zustand der Welt jemand sie nur verwirklichen kann, wenn er in dem Alter stirbt, in welchem er gestorben ist!

Gestern Morgen, bei der heiligen Kommunion, bat ich unseren Herrn, ihn uns zu lassen, da wir wünschten, dass er zu seiner Ehre allein erzogen werde und zur Rettung der Armen Seelen. Ich dachte, eine innere Stimme zu hören, die mir antwortete, dass Gott die Erstlingsfrüchte wünsche und dass er später Dir ein anderes Kind geben wolle, das genau das umsetze, was wir wünschten.«

Sie schloss ihren Brief mit folgendem herzlichen Gedenken ihres Schwagers:

»Und Dein armer Mann, wie bekümmert muss er sein! Sag ihm, dass dieser Brief und alle darin ausgesprochenen Gefühle auch ihm gelten.«

Im folgenden Jahr, als der zweite kleine Joseph im Alter von acht Monaten starb, versuchte meine Tante im Kloster wiederum, meine Mutter zu trösten:

»Wie sehr muss Dein Herz bei diesem neuen Schlag gebrochen sein! O ja, die Pläne Gottes sind für uns undurchdringlich! Ich dachte, er werde Dir dieses Kind lassen. Aber er weiß besser als wir, was wir brauchen, also lass uns ihm die Dinge frei anheimstellen! Dies Leben ist voll Kummer. Liebste, Du weißt davon einiges durch Erfahrung. Von Deiner Kindheit bis jetzt, welche Kümmernisse aller Art hättest Du nicht ausgehalten? Aber das Glück wird auch kommen, und das Maß der Freude wird sich nach dem des Kummers richten.

Habe keinen Zweifel daran: Jetzt sät ihr in Tränen, aber ihr werdet in Fülle die Freuden des Herrn ernten! Am Ende dieses armseligen Lebens wirst Du Deine beiden wundervollen kleinen Engel sehen, wie sie Dir entgegenkommen und vom Erbarmen Gottes sprechen, das er für Dich hat. Denn ist es nicht er, der sie weggenommen hat, weg vom Schmutz und der Verderbnis dieser Welt, bevor sie davon berührt werden konnten?

Liebe Schwester, ich sollte Dich so sehr lieben, dass ich Dir ein paar Worte des Trostes schenke, aber obwohl ich weiß, dass, was der Herr getan hat, uns zum Besten gereicht, fühle ich dennoch eine Art Qual beim Verlust des lieben Kleinen. Und nebenbei liegt mir Dein und Deines Mannes Gram schwer auf der Seele. Ich würde ihn gern ganz auf mich allein nehmen und nichts auf Euch lasten lassen. Aber das ist unmöglich. Jeder von uns muss seinen Anteil tragen. Auf jeden Fall hoffe ich, dass Isidore Dich besucht und Dich stärkt.

Ich möchte Dir raten, meine arme Schwester, nie wieder Gott um Kinder zu bitten. Wenn er Dir weitere sendet, wirst Du sie annehmen, und wenn er sie hinwegnimmt, wirst Du einwilligen, dass er so handelt. Mühe Dich nur, Deine Mädchen so gut zu erziehen, dass sie Gott so viel Ehre erweisen wie die größten Heiligen. Denk zum Beispiel: Hat nicht unsere selige Margareta Maria mehr Seelen gerettet als viele Missionare? Gott macht vom Schwächsten Gebrauch, um seine Pläne zu erfüllen.

Schließlich, vielleicht wird der Herr, erfreut von Deiner Ergebung, Dir schenken, was Du wünschest. Versuche inzwischen, kein Hindernis gegen die Gnade in Deiner Seele aufzustellen, sondern sei allem treu, was Gott von Dir verlangt.«

Bezüglich des Todes dieses zweiten kleinen Joseph habe ich oft sagen hören, dass meine Mutter ihm einen Kranz von weißen Rosen auf den Kopf setzte und dass sie bis zum letzten Moment bei seinem kleinen Sarg blieb. »Mein Gott«, seufzte sie von Zeit zu Zeit, »wie schwer ist es, ihn ins Grab zu legen, aber weil du es so willst, möge dein heiliger Wille geschehen.«

***

Zwei Monate später weinte sie wieder an der Bahre ihres lieben alten Vaters. Schwester Marie-Dosithée schreibt an Herrn Guérin. Sie teilt ihm mit, wie besorgt sie wegen der Gesundheit ihrer Schwester ist. Zugleich stimmt sie eine wundervolle Lobrede auf diese an:

> »Die arme Zélie ist nicht leicht zu trösten für die vielen Verluste, die sie in diesen letzten Jahren erlitten hat.
>
> Sie geht in Gedanken zurück zu den glücklichen Abenden, die sie früher mit all ihren Kindern hatte, während der gute Großvater, der beim Feuer saß, an der Freude der Kleinen teilhatte. Nun sind sie alle dahingegangen, der liebe alte Vater und die Babys … Ich fürchte, dass möglicherweise die Gesundheit der Mutter so vielen Schocks nicht standhalten wird.
>
> Was mich aber jedenfalls vertrauen lässt, ist ihr Geist des Glaubens und ihr wunderbarer Mut. Was für eine starke Frau! Sie wird durch Widrigkeiten nicht niedergeschlagen, und im Glück überhebt sie sich nicht. Sie ist bewundernswert!«

Beim Tod der kleinen Hélène, die fünf Jahre alt war, waren Mutter ebenso wie Vater vom Gram wie durchbohrt. Beide gaben sie sie Gott hin. Meine Mutter dachte, sie würde vor Gram sterben. Sie wünschte nichtsdestoweniger, in jedem Fall das tote Kind selbst aufzubahren und es in den Sarg zu legen.

Bei dieser Gelegenheit nahmen die Worte der heiligmäßigen Schwester im Orden einen prophetischen Ton an, während sie die ausgezeichnete Einstellung ihrer Schwester anerkannte:

»Sursum corda! – Erhebt Eure Herzen! Unser Engel ist im Himmel und das, ohne den Verdruss dieser Welt erfahren zu haben. Sie ist von den Armen ihrer Mutter in jene unseres Herrn gegangen, gekleidet in ihr weißes Taufkleid. Wir haben gewünscht, sie bei uns zu behalten. Sie war so vielversprechend, aber wer kann die Zukunft vorhersagen? Gott ist nicht weniger zu lieben, wenn er hinwegnimmt, als wenn er schenkt.

O, meine liebste Schwester, wie glücklich bin ich, Deinen tiefen Glauben und Deine Ergebung zu sehen. Bald wirst Du jene wiederhaben, die Du so sehr liebtest. Und dann wirst Du niemals wieder von ihnen getrennt werden! Ja, Du wirst eine schöne Krone haben! Jetzt ist Dein Herz zermalmt, aber durch seine Unterwerfung unter alle göttlichen Wünsche sendet es einen süßen Wohlgeruch aus, der das Herz Gottes erfreut.

Ich kann mir nicht helfen, ich denke, dass Du glücklich zu preisen bist, da Du dem Himmel auserwählte Seelen geschenkt hast, die Deine Krone und Deine Freude sein werden. Und zudem werden Dein Glaube und Dein unerschütterliches Vertrauen eines Tages eine großartige Belohnung erhalten.

Sei also gewiss, dass Dich der Herr segnen wird, und dass das Maß Deines Kummers auch das der Tröstungen sein wird, die für Dich aufbewahrt sind. Mit einem Wort: Wirst Du nicht völlig belohnt sein, wenn der gute Gott, der über Dich so erfreut ist, Dir jene große Heilige schenkt, die Du zu seiner Ehre ihm zu geben so sehr gewünscht hast?«

Durch diese Worte der Ermutigung kann deutlich werden, dass Mutter ihrer Schwester im Orden in den Gefühlen unbesiegbaren Glaubens und blinder Hoffnung auf Gott nicht unähnlich war. Als Frau Guérin ihren kleinen Jungen bei der Geburt verlor, erzählte Mutter ihre eigenen erbaulichen Gefühle unter ähnlichen Umständen. Hier sind einige wenige Abschnitte aus ihrem Brief:

»Das Unglück, das Dich getroffen hat, betrübt mich sehr. Du wirst wirklich schwer geprüft. Es ist das erste der Leiden, die auf Dich warten, meine liebe Schwägerin. Möge Gott Dir die Gnade der Ergebung in seinen Willen schenken! Dein liebes, kleines Kind ist bei ihm; es sieht Dich, es liebt Dich, und Du wirst es eines Tages wiederfinden. Diesen großen Trost habe ich empfunden und empfinde ihn immer noch.

Wenn ich meinen lieben Kleinen die Augen schloss und sie in den Sarg legte, fühlte ich den Schmerz sehr, war aber immer ergeben. Ich beklagte die Sorgen und Mühen, die sie mir bereiteten, nicht. Mehrere Personen sagten mir: ›Es wäre besser gewesen, sie nie gehabt zu haben.‹

Ein solches Gerede konnte ich nicht ertragen. Ich fand, dass die Mühen und Sorgen um meine Kinder ihrem ewigen Glück nicht die Waage halten können. Und dann waren sie nicht für mich verloren; das Leben ist kurz und voller Elend. Wir finden die Kleinen im Himmel wieder.

Das Glück, ein Kind im Himmel zu haben, empfand ich besonders lebhaft beim Tode des ersten; denn Gott hat mir auf fühlbare Weise bewiesen, dass er mein Opfer wohlgefällig annahm. Durch Vermittlung meines kleinen Engels erhielt ich eine ganz außergewöhnliche Gnade« (Br., S. 98/99 [17.10.1871]).[16]

---

[16] Bei der genannten Gnade handelt es sich um die Heilung von Hélènes Ohr.

In einem späteren Brief an ihre Schwägerin wiederholt sie dieselben Gedanken:

>>Diese beiden Empfindungen – Schmerz und Freude – verschmelzen sich oft in mir; man weiß, dass das Leben kurz ist und man sie bald wiedersehen wird<< (Br., S. 100/101 [5.11.1871]).

Diese übernatürlichen Sichtweisen begegnen wieder in diesen Zeilen:

>>Vier von ihnen [meinen Kindern] sind bereits gut untergebracht, und die anderen nun, sie kommen auch ins himmlische Reich, und zwar mit mehr Verdiensten, weil sie länger darum gerungen haben<< (Br., S. 316 [4.3.1877]).

Mutter selbst erzählt von der Bemerkung eines Menschen, der sagte:

>>Gott nahm vier ihrer Kinder hinweg, um sie ein wenig von ihrer endlosen Mühe zu entlasten.<<

Aber sie protestierte entschieden gegen diese Erklärung:

>>Ich fasse die Sache nicht so auf. Schließlich ist Gott der Herr und braucht keine Erlaubnis bei mir einzuholen. Andererseits habe ich bis jetzt alle Beschwerden der Mutterschaft gut ertragen, indem ich mich der Vorsehung überließ. Übrigens, weißt Du? Man ist nicht auf Erden, um viel Vergnügen zu haben; die das erwarten, sind sehr im Unrecht und werden in ihren Erwartungen gehörig enttäuscht<< (Br., S. 90 [5.5.1871]).

Sie wiederholte oft denselben Gedanken:

>>Wir müssen unser Kreuz tragen – auf die eine oder auf die andere Weise.<<

»›Das da will ich nicht.‹ Oft wird man erhört, aber oft zum eigenen Unglück. Es ist besser, geduldig anzunehmen, was auf uns zukommt; immer gibt es neben der Freude auch das Leid« (Br., S. 96 [1.10.1871]).

Und wiederum:

»Gott ... tut nichts nur halb. Er gibt uns immer, was wir brauchen; wir wollen alle guten Mut behalten« ([1. Satz]: Br., S. 243 [7.5.1876]; [2. und 3. Satz]: Br., S. 264 [20.10.1876]).

Und diesen Gott, der so gut ist, nennt sie überdies: »unseren himmlischen Vater«.

Was Mutter schmerzlich empfand und worüber sie klagte, war, dass sie selbst nur ihre ersten drei Kinder stillen konnte. Sie musste die anderen zum Stillen weggeben, oft in größere Entfernung auf dem Land, was sehr ermüdende Reisen nötig machte, damit sie die Kinder besuchen konnte.

Als Theresia geboren war, fühlte Mutter eine unaussprechliche Freude. Vor ihrer Geburt sang sie oft vor sich hin. Aber kurz nach der Geburt wurde das Baby krank und auf einmal so ernstlich, dass sie sogar die Mutterbrust nicht nehmen wollte. Mama wachte Tag und Nacht über sie, indem sie versuchte, sie auf andere Weise, die der Arzt verschrieben hatte, zu füttern.

Einmal dachte sie, das Kind sei tot. Eine andere Amme wurde schnell herbeigerufen, die nur ihren Kopf schüttelte, als sie den Zustand des kranken Kindes sah.

Da ging Mutter in ihr Zimmer und flehte den heiligen Joseph an, das Kind wieder ins Leben zurückzuholen. Zugleich ergab sie sich dem göttlichen Willen, falls Gott Theresia zu sich nehmen wolle. Zitternd, in tödlicher Qual, ging sie die Treppe hinunter und sah, dass das geliebte Kind gerettet war. Man könnte der Ansicht sein, dass die

Kirche in Bezug auf die heilige Theresia vom Kinde Jesus den Tränen und Gebeten ihrer Mutter gegenüber in Schuld steht.

Nichtsdestoweniger musste diese halbe Auferstehung durch ein großes Opfer gesichert werden: dass die neue Amme Theresia auf das Land mitnahm.

»Mich tröstet, dass Gott es will, da ich alles getan habe, es selbst aufzuziehen« (Br., S. 121 [März 1873]).

Drei Wochen später hatte das Baby eine neuerliche Krise. Mutter fuhr sofort, begleitet vom Arzt, nach Semallé, wo die Amme lebte. In einem Brief an ihre Schwägerin beschrieb sie die Reise:

»Ich sah ein schönes Schloss und herrliche Besitztümer und sagte mir: ›All das ist nichts; wir werden nur glücklich sein, wenn wir alle, wir und unsere Kinder, dort oben vereinigt sind‹, und ich brachte mein Kind Gott als Opfer dar« (Br., S. 122 [30.3.1873]).

Und sie schließt:

»Ich habe alles, was in meiner Macht stand, getan, um das Leben meiner Thérèse zu retten; wenn Gott es jetzt anders will, werde ich versuchen, die Prüfung so ergeben wie möglich zu tragen« (Br., S. 123 [30.3.1876]).

Glücklicherweise wurde das Kind vollständig gesund.

Kurz nach Theresias Krankheit musste Mutter denselben Geist der Hingabe beweisen. Dies war, als Marie an einem typhoiden Fieber erkrankte, das Mutter große Ermüdung verursachte. Sie hatte viele Belastungen und Sorgen, auch während und nach der Invasion von 1870, als die Familie mit allen Einwohnern der Rue du Pont Neuf vom Ruin bedroht war.

Die töchterliche Abhängigkeit von Gott strahlte von ihr auch unter anderen Umständen aus, in denen so viele Eltern enttäuscht werden. Wir finden dies gut zusammengefasst in einem Brief an ihre Schwägerin, als jede von ihnen ein Kind erwartete:

>Ich freue mich, meine liebe Schwägerin, dass wir im August beide einen kleinen Jungen haben werden; ich hoffe es wenigstens. Aber sei es nun ein Junge oder ein Mädchen: Wir müssen mit Dank annehmen, was Gott uns gibt. Er weiß besser als wir, was wir brauchen« (Br., S. 65 [12.2.1870]).

Nach der Geburt von Marie Guérin und Melanie Thérèse Martin, die leider nur wenige Wochen leben sollte, kam Mutter auf denselben Gedanken zurück. Von ihrem Standpunkt aus, der nur die unsterbliche Seele ihres Kindes im Blick hatte, machte es nichts aus, ob es ein Mädchen oder ein Junge war. Sie schrieb ihrer Schwägerin:

>Wenn Du wie ich bist, wirst Du nicht betrübt sein; denn über so etwas habe ich mir nie eine Minute Kummer gemacht« (Br., S. 76 [23.8.1870]).

Was immer auch geschah, wir finden bei Mutter stets dieselbe christliche Haltung Prüfungen gegenüber. Daher schreibt sie in einem philosophischen Kraftaufwand derselben Korrespondentin:

>Es gibt Leid für alle; die Glücklichen sind nur die weniger Unglücklichen. Das Klügste und Einfachste bei alldem ist, sich dem Willen Gottes zu ergeben und sich vorzeitig darauf vorzubereiten, sein Kreuz so mutig wie möglich zu tragen« (Br., S. 65 [12.2.1870]).

Sie konnte diesen Rat geben, weil sie selbst ihn in der Praxis so vollkommen befolgte. Es war diese Haltung, die sie auch befähigte, ihre letzte Krankheit mit der heldenhaftesten Selbsthingabe anzunehmen.

Die Krankheit meiner Mutter

»Weil er an mir hängt, will ich ihn retten; ich will ihn schützen, denn er kennt meinen Namen. Wenn er mich anruft, dann will ich ihn erhören. Ich bin bei ihm in der Not, befreie ihn und bringe ihn zu Ehren« (Ps 91,14–15).

Die Entwicklung der Krankheit und ihre bewundernswürdige Ergebung

Wie wir gesehen haben, war Mutter von einer eher anfälligen Konstitution, und obwohl sie von ihrer Figur her schmal war, musste ihre außergewöhnliche Energie den Ausgleich schaffen und befähigte sie, ihre Ermüdung zu beherrschen.

Im Jahre 1865 bemerkte sie eine Geschwulst in ihrer Brust. Dies war das Ergebnis eines Unfalls, der Jahre zurücklag. In ihrer Jugend hatte sie sich selbst an einer Tischecke gestoßen. Die Geschwulst war Quelle großer Sorge unseres Vaters. Unser Onkel, Herr Guérin, wurde konsultiert. Es wurde keine sofortige Behandlung verschrieben. Elf Jahre hindurch wurde nichts Ernstes befürchtet, aber dann verschlimmerte sich der Schmerz und offenbarte das Vorhandensein eines bösartigen Tumors. Dieser breitete sich aus, und nachdem er Mutter schreckliche Leiden verursacht hatte, führte er zu ihrem Tode.

Als der Arzt ihr in taktloser Weise verkündete, die Krankheit sei unheilbar, trug sie diesen Schreck mit ihrem gewöhnlichen Geist des Glaubens. Sie sagte einfach:

»Und doch danke ich ihm [dem Arzt] für den Dienst, mir die ganze Wahrheit gesagt zu haben; dieser Tag ist von höchstem Wert für mich gewesen« (Br., S. 354 [14.6.1877]).

Ihre Selbstlosigkeit zeigte sich, indem sie uns alle tröstete, besonders unseren betrübten Vater. Darum, und während sie ihr eigenes Leiden überwand, setzte sie mutig ihr normales Leben der Arbeit fort und gab sich Gott anheim. Uns aber hieß sie, in unseren Gebeten für ihre Genesung einzutreten. Ihre sämtliche Korrespondenz aus jener Zeit atmet die vollständige Ergebung. So wurde sie von der ganzen Familie bewundert, aber auch von dem Priester, der kam, um sie zu ermutigen.

Ihr früheres Hausmädchen, Louise Marais – Frau Le Gendre –, berichtet über einen Vorfall, als sie 47 Jahre später an den Karmel schrieb:

»Während ihrer Krankheit empfing sie eines Tages in ihrem Büro den Pfarrer von Montsort, der ihr Beichtvater war. Ich war zugegen. Sie sprach zu ihm über ihren Tod mit so großer Ergebenheit, dass der Priester sagte: ›Madame, ich habe viele mutige Frauen getroffen, aber niemals eine wie Sie.‹ Der gute Hirte war weniger ruhig als Frau Martin.«

Der Brief voller Lob schließt:

»Ich könnte Ihnen endlos von den Akten ihrer Freundlichkeit und ihrer Ergebung in den Willen Gottes berichten.«

Wirklich war ihre übernatürliche Ergebung so tief, dass sie mit Gelassenheit zu sagen pflegte: »Ich fürchte mich vor nichts, unser Herr erhält mich aufrecht. Er schenkt für jeden Augenblick die notwendige Gnade, und diese werde ich bis zu meinem letzten Ende haben.«

Als weitere Belege hier einige Auszüge aus ihren Briefen:

>Ich habe keine Lust, mich wegen meiner kranken Drüse maßlos aufzuregen. Wenn Gott will, dass ich daran sterbe, so versuche ich, mich so gut wie möglich darin zu ergeben und den Schmerz geduldig zu ertragen« (Br., S. 264 [20.10.1876]).

Und mit welcher vollständigen Loslösung verfolgte sie den Fortschritt ihrer Krankheit:

>Die betreffende Stelle ist jetzt gerötet. Um die Wahrheit zu sagen: Ich bin etwas beunruhigt, aber ich spreche hier nicht davon. Wenn es gefährlich ist, erfahren es alle noch früh genug.«

>Ich möchte sehr, dass Euch das alles nicht allzu sehr erschreckt und dass Ihr Euch dem Willen Gottes ergebt. Wenn er mich auf Erden für nützlich hielte, würde er ganz sicher diese Erkrankung nicht zulassen; denn ich habe so viel gebetet, dass er mich von der Erde nicht wegnehmen möge, solange ich meinen Kindern notwendig bin« (1. Abschnitt: Br., S. 284 [7.12. 1876]; 2. Abschnitt: Br., S. 287 [18.12.1876]).

In diesem Brief spricht sie über die Verzweiflung ihrer Hausgenossen wegen des ärztlichen Urteils. Vater war »vollständig erschüttert und wollte nicht einmal mehr das Haus verlassen«.

Pilgerfahrt zur Grotte von Massabielle (Lourdes)

Als sie sah, dass ihre Krankheit sich verschlimmerte, schrieb Mutter an ihre Verwandten in Lisieux:

>Ich warte ungeduldig auf eine Wallfahrt nach Lourdes, und – dessen bin ich sicher – wenn ich mei-

ner Familie notwendig bin, werde ich geheilt; dieser Glaube fehlt mir nämlich nicht« (Br., S. 305 [28.1.1877]).

Sie fügte demütig hinzu:

»Ich verdiene nicht, dass man sich so mit mir beschäftigt. Mein Leben ist nicht so kostbar … Es gibt so viele Menschen, die sich für nützlich halten, und die Gott nimmt, weil er es für besser hält. Und nach ihrem Tod geht alles gut weiter« (Br., S. 305 [28.1.1877]).

Einige Wochen später:

»Wenn Gott mich heilen will, werde ich sehr froh sein; denn im Grunde wünsche ich lebhaft zu leben; es kostet mich viel, meinen Mann und meine Kinder zu verlassen. Aber andererseits sage ich mir: ›Wenn ich nicht gesund werde, ist ihnen mein Fortgehen vielleicht heilsamer‹« (Br., S. 311 [20.2.1877]).

Freunde empfahlen sie dem Gebet mehrerer religiöser Gemeinschaften in Lourdes. All ihre Hoffnung legte sie in die Pilgerfahrt.

»Tatsächlich rechne ich nur noch mit der Hilfe dieser guten Mutter [der Gottesmutter]! …

Ich bin aber nicht davon überzeugt, dass sie mich gesund machen wird; denn es kann sehr gut nicht Gottes Wille sein. Dann müssen wir uns ergeben, und das tue ich, ich versichere es Dir.

… Wie sehr möchte ich doch, dass von alldem nicht mehr gesprochen würde! Es ist alles geschehen, was getan werden musste; legen wir alles Übrige in die Hände der Vorsehung! … Wenn ich nicht gesund werde, dann liegt Gott viel daran, mich bei sich zu haben« (Br., S. 293/294 [5.1.1877]).

Ihr selbst lag viel daran, das Ziel ihrer Gebete zu erlangen:

»In sechs Monaten würde ich noch einmal hingehen, wenn ich diesmal nichts erhalte. Je kränker ich werde, umso mehr Hoffnung bekomme ich« (Br., S. 320/321 [12.3.1877]).

Damit die Pilgerfahrt ganz übernatürlich sei, schob sie jeden Gedanken an einen Ausflug beiseite.

»Ich habe auf diese Weise mehr Vertrauen. Ich will auch nicht mit Louis hinfahren. Aus lauter Güte würde er mich von Stadt zu Stadt führen, um mir die Reise angenehm zu gestalten, und ich würde nicht geheilt« (Br., S. 320 [12.3.1877]).

Sie wollte mit ihren drei ältesten Töchtern reisen, wobei sie zugleich eingestand:

»Die Reise verursacht viel Unruhe und Ausgaben ... (Aber) mir scheint, je mehr Opfer wir bringen, umso eher sei die Heiligste Jungfrau geneigt, uns zu erhören« (Br., S. 346 [29.5.1877]).

Sie schrieb an Pauline:

»Anfangs war Vater nicht dafür, dass ich Euch alle drei mitnehme. Jetzt aber wünscht er es und meint, man könne nicht genug Opfer bringen, um ein so großes Wunder zu erlangen« (Br., S. 349 [Mai 1877]).

Pauline war so sehr überzeugt, dass das Wunder geschähe, dass Mutter, um alle Enttäuschung auszuschließen, ihr diese Zeilen schrieb:

»Wir müssen jetzt besonders in uns die Gesinnung pflegen, den Willen Gottes anzunehmen; er ist immer das Beste für uns, was es auch sei« (Br., S. 349 [Mai 1877]).

Zwei Monate früher hatte sie in derselben Weise ermutigt:

>»Überlassen wir uns seiner Güte und Barmherzigkeit; er wird alles zum Besten lenken« (Br., S. 323 [12.3.1877]).

Im Februar 1877 hatte sie dieselben Gefühle Frau Guérin gegenüber ausgedrückt:

>»Ich baue dafür auf die Wallfahrt nach Lourdes; aber wenn ich nicht geheilt werde, versuche ich, auf der Rückfahrt trotzdem noch zu singen« (Br., S. 311 [Febr. 1877]).

Ihr Bruder und ihre Schwägerin empfingen den letzten Bericht über ihre Gesundheit vor ihrer Abfahrt:

>»Vor allem in der letzten Nacht wurden die Schmerzen sehr schlimm. Ich kann die kranke Stelle unmöglich mehr berühren, sie tut zu weh. Ich wäre nicht überrascht, wenn sie aufbräche, ehe ich abreise.
>
>Wenn nur keine Blutung einsetzt! Es scheint, dass das vorkommt, wenn die Krankheit nach außen tritt« (Br., S. 350 [7.6.1877]).

Rückkehr aus Lourdes

»Leider bin ich nicht geheilt worden. Im Gegenteil hat die Reise zu einer Verschlimmerung meiner Krankheit geführt.«
So rief Mutter bei der Rückkehr aus Lourdes aus. Sie erzählte dabei den Freunden in Lisieux von den Wechselfällen ihrer Reise.
Über ihre Ankunft beim Marienheiligtum, nachdem sie für ihre Kinder etwas zu essen besorgt hatte, schrieb sie:

>»Ich habe ... selbst aber nichts gegessen. Ich wollte nämlich zuerst zur Grotte, dann zur Quelle baden ge-

hen, obwohl meine Kräfte am Ende waren« (Br., S. 360 [24.6.1877]).

Sie gab dann einen lebendigen Bericht über ihre Missgeschicke: Sie verfehlte eine Stufe auf der Treppe zum Vorbau und verrenkte sich den Nacken, ein Vorfall, auf den später oft Bezug genommen wird. Viermal badete sie im Heilbecken, und jedes Mal wurde sie fast ohnmächtig, wenn sie in das kalte Wasser eintauchte. Marie verlor den Rosenkranz ihrer Ordenstante, das einzige Erinnerungsstück, das Mutter an diese hatte. Wiederum geschah ein Unglück: Sie zerriss sich ihr Kleid so sehr, dass sie es ausbessern musste, bevor sie sich damit wieder sehen lassen konnte.

Am Ende lesen wir in ihrem Fazit:

>Es ist mir nur Unglück und Elend ohne Ende zuteil geworden« (Br., S. 361 [24.6.1877]).

Am Bahnhof von Le Mans verließ Pauline auf der Rückfahrt Mutter und Schwestern und kehrte sofort zum Schuljahresende ins Internat zurück. Wenige Tage später, am 25. Juni, schrieb Mutter ihr:

>Vater und die Kleinen warteten seit einer Stunde auf uns. Er war glücklich, uns wiederzusehen, obwohl er sehr traurig zu sein schien. Seit Donnerstag besonders hatte er sehr schwere Stunden hinter sich; er erwartete ja jeden Augenblick das Telegramm. Jedes Mal, wenn die Hausglocke läutete, bedeutete das eine aufregende Erwartung für ihn.

Er ist sehr überrascht gewesen, als er mich so froh zurückkommen sah, als ob ich die erwünschte Gnade erhalten hätte. Das hat ihm wieder Mut gemacht, und seine gute Stimmung teilte sich dem ganzen Hause mit« (Br., S. 365/366).

Nachdem sie das Versprechen der Allerseligsten Jungfrau an Bernadette ins Gedächtnis gerufen hatte: »Ich werde Sie nicht in dieser, aber in der kommenden Welt glücklich machen«, schließt sie:

>»Also erhoffe nicht viele Freuden auf Erden; Du würdest zu viele Enttäuschungen erleben. Ich persönlich weiß, was von den Freuden der Welt zu halten ist. Wenn ich nicht die himmlischen erwartete, wäre ich sehr unglücklich …
>   Bitte gläubig die Mutter der Barmherzigkeit; sie wird uns mit der Güte und Milde der zärtlichsten Mutter zu Hilfe kommen« (Br., S. 367 [25.6.1877]).

Bevor sie den Zug nach Lourdes nahm, hatte Mutter beim Kloster von der Heimsuchung in Angers gehalten. Glühende Gebete wurden dort verrichtet, um das Wunder ihrer Heilung zu erlangen. Eine seltsame Sache geschah dort genau zu der Zeit, als sie Lourdes auf der Rückkehr verließ. Mutter berichtet selbst:

>»Um 20 Uhr haben sie im Kreuzgang eine Glocke gehört, die ganz von selbst läutete. Sie konnten sich noch so sehr erkundigen, niemand hatte daran gerührt; sie haben an ein Wunder geglaubt, das die Gottesmutter ihnen auf diese Weise ankündigen wollte … Es sollte wohl bedeuten, dass sie es nicht gewirkt habe« (Br., S. 363 [24.6.1877]).

Uns, die wir das Ende der Geschichte kennen, war es uns nicht ein Zeichen, dass trotz gegenteiligem Anschein unsere Himmelsmutter zärtlich über die liebe Kranke und ihre Familie wachte?

Höchster Mut unter Kreuzeslast

In ihrem Brief vom 8. Juli 1877 berichtete Mutter unserer Tante in Lisieux Einzelheiten von dem jetzt noch schnelleren Fortschritt ihrer Krankheit:

»Die kranke Stelle wird nicht nur immer schmerzhafter, sie fängt seit 14 Tagen auch an, auszutragen. Der Stoß, den ich am Hals bekam, verursacht unsagbare Schmerzen, besonders seit der letzten Nacht ...
Ich musste mich um 5 Uhr anziehen, um in die erste Messe zu gehen; ich war allein. Louis war bei der nächtlichen Anbetung ...
Um 5 Uhr habe ich dann Marie gerufen, die mir helfen sollte, mich anzuziehen. Das Sitzen und Knien in der Kirche ist mir sehr schwer geworden. Ich musste mich anstrengen, um keinen Wehlaut auszustoßen; darum werde ich auch nicht noch ins Hochamt gehen ...
Dazu überkam mich diese Woche eine allgemeine Übelkeit, die mir alle Kraft nahm« (Br., S. 368/369 [8.7. 1877]).

In ihrer gewöhnlichen Selbstvergessenheit, kommt sie erst ganz am Ende des Briefes auf ihr Leiden zu sprechen und fügt in Gelassenheit hinzu:

»Ich komme auf meine Krankheit zurück, weil die Einzelheiten Euch interessieren. Die heftigen Schmerzen, die ich am Hals habe, lassen meinen Mann und Marie glauben, die Heiligste Jungfrau wolle mich heilen. Sie ließe sonst so heftige Schmerzen nicht zu, zumal meine Wallfahrt daran schuld ist« (Br., S. 372/373 [8.7. 1877]).

Einige Zeit später berichtet sie wieder über die so schmerzvolle Angelegenheit:

»Du bittest mich wieder, Dir noch einmal von meiner Krankheit zu schreiben. Ach, was soll ich Euch sagen? Das Übel wird von Tag zu Tag schlimmer. Allein kann ich mich weder an- noch ausziehen. Der Arm an der kranken Seite weigert sich einfach, das Mindeste zu tun. Aber die Hand greift immer noch gern nach der Nadel!

Dazu kommt eine allgemeine Übelkeit mit Schmerzen in den Gedärmen und seit etwa 14 Tagen Fieber. Ich kann nicht mehr stehen, ich muss mich setzen …

Das habe ich mir zu Herzen genommen und versuche, alles so zu tun, als ob ich sterben müsste. Ich darf auf keinen Fall die kurze Zeit verlieren, die mir noch bleibt; es sind Tage des Heils, die nie wiederkehren. Ich will sie voll ausnützen.

Im Augenblick werde ich doppelten Nutzen daraus ziehen: Ich leide weniger, wenn ich mich ergebe, und werde einen Teil meines Fegefeuers abkürzen. Bitte, erflehe mir Ergebung und Geduld! Ich brauche beides so sehr. Du weißt, dass ich kaum Geduld habe« (Br., S. 374/375).

Einige Tage darauf, nachdem sie Einzelheiten einer quälenden Nacht erzählt hatte, fuhr sie fort:

»Louis, das Mädchen und Marie sind bei mir geblieben. Der arme Louis! Er nahm mich von Zeit zu Zeit wie ein Kind in die Arme …

Ich kann Dir keinen längeren Brief schreiben; ich sehe nicht recht und fühle eine mir unverständliche Schwäche. Gerade ist eine Pflegeschwester gekommen« (Br., S. 381 [27.7.1877]).

Auf dem Gipfel des Kalvarienberges

Hier muss ich einige Auszüge aus den Briefen meiner Schwester Marie einfügen, die sie unserer Tante in Lisieux schrieb. Diese Berichte über Mutters Gesundheit sind sprechender, als jeder Kommentar von meiner Seite es sein könnte. Wir werden hierbei – wie die Mutter der Schmerzen auf Kalvaria bei ihrem göttlichen Sohn – den letzten Leiden unserer unvergleichlichen Mutter beiwohnen. Die Briefpassagen geben die Atmosphäre jener kummervollen Stunden wieder.

Der erste Brief datiert vom 28. Juli 1877, nur einen Monat vor dem letzten Kampf:

»Seit Wochenbeginn geht es Mama viel schlechter. Am Sonntag wollte sie noch zur ersten Messe gehen. Aber sie brauchte übermenschlichen Mut und musste unglaubliche Anstrengungen machen, um bis zur Kirche zu kommen. Jeder Schritt, den sie tat, schien Rückwirkung auf die Schmerzen in ihrem Nacken zu haben. Manchmal war sie gezwungen anzuhalten, um wieder etwas Kraft zu sammeln.

Als ich sie so ermattet sah, flehte ich sie an, nach Hause zurückzukehren, aber sie wollte weitergehen. Sie glaubte, es handelte sich nur um einen vorübergehenden Anfall. So war es aber keineswegs. Im Gegenteil hatte Mutter viele heftige Beschwerden auf dem Rückweg. Deswegen wird sie nicht mehr so unvorsichtig sein.

Nebenbei gesagt, wäre es für sie heute unmöglich. Seit letztem Montag war sie nämlich unfähig, das Haus zu verlassen. Sie geht nicht mehr in ihr Büro. Louise und ich empfangen die Spitzenklöpplerinnen. Mama ist stets in ihrem Zimmer; entweder liegt sie auf dem

Bett oder sie sitzt in einem Armsessel. Sie fühlt sich sehr unwohl im Bett, wegen ihres Nackens, der ihr schreckliche Schmerzen verursacht.

Wir haben vier Kissen hinter ihre Schultern gelegt, damit sie in einer praktisch sitzenden Position im Bett sein kann. Sie muss ihren Nacken absolut aufrecht halten, ohne ihn auch nur ein klein wenig zu bewegen. Wenn sie müde davon geworden ist, ihren Kopf in dieser einen Stellung zu halten, heben wir sie sehr vorsichtig mit den Kissen an, bevor sie aufrecht sitzt. Aber jeder Wechsel der Position bedeutet unglaubliche Leiden. Die kleinste Bewegung lässt sie gellende Schreie ausstoßen.

Und mit welcher Geduld und Ergebung trägt sie ihre fürchterliche Krankheit: Ihren Rosenkranz hält sie stets in Händen. Sie betet stets, trotz ihrer Leiden. Wir bewundern sie alle sehr. Sie hat so viel Mut und überwindende Energie. Bis vor zwei Wochen pflegte sie die fünf Rosenkranzgesätze auf Knien zu beten, und zwar vor dem Bild der Allerseligsten Jungfrau in meinem Zimmer. Dieses Bild liebt sie ja so sehr. Als ich sie so krank sah, wollte ich, dass sie sich setzte, aber es war zwecklos, sie darum zu bitten.

Mama stimmt Eurem Gedanken, nach Alençon zu kommen, von Herzen zu, denn wir können dieses Jahr nicht nach Lisieux fahren. Sie würde wünschen, dass Ihr Eure Fahrt auf die Woche nach Mariä Himmelfahrt einrichtet, denn wenn die Allerseligste Jungfrau sie an diesem Tag heilte, würden wir alle, wie schon geplant, nach Lisieux fahren. Lasst uns hoffen, dass die liebe himmlische Mutter Erbarmen mit uns hat und dass sie sich von unseren Gebeten und Tränen rühren lässt.

P.S. Ich vergaß zu erwähnen, dass Doktor X Mutter besuchte. Er verordnete ein Sedativum gegen die Schmerzen in ihrem Nacken, die, wie er erklärte, Folge ihrer Krankheit sind. Ich dachte auch so, weil eine einfache Zerrung nicht so lange anhalten würde. Er war sehr höflich und sehr freundlich. Ich denke, er erschreckt sie jetzt nicht so sehr.«

Was mich selbst angeht, war ich erst acht Jahre alt, als meine Mutter, auf meine Bitte hin, mir die kranke Stelle zeigte. Ich habe davon allzeit eine unvergessliche Erinnerung behalten. Der ganze obere Teil der rechten Seite ihrer Brust bis hin zur Schulter und zum Nackenansatz war durch Entzündung hellrot, während Streifen in einem dunkleren Rot auf und ab hindurchliefen.

Herr und Frau Guérin kamen am 30. Juli nach Alençon. Nach deren Rückkehr nach Lisieux schrieb Marie ihnen regelmäßig, um ihnen Neuigkeiten von der lieben Kranken zu berichten:

»Seit Ihr abgefahren seid, leidet Mama weiter mehr und mehr, und jeden Tag gibt es neue Prüfungen. Die letzten zwei oder drei Tage hat sie ständig über Herzanfälle geklagt. Sie verbringt sehr schlechte Nächte, und es ist absolut herzzerreißend, ihr schmerzliches Stöhnen zu hören.

Gestern Abend litt sie so sehr, dass sie laut sagte: ›O mein Gott, du siehst, dass ich keine Kraft mehr zum Leiden habe. Hab Erbarmen mit mir! Weil ich auf diesem Schmerzenslager bleiben muss, ohne dass irgendjemand in der Lage ist, mir Erleichterung zu geben, flehe ich dich an, mich nicht zu verlassen!‹

Manchmal weint sie und schaut uns eine nach der anderen an. Dann sagt sie: ›O, meine armen Kinder! Ich kann euch nicht mehr auf einen Spaziergang führen, obwohl ich so sehr wünschte, euch glücklich zu machen! Ich hatte so ersehnt, Pauline in ihren Ferien jede Freude zu machen, die ich ihr nur geben könnte. Nun muss ich sie sich selbst überlassen oder sie ohne mich ausgehen lassen! O liebe Kleinen, wenn ich nur mit euch ausgehen könnte, wie glücklich wäre ich.‹

Mit einem Wort, unsere arme Mutter denkt so wenig an sich selbst, dass sie nur dann glücklich ist, wenn sie uns zu einem Spaziergang weggehen sieht. Um ihnen eine Freude zu machen und sie aufzuheitern, hat Papa meine Schwestern zu einem Bootsausflug mitgenommen. Aber welches Vergnügen können wir finden, wenn wir wissen, dass unsere Mutter so krank ist.

Mama schrieb letzten Sonntag an Abbé Martignon von Notre-Dame-des-Victoires in Paris und an die Schwestern in Lourdes. Wir begannen am Montag die Novene, die bis Mariä Himmelfahrt geht. Ich bete sie mit dem größten Vertrauen. Ich vertraue, dass die himmlische Mutter uns nicht verlassen wird. Wenn sie Mama nicht heilt, wird sie ihr wenigstens Erleichterung schicken und ihr Leiden, das an Intensität zu wachsen scheint, lindern.

Wen würde die Allerseligste Jungfrau wohl beschützen, wenn sie Mama nicht beschützte, die so gut und so tapfer ist? Letzten Sonntagmorgen wollte sie wieder aufstehen, um zur ersten heiligen Messe zu gehen, weil sie dachte, ihr Nacken sei nicht so schlimm, und dass sie ihn leichter bewegen könne. Wenn Du nur die Schwierigkeiten erlebt hättest, liebe Tante, die ich hatte, sie vom Aufstehen abzuhalten. Wenn sie sich nur allein hätte anziehen können, hätte sie es sicherlich getan.

Letzten Freitagmorgen ging sie zur Sieben-Uhr-Messe, denn es war Herz-Jesu-Freitag. Papa half ihr, denn ohne ihn hätte sie überhaupt nicht gehen können. Als sie an der Kirche ankamen, gab sie zu, dass, wenn nicht jemand bei ihr gewesen wäre, sie niemals fähig gewesen wäre, die Kirchentüre aufzudrücken!«

Als sie sehr krank war, ereignete sich folgender bewegender Vorgang. Eines Tages, als Pauline allein an ihrem Bett saß, nahm Mama ihre Hand und küsste sie ehrfürchtig. War das nicht wie eine Prophezeiung der Aufgabe, die Pauline später zu erfüllen hatte: fünfzig Jahre lang Priorin ihres Karmeliterinnenkonvents zu sein – und dreier ihrer eigenen Schwestern?

Was wurde unterdessen aus Theresia und mir, mitten in der Verwirrung und der Bestürzung, die in unserem Haus nun herrschten?

Ich erinnere mich, wie uns jeden Morgen eine Verwandte holte und uns den Tag in ihrem Haus verbringen ließ. Eines Tages hatten wir vor dem Verlassen unseres Zuhauses keine Zeit gehabt, unsere Morgengebete zu sprechen. Auf dem Weg flüsterte ich Theresia zu:»Sollten wir sagen, dass wir unsere Gebete nicht gesprochen haben?«–»O ja,« antwortete sie. Darauf vertraute ich der Dame ziemlich schüchtern mein Geheimnis an. Sie antwortete sofort:»O, ihr kleinen Mädchen, ihr könnt sie jetzt sprechen.« Dann ging sie und ließ uns allein in einem großen Raum. Erstaunt starrte ich meine Schwester an, die nicht weniger befremdet war als ich. Und sie rief aus:»O, das ist nicht wie bei Mama! Sie hat die Gebete immer mit uns gebetet!«

Wenn unsere liebe Mutter auch nicht länger mehr in der Lage war, uns beten zu lehren, war sie doch entschlossen, eine große Anstrengung zu machen, an unserer Preisverleihung teilzunehmen. Marie, die unsere Lehrerin war, hatte ein kleines Fest organisiert, um die Schularbeit zu beschließen. Unsere geliebte Mutter wollte zusammen mit

Vater gleichsam die Erfolge ihrer beiden Kleinsten krönen. Sie saßen in einem besonders geschmückten Sessel und präsidierten beide dieser letzten glücklichen Familienzusammenkunft.

Doch leider mussten wir nach diesem letzten Strahl des Sonnenuntergangs wieder in den dunklen Tunnel der bitteren Sorgen des Jetzt eintreten.

Das erhoffte Wunder fand am 15. August nicht statt. Unsere heilige Kranke beugte sich wie immer dem göttlichen Willen. Am folgenden Tag schrieb sie mit zitternder Hand einige Zeilen an ihren Bruder. Aber sie schloss – starkmütig bis zum letzten Ende – mit diesem Akt der Selbsthingabe:

> *»Was tun? Wenn die Heiligste Jungfrau mich nicht heilt, dann weil meine Zeit um ist, und Gott will, dass ich mich anderswo als auf dieser Erde ausruhe …*

> Z. Martin« (Br., S. 382 [16.8.1877]).

Das waren die letzten Worte, die sie auf Erden schrieb!

Heiligmäßiges Sterben

Marie setzte damals ihr trauriges Tagebuch fort. Am 25. August schrieb sie unserer Tante in Lisieux:

> »Ich habe traurige Neuigkeiten. Mama geht es sehr viel schlechter. Ihre Krankheit macht von Tag zu Tag schreckliche Fortschritte. Die Nächte sind schrecklich für sie. Sie muss jede Viertelstunde aufstehen, weil ihr Leid sie nicht im Bett liegen lässt.
> Der geringste kleine Lärm bringt schreckliche Krisen. Selbst ein Flüstern oder Barfußgehen weckt sie auf. Ihr Schlaf ist so leicht, dass der leiseste Ton sie aufschreckt.

Die beiden letzten Tage scheint sie weniger nervös zu sein, und ihre Schmerzen scheinen nicht so stark oder akut zu sein wie am Anfang der Woche. Montag und Dienstag wussten wir nicht, was wir tun sollten. Ihre Leiden waren grässlich. Wir konnten ihr in keiner Weise Erleichterung verschaffen, und kein Mittel schien sie beruhigen zu können.

Diese unglaublichen Qualen haben eine äußerste Schwäche herbeigeführt. Sie ist nicht länger in der Lage – sie hat nicht genügend Kraft – und man kann sie kaum hören, wenn sie spricht. Nur durch die Bewegung ihrer Lippen können wir verstehen, was sie sagt. Gestern war sie schwach, aber heute ist sie noch schwächer.

Letzte Nacht hatte sie eine starke Blutung, die ihre Schwäche noch vergrößert hat. Papa war die ganze Nacht bei ihr. Er war so erschüttert. Glücklicherweise dauerte die Blutung nicht lange. Es scheint, dass sie sehr gefährlich ist.

Ich hoffe, dass Mama ein wenig Kraft zurückgewinnen und nicht so schwach bleiben wird wie heute. Es ist wahr, dass sie weniger zu leiden scheint, aber ihre Schwäche erschreckt mich. Wenn sie schläft, würde man sagen, sie lebt nicht mehr. Diesen Eindruck macht es.

Glaubst du, Tantchen, dass die Schwäche lange dauern wird? Ich denke, Mutter würde sie überwinden, wenn sie etwas Nahrung nehmen würde, aber nichts scheint ihr zu bekommen. Ihre ganze Nahrung besteht aus zwei oder drei Tassen Bouillon, und nicht einmal diese Menge kann sie immer bei sich behalten.«

Am folgenden Tag, dem 26. August, sandte Marie diesen Alarmruf an ihren Onkel:

»Gestern vergaß ich, Tantchen zu erzählen, dass Mamas Beine angeschwollen sind, und Papa wünscht, dass ich Dir sofort davon schreibe. Ich hätte auch selbst davon geschrieben, denn ich bin selbst sehr beunruhigt. Die Schwellung begann etwa vor einer Woche. Ich wurde mir erst heute Morgen ihrer recht bewusst; bis jetzt maß ich ihr nicht viel Bedeutung bei. Ihr Arm ist sehr geschwollen, und sie kann ihn kaum ein wenig bewegen.

Nebenbei ist sie in einem Zustand völliger Entkräftung. Heute, mehr noch als gestern, kann sie nur durch Zeichen sprechen. Wenn sie allein in ihrem Zimmer wäre, würde sie eher sterben, als um Hilfe zu rufen.

Sie hat auch gerade wieder eine starke Blutung. All das hat sie sehr verändert, hat sie abmagern lassen! Papa ist so besorgt, dass er mir gerade auftrug, Euch anzuflehen, so bald wie möglich zu kommen, damit ihr Mutter wenigstens noch bei vollem Bewusstsein findet.«

Am Abend des 26. August oder am folgenden Morgen, vor der Ankunft von Herrn und Frau Guérin, empfing Mutter die Sterbesakramente. Theresia allein erwähnt es:

»Die anrührende Zeremonie der Letzten Ölung hat sich … meiner Seele eingeprägt« (Ms A. 12rº).

Auch auf mich machte es einen bedrückenden Eindruck. Wir alle knieten an ihrem Bett, nach unserem Alter geordnet, Theresia neben mir. Unser armer Vater konnte seinen Kummer nicht zurückhalten.

Mutter aber blieb ruhig und selbstbeherrscht. So starb sie in einer wahrhaft heiligen Weise und gab uns, an ihrem Lebensende, das Beispiel völliger Selbstvergessenheit und eines höchst lebendigen Glaubens.

In den Momenten der Qual während ihrer Krankheit stieg ihre flehentlich betrübte Bitte zum Himmel: »O, Du der Du mich erschaffen hast, hab Erbarmen mit mir!« Und

Gott hatte Erbarmen mit ihr, indem er den Fortschritt ihrer Krankheit beschleunigte. Denn zu jener Zeit gab es nicht wie heute Schmerzmittel, die die Schmerzen armer Leidender linderten.

Es war am Dienstag, dem 28. August 1877, eine halbe Stunde nach Mitternacht, dass unsere bewundernswerte Mutter von uns genommen wurde. Sie war erst 45 Jahre und acht Monate alt.

Übernatürliche Folgen

Am Morgen nach ihrem Tod nahm unser lieber Vater Theresia in seine Arme. »Komm«, sagte er, »gib deiner liebsten Mutter einen letzten Kuss.«

Ohne ein Wort zu sagen, drückte sie ihre Lippen auf die eiskalte Stirn unserer zärtlich geliebten Mutter.

Im Laufe des Nachmittags stand das kleine Kind vor dem Sarg, den man im Flur stehen gelassen hatte. Wahrhaftig, sie »fand ihn sehr groß und sehr traurig« (vgl. Ms A 88, 12r°).

Marie ihrerseits hatte uns den Ausdruck ihrer eigenen Erinnerungen hinterlassen:

> »Während des Tages ging ich oft nahe zum Leichnam meiner lieben Mutter. Ich wurde nicht müde, sie anzusehen. Sie schien nur zwanzig Jahre alt zu sein. Ich dachte, dass sie wunderschön ist. Ich hatte eine übernatürliche Impression, als ich neben ihr stand. Es kam mir der Gedanke, und er gab die Wirklichkeit wieder, dass sie nicht tot, sondern lebendiger denn je sei.«

Ich meinerseits befragte Pauline wenige Tage später über Mamas Tod. Besonders fragte ich sie, ob sie nicht selbst irgendein Zeichen vom Himmel empfangen hatte, dass Mutter nun in der ewigen Freude sei.

Sie erzählte mir, dass sie im Traum einen Engel gesehen habe, der auf einem Stück Sand ›leuchtend im hellen Licht‹ geschrieben habe: »Selig sind die Trauernden, denn sie werden getröstet werden.«

Wie oft sprach unser Vater im Laufe der Jahre zu uns von unserer »heiligmäßigen« Mutter. Er kam immer mit diesem Adjektiv auf sie zu sprechen, das seine Gedanken so sehr zum Ausdruck brachte. Sogar mehrere Jahre nach dem Ereignis schrieb er in einem Brief an einen Jugendfreund:

> »In einem kürzlichen Brief erwähnte ich meine fünf Töchter, aber ich vergaß, Dir zu sagen, dass ich noch vier weitere Kinder habe, die mit ihrer heiligmäßigen Mutter im Himmel sind, wo wir sie eines Tages zu treffen hoffen.«[17]

Meine Tante, Frau Guérin, sowohl erfreut wie bewegt über die Zuneigung, die wir ihr bezeigten, schrieb folgende Zeilen am 16. November 1891 an Schwester Theresia vom Kinde Jesus:

> »Was habe ich jemals getan, dass Gott mich mit solch liebenden Herzen umgeben hat? Ich habe nur sehr gern auf den letzten flehenden Blick einer Mutter geantwortet, die ich von ganzem Herzen liebte. Ich fühle, dass ich diesen Blick verstanden habe, den nichts mich jemals vergessen lassen kann. Er ist tief in meinem Herzen eingeprägt. Von einem Augenblick an habe ich stets versucht, den Platz jener einzunehmen, die Gott von Euch genommen hat. Aber leider kann keiner eine solche Mutter, wie sie es war, ersetzen. O, mei-

---

[17] Vgl. S. 65.

ne liebe Theresia, Du hattest Eltern, die Heilige genannt werden können und die es verdienen, Heilige hervorzubringen.«

Gegen Ende ihres Lebens schrieb unser früheres Hausmädchen Louise Marais am 22. Juli 1923:

>»In meinen akuten Leiden rufe ich die Hilfe der kleinen Theresia und gleichzeitig die ihrer guten und heiligmäßigen Mama an. Wenn die kleine Theresia eine Heilige ist, so glaube ich, dass auch ihre Mutter eine große Heilige ist. Sie hatte sehr viele Prüfungen während ihres Lebens, und sie hat diese alle mit Ergebung angenommen. Und wie unbedingt war ihre Selbsthingabe!«

Eine Freundin, Frau Tifenne, die die Familie immer gekannt hatte – unseren Großvater, den frommen Hauptmann Martin, eingeschlossen –, schrieb diese Zeilen nach der Veröffentlichung der »Geschichte einer Seele« 1898 an den Karmel:

>»Ich habe mit herzlichem Interesse all die Einzelheiten über Ihre Familie und die Vorfahren gelesen. Jene, die ich kannte, zusammen mit Ihrem Vater und Ihrer heiligen Mutter, ließen mich erkennen, welche Galerie von Heiligen sie in Ihrer Familie besitzen.«

Etwa dreißig Jahre später notierte sie wiederum:

>»Ich stelle mir Ihre Mutter wieder vor Augen, in der Ecke ihres Fensters, mit der kleinen Theresia, und ich wiederholte mir selbst: ›O, wenn ich das Geschenk erkannt hätte, das Gott mir gab, als ich die Luft dieser ganzen heiligen Familie atmete, wie viel mehr Nutzen hätte ich dann daraus gezogen!‹«

Anlässlich der Hundertjahrfeier der Geburt meiner Mutter im Jahre 1931 ließ der hochwürdige Pfarrer von St. Denyssur-Sarthon im Baptisterium seiner Kirche eine Statue der heiligen Theresia aufstellen und ließ eine Gedenktafel bezüglich der Taufe unserer Mutter anbringen.

Obwohl sie ihrer Mutter so früh beraubt worden war, konnte Theresia zu ihrer Ehre sagen:

>Gott schenkte mir die Gnade, meine Intelligenz sehr früh zu erwecken. … Ohne Zweifel wollte Jesus in seiner Liebe die unvergleichbare Mutter kennenlernen lassen, die er mir gegeben hatte, die jedoch seine göttliche Hand schon bald im Himmel krönen wollte« (Ms A, 4r°)!

Ich selber habe oft bedauert, dass ich nicht in der Lage gewesen war, meine Mutter eine längere Zeit wertzuschätzen, aber es wurde bei uns so oft über sie gesprochen, dass sie, wie es ja auch der Fall war, gleichsam in unserer Mitte weiterlebte. Wir fühlten, dass sie über uns wachte und uns nicht verlassen hatte.

Im Karmel erinnerten sich Mutter Agnes von Jesus und Schwester Marie vom Heiligsten Herzen ihrer oft mit innigem Gedenken. Sie betonten besonders ihr unbesiegbares *Vertrauen und ihre Hingabe* an die göttliche Vorsehung. Sie erklärten, dass es Mutter nie an diesen Tugenden gefehlt habe, noch in der heldenhaften Treue zu den Pflichten ihres Standes.

Mit einem Wort, stets tätig, stets hingebungsvoll, stets lächelnd, schien unsere Mutter nie irgendetwas Außergewöhnliches zu tun, aber mit bemerkenswerter Einfachheit und Demut schenkte sie sich den anderen und lebte allzeit für den guten Gott.

Wenn ich diese Lobreden hörte und mir das in Erinnerung rief, was ich selbst gesehen hatte, sagte ich mir oft, dass unsere Theresia jene grundlegende Veranlagungen geerbt hatte, die sie zum

Apostel des »Kleinen Weges« machen sollte.

Anhang

Einige topografische Einzelheiten von Alençon:

Das Haus an der Rue Saint-Blaise, in dem die heilige Theresia
geboren wurde und unsere heiligmäßige Mutter starb:

Unser Großvater mütterlicherseits, Herr Guérin, hatte das
Haus gekauft und hatte beabsichtigt, es um eine weitere
Etage aufzustocken, aber das geschah nie.

Stattdessen ließ er in dem mit dem Haus verbundenen
Garten einen kleinen Bau ausführen, der durch einen Weg
mit dem Haus verbunden war. Mutter bedauerte immer,
dass der ohnehin schon kleine Garten durch dieses zusätz-
liche Gebäude noch mehr verkleinert worden war.

Das Erdgeschoß des Hauses zur Straße hin umfasste drei
Räume. Der vordere Raum mit drei Fenstern war sowohl
Wohnzimmer wie Büro. Hier arbeitete Mutter an ihrer
Alençon-Spitze und empfing ihre Spitzenklöpplerinnen.
Ein großer Eichentisch stand in der Mitte des Raumes, der
damals mit Parkett ausgelegt war.

Hinter einer gläsernen Abtrennung war das Esszimmer.
Aber wenn Gäste kamen oder wenn ein großes Essen war,
wurde der vordere Raum genutzt, wobei man den Eichentisch an die Wand stellte.

Auf das normale Esszimmer hin öffnete sich die Küche,
die auf einen kleinen Hof auf der Rückseite blickte. Dieser
dient heute den Schwestern, die das Haus hüten, als Sakristei und Sprechzimmer.

Im ersten Stock waren zwei Räume, die zum Balkon zur Straße hin blickten. Der eine Raum links – ein Gästezimmer – hatte zwei Fenster. Wenn notwendig, wurde es zu einem Empfangsraum, denn das Bett war völlig in einem Alkoven verborgen, verschlossen von einer doppelten Falttür. In der Mitte des Raumes war ein runder Tisch mit einer Marmorplatte. Seitlich waren eine Schubladentruhe und ein Schreibtisch aus Mahagoni. Der Raum war weiter mit Polsterstühlen und Sesseln möbliert.

Einige dieser Möbel wurden nach Lisieux gebracht und sind in Vaters Zimmer in den »Buissonnets« zu finden. Die Uhr und die Kerzenleuchter, nun im Esszimmer der »Buissonnets«, waren früher auf dem Kaminsims des »großen Zimmers«, wie es genannt wurde.

Das andere Zimmer zum Balkon war das Schlafzimmer der ältesten Töchter, Marie und Pauline. Dort gab Marie ihren kleinen Schwestern Unterricht.

Hinter dem »großen Zimmer« war das unserer Eltern. Es ist zur heutigen Kapelle hin geöffnet worden. Dieses Zimmer lag direkt über der Küche und erhielt sein Licht von einem Fenster, das zu dem kleinen Hof hinausging. Das heutige Bett und die Möbel gehören der damaligen Zeit an. Leider sind Wiege und Gitterbett von Theresia verschwunden.

Auf der zweiten Etage waren die Zimmer der Kinder und der Hausmädchen.

Der Garten

Um vom Haus in den Garten zu gehen, muss man einen schmalen Weg zwischen den hohen Wänden des anliegenden Hauses gehen. Am Ende dieses Weges, links, ist die geschützte Nische, wo Theresia und Céline ihre »Opfer«

zu zählen pflegten. Das pflegte ihre Nachbarin vor Rätsel zu stellen, die am Fenster ihre »Debatten« über die »Opfer« hören konnte. Ihr Haus wurde später gekauft und ist nun von den Schwestern belegt, die die Kustoden meines Elternhauses sind.

Auf der rechten Seite der Passage, am äußersten Ende, ist der Anbau – das Gebäude, das Großvater dem Haus hinzufügte. Es enthielt im unteren Stockwerk einen großen Raum, der als Wäscherei und Leinenraum genutzt wurde. In dem geheimnisvollen Traum, den Theresia in der Kindheit hatte, sah sie hier die zwei kleinen Teufel, erschrocken durch den Blick des Kindes. Dieser Vorfall ist erwähnt in der »Geschichte einer Seele«.

Es gab einen weiteren Raum im ersten Stock. Dort schliefen Theresia und Céline in der Nacht des 28. August, als Frau Martin ihren letzten Atemzug tat. Pauline verbrachte die Nacht bei ihnen. Sofort nach dem Tod der Mutter kam ihr Onkel Guérin, um Pauline zu informieren, und rief vom Garten her: »Deiner Mutter geht es viel schlechter«; leise fügte er hinzu: »Sie ist tot.«

Pauline war so getroffen und verwirrt, dass sie uns nicht weckte.

Nach der Seligsprechung der heiligen Theresia wurde das Nachbargrundstück gekauft, um eine Pilgerstätte herzurichten. Dies erlaubte den Bau der Kapelle und die Aufstellung einer Figur der heiligen Theresia, die den genauen Standort des Anbaus einnimmt, welcher niedergelegt wurde.

Der Garten war sehr schmal, aber sehr hübsch, mit einer Überfülle an Blumen und mit Obstbäumen, die an der umgebenden hohen Mauer standen. Der Garten maß etwa 36 zu 24 Fuß. Eine Rebe am Spalier umrahmte ihn.

Auf der rechten Seite des Hauses, in dem die heilige Theresia geboren wurde, befindet sich nun eine Kapelle. Von der Krypta zu ebener Erde führen zwei breite Treppenaufgänge, einer an jeder Seite, zum Heiligtum empor, das zu dem Raum hin geöffnet ist, wo die Heilige geboren wurde.

Auf der linken Seite des Hauses führt eine Art Korridor zu der Statue der Heiligen; und zur Stelle des Anbaus beim Garten hin ist ein großer Raum mit drei auf die Straße blickenden Fassadenfenstern.

Dieser wurde geplant, um einige Möbelstücke aufzunehmen, die von Frau Tifenne, einer engen Freundin der Familie, geschenkt worden sind. Theresia und ich pflegten einen Teil unserer Ferien mit ihr zu verbringen, in einem großen, mit rotem Damast ausgestatteten Raum. Die heilige Theresia pflegte davon als vom »Kardinalszimmer« zu sprechen. In der Bibliothek wurden die Buchpreise von Marie und Pauline aufbewahrt, die sich ehemals in deren Zimmer befanden, sowie einige Gemälde aus den »Buissonnets«. Andere Möbelstücke sind als Erinnerungsstücke im Zimmer der Eltern aufbewahrt, in dem die Heilige geboren wurde.

Begräbnisplatz meiner Mutter

Mutter wurde zuerst auf dem Friedhof von Alençon beerdigt. Dann, 1894, ließ unser Onkel Guérin ihre Überreste exhumieren, um sie neben jenen meines Vaters beizusetzen, und zwar in der Familiengruft auf dem Friedhof von Lisieux. Mehrere Mitglieder wurden ebenfalls zu jener Zeit überführt, wenigstens jene, die identifiziert werden konnten. Die Gebeine meiner vier Geschwister, die in ihrer Kindheit gestorben waren, befanden sich unter ihnen.

Als er uns von der Exhumierung Mutters erzählte, sagte mein Onkel, dass der Sarg nach siebzehn Jahren vollständig erhalten gewesen sei, obwohl ein anderer, der aus einer späteren Beerdigung stammte, völlig zerfallen war. Er bemerkte bewegt, dass im Inneren des Sarges nichts zusammengefallen war und dass die Falten der Sargauskleidung an ihrem Platz geblieben waren, gerade so, als wäre sie gerade in den Sarg gelegt worden. Aber er wagte nicht, sie hochzuheben.

Weil die Erde, in die der Sarg gelegt worden war, feucht war, wurden einige kleine Öffnungen am Boden des Sarges gebohrt und ein wenig Wasser sickerte durch. Das mag erklären, warum sich im Inneren nichts im Umfang geändert hatte.

Der Grabstein aus Granit wurde später im Garten des Pavillons in Alençon aufgestellt, wo man ihn noch sehen kann.

**

In Lisieux ist in der Familiengruft seit 1894 niemand mehr beigesetzt worden. Dort trug das Grabmal, beeindruckend in seiner Einfachheit, mit seinem wunderschönen, bekränzten Kreuz aus Granit, die Worte: *O Crux Ave, spes unica!* (»Sei gegrüßt, o Kreuz, unsere einzige Hoffnung!«) und: »Hier ruhen die Eltern der Heiligen von Lisieux, der heiligen Theresia vom Kinde Jesus.«[18]

---

[18] Hinzufügung des Übersetzers der englischen Ausgabe.